NAUTILUS 5

Natur und Technik
Schwerpunkt Biologie

Gymnasium Bayern

Nicole Aigner, Landau an der Isar
Susanna Räde, Landshut
Fritz Schneider, Hilpoltstein

 Oldenbourg

Autorinnen und Autoren:	Nicole Aigner, Landau an der Isar; Susanna Räde, Landshut; Fritz Schneider, Hilpoltstein
Redaktion:	Ulrike Reinold, Vaterstetten
Illustration und Grafik:	Esther Gollan, Aachen; Werner Wildermuth, Würzburg; Tom Menzel, Klingberg
Umschlaggestaltung:	Corinna Babylon, Berlin
Gestaltung und technische Umsetzung:	krauß-verlagsservice, Niederschönenfeld

Begleitmaterial zum Lehrwerk für Lehrerinnen und Lehrer

Lehrermaterialien zum Schülerbuch	ISBN 978-3-7627-0475-1
Begleitmaterial auf USB-Stick Klasse 5	ISBN 978-3-0601-0856-5

www.cornelsen.de

Soweit in diesem Lehrwerk Personen fotografisch abgebildet sind und ihnen von der Redaktion fiktive Namen, Berufe, Dialoge und Ähnliches zugeordnet oder diese Personen in bestimmte Kontexte gesetzt werden, dienen diese Zuordnungen und Darstellungen ausschließlich der Veranschaulichung und dem besseren Verständnis des Inhalts.

Dieses Werk enthält Vorschläge und Anleitungen für Untersuchungen und Experimente, die auch im Schwerpunkt naturwissenschaftliches Arbeiten durchgeführt werden können. Vor jedem Experiment sind mögliche Gefahrenquellen zu besprechen. Beim Experimentieren sind die Richtlinien zur Sicherheit im Unterricht einzuhalten.

 Zu diesen Aufgaben, die die grundlegenden Kenntnisse abfragen, gibt es Lösungen oder Lösungshinweise am Ende des Schulbuchs.

1. Auflage, 1. Druck 2017

Alle Drucke dieser Auflage sind inhaltlich unverändert und können im Unterricht nebeneinander verwendet werden.

© 2017 Cornelsen Verlag GmbH, Berlin

Druck: Firmengruppe APPL, aprinta Druck, Wemding

ISBN 978-3-7627-0464-5 (Schülerbuch)
ISBN 978-3-7627-0630-4 (E-Book)

PEFC zertifiziert
Dieses Produkt stammt aus nachhaltig bewirtschafteten Wäldern und kontrollierten Quellen.
www.pefc.de

Biologie – die Wissenschaft von den Lebewesen 6

Der Mensch als Lebewesen 22

Inhaltsverzeichnis

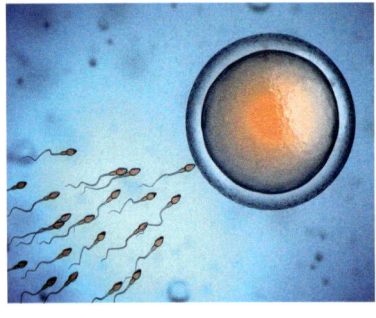

Samenpflanzen als Lebewesen 86

Ökosystem Grünland 110

Biologie –
die Wissenschaft von den Lebewesen

1

2

3

4

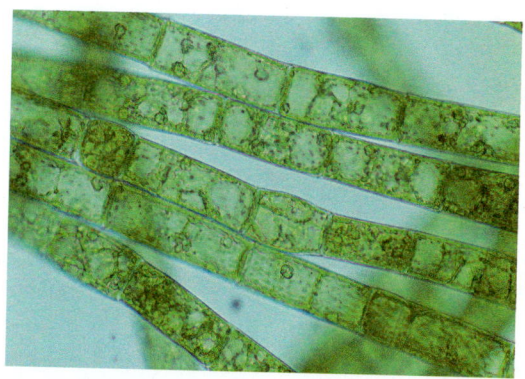

5

6

Lebewesen – Forschungsgegenstand der Biologie
Grundlegende Anforderungen an Lebewesen

Abb. 1 Jagende Katze

Abb. 2
Bewegungen der Blütenblätter

Gruppen von Lebewesen

Die Naturwissenschaft Biologie beschäftigt sich mit den Lebewesen. Biologen untersuchen also Tiere und Pflanzen, aber beispielsweise auch Bakterien und Pilze. Die Unterschiede zwischen diesen Lebewesen sind riesig, doch letztendlich müssen sie alle dieselben grundlegenden Anforderungen meistern, um erfolgreich in ihrer jeweiligen Umwelt bestehen zu können. Vergleicht man unbelebte Gegenstände mit Lebewesen, so kann man erkennen, dass nur Lebewesen alle folgenden „lebenswichtigen" Eigenschaften besitzen.

Aktive Bewegung

Die meisten Tiere müssen sich bewegen, um zu ihrer Nahrung zu gelangen ▷ Abb. 1. Aber auch Pflanzen, die ja in der Regel ihr Leben an ein und derselben Stelle verbringen, können sich aktiv bewegen. Die Bewegungen der Pflanzen sind oft sehr langsam und fallen deshalb kaum auf. Aber sie drehen zum Beispiel ihre Blätter zum Licht oder öffnen und schließen ihre Blüten ▷ Abb. 2.

Informationsaufnahme, -verarbeitung und Reaktion

Um zu überleben, müssen die Lebewesen Informationen aus ihrer Umwelt aufnehmen und verarbeiten können, die sie dann mit sinnvollen Reaktionen beantworten.

Möchte eine Katze eine Maus fangen ▷ Abb. 1, muss sie diese erst einmal registrieren. Sie wird zum Beispiel den Geruch oder die Geräusche der Maus mit der Nase beziehungsweise den Ohren aufnehmen. Solche Informationen aus der Umwelt nennt man Reize. Die Katze verarbeitet den Informationsgehalt dieser Reize in ihrem Gehirn und nimmt wahr, dass sich hier eine Maus im Gras versteckt hat. Sie reagiert, indem sie sich anschleicht und die Maus mit einem Sprung fängt.

Auch Pflanzen können Reize aus der Umwelt wie Licht und Temperatur aufnehmen, diese auswerten und darauf zum Beispiel mit der Bewegung ihrer Blütenblätter reagieren ▷ Abb. 2.

A 1 In einem Schulbuch liest du folgenden Satz: „Eine Kerzenflamme erfüllt viele der grundlegenden Anforderungen, die an Lebewesen gestellt werden." Überlege, welche grundlegenden Anforderungen hier gemeint sind, und erläutere, warum es sich bei der Kerzenflamme dennoch nicht um ein Lebewesen handelt. ▷ 📖

A 2 Recherchiere, an welchen Pflanzen du wesentlich schnellere Bewegungen beobachten kannst als am Gänseblümchen ▷ Abb. 2. Plane Versuche, mit denen es gelingt, die Geschwindigkeiten dieser Reaktionen zu erfassen.

A 3 Der Torwart muss schnell auf den Torschuss reagieren, um den Ball zu fangen ▷ Abb. 3. Beschreibe Situationen, in denen du schnell auf die Reize aus deiner Umwelt reagieren musst.

Abb. 3 Reaktion des Torwarts

Abb. 4 Nahrung als Energielieferant

Kohlenstoffdioxid

Licht

Wasser und Mineralsalze

Abb. 5 Pflanzen nehmen keine Nährstoffe auf.

Stoffwechsel

Als Stoffwechsel wird die Aufnahme, der Umbau und der Abbau von Stoffen im Körper bezeichnet.

Menschen und Tiere müssen Nahrung, Sauerstoff und Wasser zu sich nehmen, um zu überleben. Ein kleiner Teil der aufgenommenen Stoffe wird in Baustoffe für den Körper umgewandelt, während der größere Teil der Nahrung abgebaut wird, um daraus Energie für die Lebensvorgänge zu gewinnen. Dabei entstehende Abfallstoffe werden ausgeschieden ▷ Abb. 4.

Pflanzen brauchen Kohlenstoffdioxid und Wasser. Mithilfe von Licht bauen sie daraus alle Stoffe auf, die sie als Baustoffe benötigen und die ihnen Energie liefern. Pflanzen müssen deshalb keine energiereiche Nahrung von außen aufnehmen ▷ Abb. 5. Sie produzieren ihre Nährstoffe selbst.

Fortpflanzung

Lebewesen pflanzen sich fort und haben Nachkommen, die ihnen in wesentlichen Merkmalen gleichen. Junge Tiere werden geboren oder schlüpfen aus einem Ei ▷ Abb. 6, 7. Pflanzen bilden Samen, aus denen neue Pflanzen wachsen ▷ Abb. 8.

Wachstum und Individualentwicklung

Nachkommen sind zu Beginn ihres Lebens kleiner als die ausgewachsenen Lebewesen. Sie wachsen mit der Zeit zu voller Größe heran. Dabei entwickelt jedes Lebewesen auch Körpermerkmale, die ihm zu Beginn seines Lebens noch fehlen, zum Beispiel bekommen Babys Zähne.

A4 Nenne Tiere, die wie Katzen geboren werden oder wie die Amsel aus einem Ei schlüpfen.

A5 „Leben geht nur aus Leben hervor!" Erkläre, was mir diesem Satz ausgedrückt werden soll. ▷

A6 Stelle eine Vermutung (Hypothese) an, wo Laubbäume ihre Abfallstoffe lagern und welche Möglichkeit sie nutzen, um diese Stoffe loszuwerden.

A7 Entwirf ein Poster, auf dem du alle grundlegenden Anforderungen an Lebewesen mit selbst gefundenen Beispielen veranschaulichst.

Abb. 6 Hündin mit Welpen

Abb. 7 Geschlüpftes Hühnerküken

Abb. 8 Keimender Bohnensamen

Aufbau der Lebewesen aus Zellen

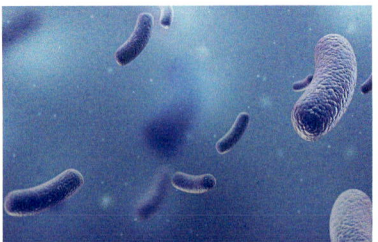

Abb. 1 Einzelne Bakterien

Einzellige und vielzellige Lebewesen

Es gibt winzige Lebewesen wie Bakterien ▷ Abb. 1, die nur aus einer einzigen **Zelle** bestehen. Auch manche Pflanzen bestehen nur aus einer einzigen Zelle, zum Beispiel die Grünalge Chlorella ▷ Abb. 2.

Alle Tiere sowie die meisten Pflanzen und Pilze sind dagegen aus sehr vielen Zellen aufgebaut und werden deshalb Vielzeller genannt. Manche von ihnen bestehen aus Billionen von Zellen. Die Zellen müssen verschiedene Aufgaben im Körper erfüllen und sehen deshalb auch unterschiedlich aus ▷ Abb. 3.

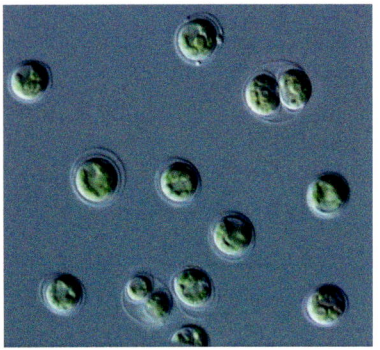

Abb. 2 Alge *Chlorella*

Zellbestandteile

Eine Zelle ist so klein, dass man sie nur unter dem Mikroskop sehen kann. Jede tierische Zelle ▷ Abb. 4 ist von einer zarten **Zellmembran** umgeben, die die Zelle nach außen begrenzt und kontrolliert, welche Stoffe in die Zelle hinein- oder hinausgelangen. Im Inneren befindet sich das zähflüssige **Zellplasma**, in dem sich die weiteren Zellbestandteile befinden. Davon ist der **Zellkern** besonders wichtig, weil er den Stoffwechsel der Zelle steuert.

Auch pflanzliche Zellen ▷ Abb. 7 besitzen eine Zellmembran, der nach außen aber noch eine festere **Zellwand** aufgelagert ist. Bei grünen Pflanzenteilen kann man im Lichtmikroskop zusätzlich grüne **Chloroplasten** im Zellplasma erkennen. Sie nehmen das Licht auf, dessen Energie die Pflanzen nutzen, wenn sie die für sie lebensnotwendigen Stoffe selber aufbauen. Als Speicherort, zum Beispiel für Farbstoffe oder auch Abfallprodukte, dient in ausgewachsenen Pflanzenzellen die **Vakuole**, die sich ebenfalls im Zellplasma befindet.

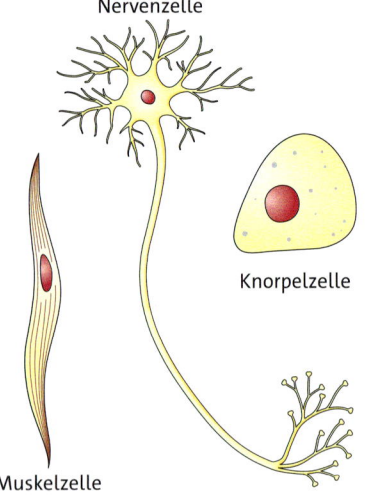

Abb. 3 Verschiedene tierische Zellen

A 1 Vergleiche eine Tier- und eine Pflanzenzelle miteinander ▷ Abb. 4, 6, 7. Suche dazu geeignete Zellmerkmale und fertige eine Tabelle an, die es dir ermöglicht, Gemeinsamkeiten und Unterschiede dieser beiden Zelltypen bezüglich der von dir betrachteten Merkmale übersichtlich darzustellen.

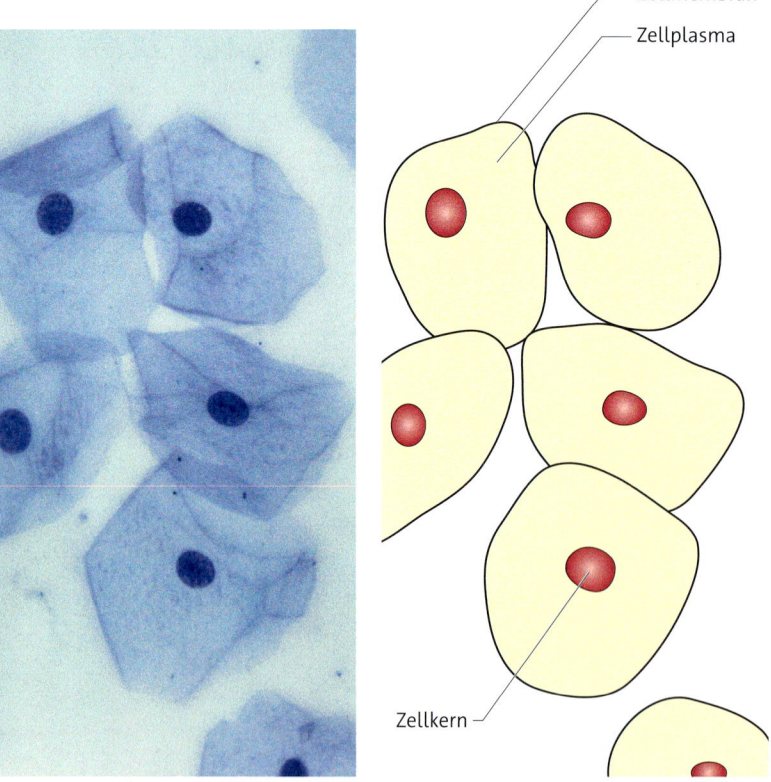

Abb. 4 Tierzellen (Zellen der Mundschleimhaut) unter dem Lichtmikroskop und als schematische Zeichnung

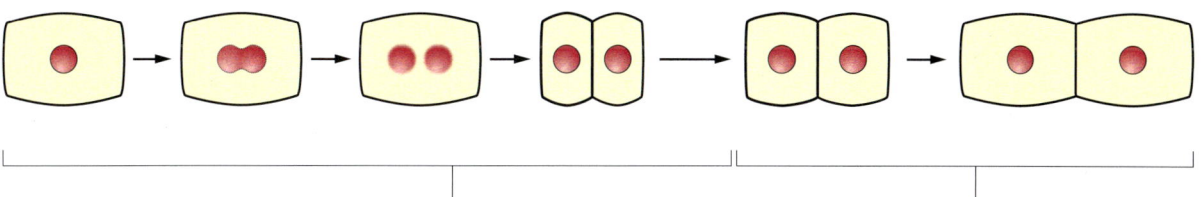

Zellteilung   Zellwachstum

Abb. 5 Zellteilung

Wachstum durch Zellteilung

Lebewesen wachsen, indem sie durch Zellteilung neue Zellen bilden ▷ Abb. 5. Damit aus einer Zelle zwei werden, muss sich zuerst der Zellkern verdoppeln. Dann bildet sich im Zellplasma eine zusätzliche Membran, bis die zwei neu entstandenen Zellen voneinander getrennt sind ▷ Abb. 5. So entstehen aus einer Mutterzelle zwei Tochterzellen.

Durch Teilung vermehren sich die Zellen im Körper, bis ein Lebewesen ausgewachsen ist. Danach teilen sich die Zellen weiter, um den Körper zu erhalten und um zum Beispiel durch Verletzungen zerstörte Zellen zu erneuern.

Die Vielfalt der Lebewesen ist fast unüberschaubar. Und obwohl uns zum Beispiel die verschiedenen Tiere und Pflanzen so unterschiedlich erscheinen, weisen sie doch alle dieselben wesentlichen Merkmale der Lebewesen auf, die sie von der unbelebten Natur unterscheiden und die es ihnen ermöglichen, die an sie gestellten Anforderungen des Lebens zu meistern.

Bakterien   0 µm

Chlorella   10 µm

Zellen der Mundschleimhaut (Mensch)   50 µm

60 µm

70 µm

Eizelle (Mensch)   80 µm

90 µm

Pflanzenzelle (Wasserpest)

100 µm

110 µm

120 µm

130 µm

Abb. 6 Größenvergleich verschiedener Zellen (1 µm = 1 tausendstel Millimeter)

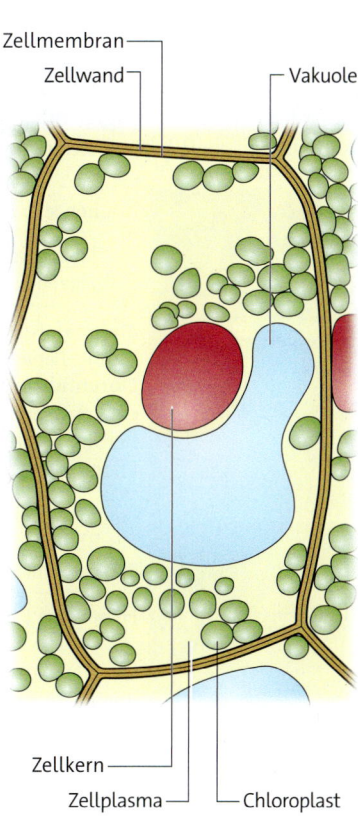

Zellmembran

Zellwand

Vakuole

Zellkern

Zellplasma

Chloroplast

Abb. 7 Pflanzenzelle (Wasserpest) unter dem Lichtmikroskop und als schematische Zeichnung

A 2 Vergleiche die Zellgrößen in Abbildung 6.

Naturwissenschaftlicher Erkenntnisweg

Abb. 1 Krokusblüten bei 0 Minuten

Abb. 2 Krokusblüten nach zwei Stunden

A 1 Formuliere die Phasen des naturwissenschaftlichen Erkenntnisswegs zur Beantwortung der Frage, ob Pflanzen aus Zellen aufgebaut sind.

A 2 Begründe, ob es sich bei der Frage „Ist Urlaub in Deutschland oder in Österreich schöner?" um eine naturwissenschaftliche Fragestellung handelt.

A 3 Bei der Untersuchung in Tabelle 1 wird die Arbeitsweise „Beobachten" verwendet. Durch „Experimentieren" könnte man herausfinden, welche Ursache das Öffnen und Schließen der Krokusblüten hervorruft. Man kann zum Beispiel untersuchen, ob die Menge des Gießwassers einen Einfluss darauf hat. Nenne weitere Einflussfaktoren, die überprüft werden könnten.

Fragen an die Natur

Bei Pflanzen sind die Kennzeichen der Lebewesen oft nicht so einfach zu erkennen wie bei Tieren. Wenn ein Biologe Pflanzen dahingehend untersuchen möchte, befolgt er einen bewährten Weg, um eine wissenschaftliche Antwort auf solche Fragen an die Natur zu erhalten. Naturwissenschaftliche Fragestellungen können mithilfe von **naturwissenschaftlichen Arbeitsweisen**, also Beobachten, Vergleichen oder Experimentieren, überprüft werden. Beim Beobachten werden Eigenschaften und Merkmale von Objekten bewusst erfasst. Man verwendet die eigenen Sinne. Zusätzlich können Mikroskope oder verschiedene Messgeräte, zum Beispiel Maßband, Waage, Stoppuhr oder Thermometer, zum Einsatz kommen. Beim Vergleichen werden mehrere Objekte oder Vorgänge einander gegenübergestellt. Es wird überprüft, welche Gemeinsamkeiten und welche Unterschiede vorliegen. Beim Experimentieren werden Zusammenhänge zwischen Ursache und Wirkung untersucht. Es wird gemessen oder beobachtet, welche Bedingungen einen Einfluss auf eine bestimmte Messgröße haben. Bei der Planung einer Untersuchung muss man entscheiden, welche Arbeitsweise geeignet ist, um die jeweilige Frage zu beantworten. Festgehalten wird der Ablauf einer Untersuchung in einem **Protokoll** ▷ Tab. 1.

Phasen des Erkenntniswegs

Zuerst wird eine naturwissenschaftliche **Frage** formuliert. Dann werden **Hypothesen** aufgestellt. Eine Hypothese ist eine sinnvolle Vermutung, wie diese Frage beantwortet werden könnte, also eine mögliche Antwort auf die Frage. Um die Hypothesen zu überprüfen, wird dann eine geeignete **Untersuchung** geplant und durchgeführt. Die bei der Untersuchung erzielten Ergebnisse, die Daten, werden dokumentiert. Beobachtungen und Messwerte werden notiert, Bilder und Zeichnungen angefertigt, Video- oder Tonaufnahmen gemacht. Bei der **Datenauswertung** und **Dateninterpretation** wird festgestellt, ob eine Hypothese bestätigt wird oder nicht. Die Ergebnisse werden bewertet, mögliche Fehlerquellen benannt und unter Umständen weiterführende Fragen oder Hypothesen formuliert. Zusätzlich kann nach wissenschaftlichen Erklärungen gesucht werden.

Frage	Können sich Pflanzen aktiv bewegen?
Hypothesen	1: Pflanzen können sich aktiv bewegen. 2: Pflanzen können sich nicht aktiv bewegen.
Untersuchung planen, durchführen,	**Material:** Krokuspflanzen im Topf, Fotokamera oder Handy, Papier und Bleistift, Uhr **Durchführung:** Beobachtung von Krokuspflanzen über einen längeren Zeitraum hinweg. Kein Wind, Luftzug oder Berühren der Pflanzen. Fotografieren oder Zeichnen der Pflanzen zu jeder halben Stunde.
dokumentieren	Fotos Abbildung 1 und Abbildung 2 Die Blüten der Pflanzen öffnen und schließen sich ohne äußere Einwirkung.
Datenauswertung und Dateninterpretation	Hypothese 1 bestätigt, Hypothese 2 nicht bestätigt. Die Untersuchung wurde lediglich an einer Pflanzenart durchgeführt. Es ist somit noch nicht bewiesen, dass sich alle Pflanzen aktiv bewegen können. Weitere Pflanzen sollten untersucht werden.

Tab. 1 Protokoll einer Untersuchung mit den Phasen des Erkenntniswegs

Eigenschaften von Modellen

In einem Geschäft für Bastelbedarf und Dekoration wird eine „täuschend echt wirkende künstliche Krokuspflanze, Höhe ca. 25 cm" angeboten. Sie ist ein Modell einer echten Krokuspflanze ▷ Abb. 3. Im einfachsten Fall ist ein Modell eine mehr oder weniger genaue Kopie von etwas, um den wesentlichen Aufbau, die Größenverhältnisse oder die Anordnung der Bauteile im Original zu veranschaulichen. Solche Modelle werden als **Strukturmodelle** bezeichnet.

Um das Öffnen und Schließen der Krokusblüten zu erklären, muss man ein anderes Modell verwenden ▷ Abb. 4. So ein **Funktionsmodell** dient der Veranschaulichung von Funktionsweisen.

Ein **Modell** ist also die Darstellung eines Ausschnitts aus der Wirklichkeit, bei der nur ausgewählte Gegebenheiten der Wirklichkeit richtig dargestellt werden. Unterschiede zum Original ergeben sich dadurch, dass wesentliche Eigenschaften hervorgehoben, nebensächliche Eigenschaften dagegen weggelassen werden. Manche Eigenschaften werden sogar falsch dargestellt, zum Beispiel bestehen viele Modelle aus einem anderen Material als das Original.

Verwendung von Modellen

In den Naturwissenschaften dienen vorgefertigte Modelle häufig zur Veranschaulichung und erleichtern dadurch das Verstehen von Zusammenhängen. Darüber hinaus können Modelle aber auch eingesetzt werden, um beim naturwissenschaftlichen Erkenntnisweg Hypothesen aufzustellen und zu überprüfen.

Bei der Entwicklung eines Modells muss der Zweck des Modells beachtet werden. Je nach Einsatzbereich sind verschiedene Eigenschaften der Wirklichkeit wesentlich. Ein Modell soll auch getestet und auf Tauglichkeit hin überprüft werden. Festgestellte Mängel müssen durch geeignete Änderungen verbessert werden.

Abb. 3 Künstliche (links) und echte (rechts) Krokuspflanze

A 4 Vergleiche das Modell und das Original der Krokuspflanze in Abbildung 3 hinsichtlich Aufbau und Anforderungen an die Umwelt. Leite aus dem Vergleich Verbesserungen ab, damit der Zweck als Strukturmodell möglichst gut erfüllt wird. ▷

A 5 Betrachte weitere Modelle, zum Beispiel ein Spielzeugauto oder eine Puppe und charakterisiere jeweils den Modelltyp und den Zweck des Modells. Vergleiche die Modelle mit der Wirklichkeit. Notiere deine Ergebnisse im Heft.

Herstellung eines Funktionsmodells der Blütenöffnung

Material: Zwei Bögen DIN A4-Papier unterschiedlicher Farbe

Anleitung: Schneide längs vom Blatt drei Zentimeter breite Papierstreifen ab. Du brauchst von jeder Farbe zwei Streifen.

Klebe zwei verschiedenfarbige Streifen an einem Ende an der schmalen Seite zusammen.

Stelle auf einem Tisch die zwei Papierstreifenpaare so vor dich auf die Längskanten, dass die offenen Enden von einer Hand festgehalten werden. Die eine Farbe soll außen, die andere Farbe innen liegen ▷ Abb. 4.

Verschiebe die innen liegenden Streifen vom Körper weg. Die außen liegenden Streifen werden dabei am Ende festgehalten.
Verschiebe dann die außen liegenden Streifen vom Körper weg, während die innen liegenden festgehalten werden.

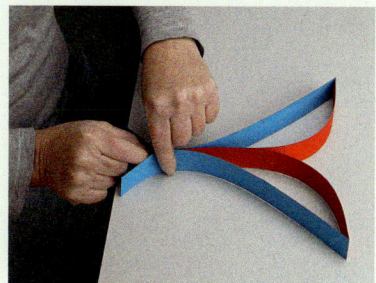

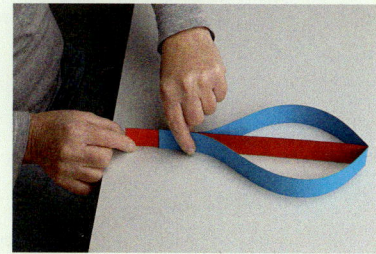

Abb. 4 Funktionsmodell der Blütenöffnung

Untersuchungen mit dem Lichtmikroskop

! Sicherheitshinweise:

▶ Sei im Umgang mit Gegenständen aus Glas wie Objektträgern und Deckgläschen vorsichtig. Sie können leicht zerbrechen und die Scherben können zu Schnittverletzungen führen.

▶ Achte beim Umgang mit spitzen und scharfen Gegenständen wie Messer, Pinzette und Skalpell darauf, dass du dich nicht verletzt.

▶ Beim Umgang mit Färbelösungen müssen die Warnhinweise auf der Flasche beachtet werden. Ein Kontakt der Flüssigkeit mit Haut oder Kleidungsstücken ist zu vermeiden.

▶ Die Beleuchtung des Mikroskops muss so eingestellt werden, dass keine Überreizung der Augen durch zu helles Licht entsteht.

Aufbau eines Lichtmikroskops

Die Biologie ist eine Wissenschaft, bei der viele Erkenntnisse durch genaues Beobachten, eine der typischen Arbeitsweisen der Biologie, gewonnen werden. Möchte man kleinere Strukturen betrachten, nimmt man oft ein Lichtmikroskop zur Hilfe ▷ Abb. 1. Dann kann man Dinge erkennen, die man mit dem bloßen Auge nicht sieht. Allerdings müssen die zu untersuchenden Dinge oder Lebewesen lichtdurchlässig sein.

Die Vergrößerung wird durch die Linsen des Objektivs und des Okulars erreicht. Um zu berechnen, wie stark das unter dem Mikroskop betrachtete Objekt vergrößert wird, multipliziert man die Vergrößerung des Okulars mit der des Objektivs.

Die meisten Schulmikroskope vergrößern mit dem Okular 10-fach. Das stärkste Objektiv hat in der Regel eine 40-fache Vergrößerung, sodass eine maximale Gesamtvergrößerung von 400-fach erreicht werden kann.

Die besten Lichtmikroskope können auch bei einer Vergrößerung von 1 000-fach noch kleinste Strukturen scharf abbilden.

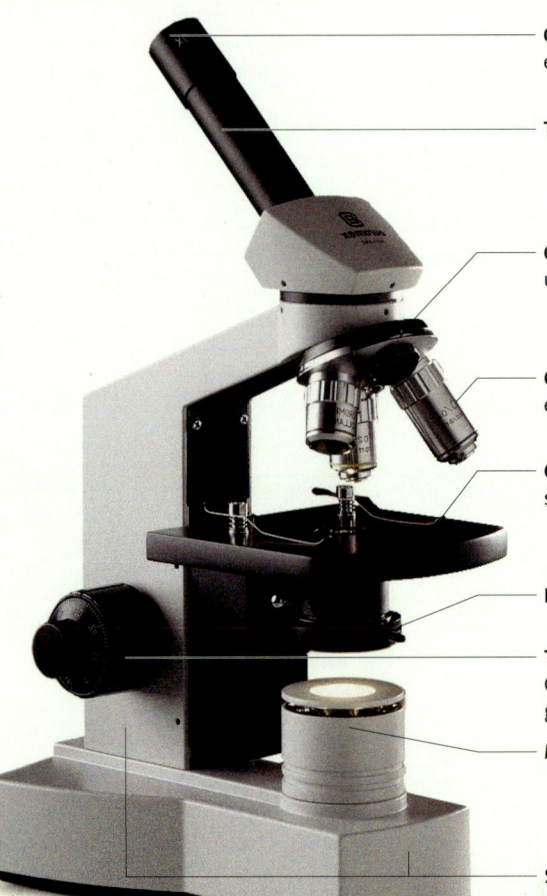

Okular: vergrößert das Bild. Die Vergrößerung ist neben der Linse eingraviert.

Tubus: Röhre mit dem Okular am oberen Ende

Objektivrevolver: Vorrichtung, um verschiedene Objektive mit unterschiedlichen Vergrößerungen über das Objekt zu stellen

Objektiv: vergrößert das Objekt. Die Vergrößerung ist meistens seitlich eingraviert.

Objekttisch: Auflage für das Objekt. Das Objekt muss in den Lichtstrahl, über die Öffnung im Objekttisch gelegt werden.

Blende: reguliert die Helligkeit und den Kontrast des Bildes

Triebrad: verändert den Abstand zwischen dem Objekttisch und dem Objektiv und stellt so das Bild scharf. Meistens ist ein Triebrad für die grobe und eins für die feine Einstellung vorhanden.

Mikroskopleuchte: durchleuchtet das Objekt

Stativ und Fuß: Halterung für die Teile des Mikroskops. Am Stativ trägt man das Mikroskop beim Transport.

Abb. 1 Aufbau eines Lichtmikroskops

Mikroskopieren

Material: Lichtmikroskop, Objektträger ▷ Abb. 2, dünnes Millimeterpapier

Methode:
1. Nimm ein Stück Millimeterpapier (etwa 1 cm × 1 cm) und lege es in die Mitte deines Objektträgers.
2. Lege den Objektträger auf den Objekttisch und befestige ihn mit den Klammern.
3. Schalte das Licht an und beleuchte das Papierstückchen von unten.
4. Wähle am Anfang das Objektiv mit der schwächsten Vergrößerung und stelle mithilfe von Grobtrieb und Feintrieb scharf. Lasse beim Mikroskopieren beide Augen geöffnet, um Überanstrengung zu vermeiden. Reguliere die einfallende Lichtmenge mit der Blende, sodass der Blick angenehm ist und du die Linien auf dem Papier gut erkennen kannst ▷ Abb. 3.
5. Um noch mehr Einzelheiten unterscheiden zu können, wechselst du auf das nächste Objektiv indem du am Objektrevolver drehst. Die Objektive selber werden nicht berührt.
   Meistens ist nach dem Objektivwechsel wieder leichtes Scharfstellen nötig. Dabei ist unbedingt darauf zu achten, dass die Objektivspitze das Präparat nicht berührt oder sogar das Deckglas zerbricht.
6. Zusatzaufgabe: Den beleuchteten Kreis, den du beim Blick durch das Mikroskop erkennen kannst, nennt man Gesichtsfeld.
   Bestimme die Größe des Gesichtsfelds bei den verschiedenen Gesamtvergrößerungen, die das Mikroskop leisten kann. Das Millimeterpapier hilft dir dabei.

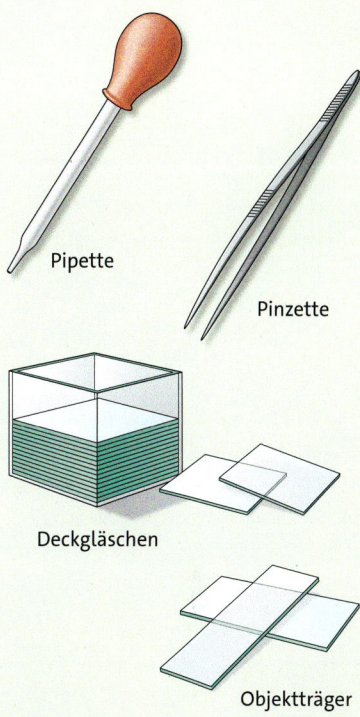

Abb. 2 Wichtige Geräte zum Mikroskopieren

Präparate herstellen – Wasserpest oder Moosblättchen

Möchte man Strukturen von Pflanzen oder Tieren im Lichtmikroskop betrachten, muss man sich geeignete, das heißt lichtdurchlässige Präparate kaufen oder selbst herstellen.

Material: Moospflänzchen mit Blättern, Wasserpeststängel mit Blättern, Pinzette, Pipette, Objektträger, Deckglas, Lichtmikroskop, Glas mit Wasser, Papiertaschentuch

Methode:
1. Zupfe mit der Pinzette oder dem Finger ein dünnes Blättchen der Wasserpest oder von einer Moospflanze ab und lege es flach auf den Objektträger ▷ Abb. 4.
2. Gib mit der Pipette einen Tropfen Wasser auf das Objekt und bedecke es mit einem Deckglas. Achte sorgfältig darauf, dass keine Luftbläschen eingeschlossen werden.
   Falls überschüssiges Wasser unter dem Deckglas hervorquillt, saugt man es mit einem Papiertaschentuch auf.
3. Betrachte dein Präparat bei verschiedenen Vergrößerungen im Lichtmikroskop.
4. Zeichne mit Bleistift einen Ausschnitt des mikroskopischen Bildes. Notiere dir dabei die verwendete Gesamtvergrößerung ▷vgl. S. 16, Zeichnen von biologischen Grundstrukturen.

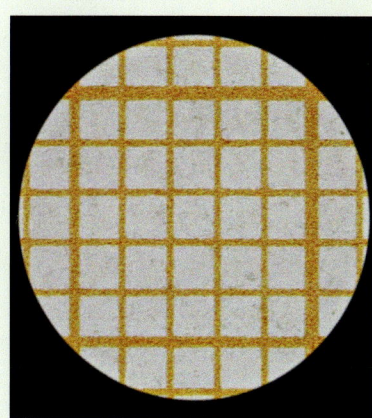

Abb. 3 Millimeterpapier unter dem Mikroskop

Abb. 4 Mikroskopisches Präparat eines Wasserpestblättchens

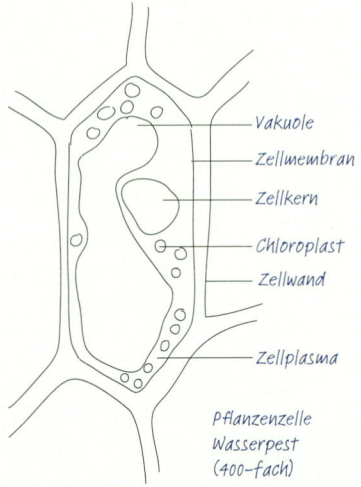

Abb. 1 Zeichnung Wasserpestzelle

Zeichnen von biologischen Grundstrukturen

Da es sehr wichtig ist, sehr genau zu beobachten und damit du deine Beobachtung später auch anderen zeigen kannst, solltest du immer eine Zeichnung von den betrachteten Objekten anfertigen.

Verwende dazu weißes Papier ohne Linien. Zeichne möglichst groß, ein guter Anhaltspunkt ist eine halbe DIN-A4-Blattseite pro Skizze.

Zeichne mit Bleistift. In der Regel werden für wissenschaftliche Skizzen keine Farben verwendet. Gib die Strukturen, die du unter dem Mikroskop siehst, in deiner Zeichnung möglichst naturgetreu, detailliert und maßstabsgetreu wieder.

Beschrifte alle dir bekannten Strukturen. Gib zusätzlich die Bezeichnung des Objekts und die beim Mikroskopieren verwendete Gesamtvergrößerung an ▷ Abb. 1.

Präparate herstellen und färben – Zwiebelhaut

Material: Zwiebelhälfte, Pinzette, Skalpell, Pipette, Objektträger, Deckglas, Glas mit Wasser, Papiertaschentuch, Färbelösung (Methylenblaulösung), Lichtmikroskop, Schutzbrille, Gefahrenhinweis ▷ Abb. 7, ▷ Sicherheitshinweise S. 14.

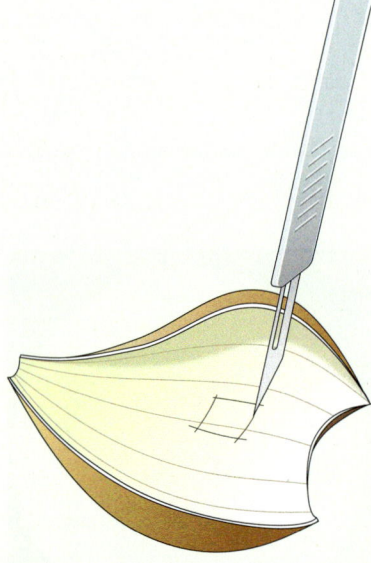

Abb. 2 Entnahme von Zwiebelhaut

Methode:

1. Löse aus deiner Zwiebel ein einzelnes Zwiebelblatt heraus und ritze mit dem Messer kleine Vierecke in die Oberfläche ein ▷ Abb. 2.
2. Zupfe mit einer Pinzette ein Stück des feinen Häutchens, das zwischen den Zwiebelblättern liegt, heraus und lege es flach auf einen Objektträger.
3. Gib mit der Pipette einen Tropfen Färbelösung darauf und bedecke das Objekt mit einem Deckglas.
   Achte darauf, dass keine Luftbläschen eingeschlossen werden. Durch das Anfärben werden vor allem der Zellkern und die Zellwand deutlicher sichtbar ▷ Abb. 3.
4. Entferne nun die Färbelösung wieder, indem du auf der einen Seite des Deckgläschens einen Tropfen Wasser tropfst und auf der gegenüberliegenden Seite ein Papiertaschentuch an den Deckglasrand hältst. Das Papier saugt die Färbelösung langsam auf. Dadurch wird auf der anderen Seite Wasser unter das Deckglas gezogen ▷ Abb. 4.
5. Betrachte dein Präparat bei verschiedenen Vergrößerungen im Lichtmikroskop und fertige eine Zeichnung des mikroskopischen Bildes an.

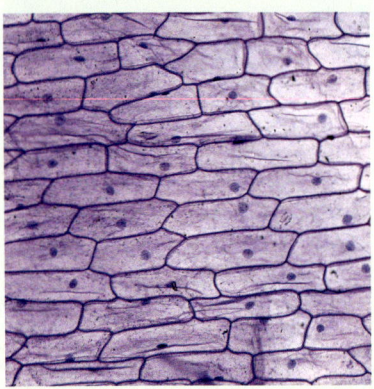

Abb. 3 Angefärbte Zwiebelzellen unter dem Lichtmikroskop

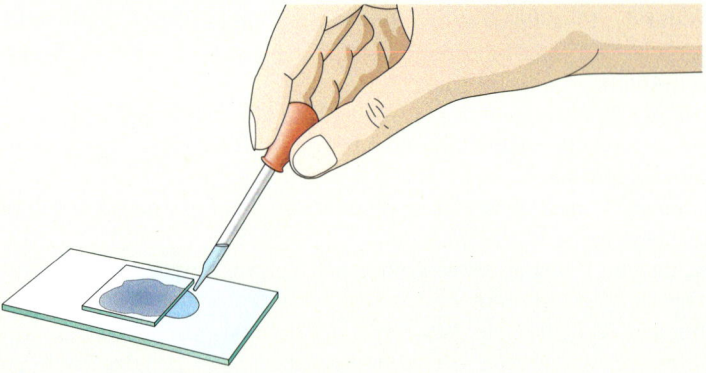

Abb. 4 Färben eines mikroskopischen Präparats

Präparate herstellen und färben – Mundschleimhautzellen

Material: Pipette, Objektträger, Deckglas, Glas mit Wasser, Papiertaschentuch, Wattestäbchen, Färbelösung (Methylenblaulösung), Lichtmikroskop, Schutzbrille, Gefahrenhinweis ▷ Abb. 7

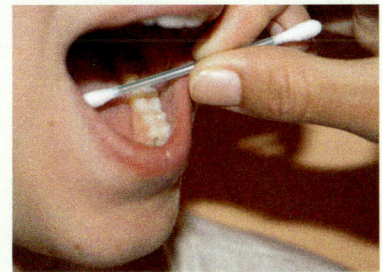

Abb. 5 Entnahme von Mundschleimhautzellen

Methode:

1. Schabe mit dem Wattestäbchen mit leichtem Druck über die Mundschleimhaut deiner Wangeninnenseite ▷ Abb. 5 und tupfe damit dann auf einen Objektträger.
2. Gib mit der Pipette einen Tropfen Färbelösung darauf und bedecke alles mit einem Deckglas. Achte darauf, dass keine Luftbläschen unter dem Deckglas eingeschlossen werden. Durch das Anfärben werden vor allem die Zellkerne deutlicher sichtbar ▷ Abb. 6.
3. Entferne nun die Färbelösung wieder, indem du auf der einen Seite des Deckgläschens einen Tropfen Wasser tropfst und auf der gegenüberliegenden Seite ein Papiertaschentuch an den Deckglasrand hältst. Das Papier saugt die Färbelösung langsam auf. Dadurch wird auf der anderen Seite Wasser unter das Deckglas gezogen ▷ Abb. 4.
4. Betrachte dein Präparat bei verschiedenen Vergrößerungen im Lichtmikroskop und fertige eine Zeichnung des mikroskopischen Bildes an.

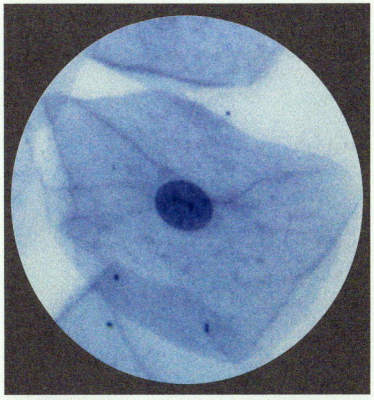

Abb. 6 Angefärbte Zellen der Mundschleimhaut unter dem Lichtmikroskop

Präparate herstellen – Pantoffeltierchen

In Tümpeln und Teichen findet man Lebewesen, die nicht in die Gruppe der Tiere, Pflanzen, Pilze oder Bakterien eingeordnet werden. Das Pantoffeltierchen ist ein solches Lebewesen. Es besteht nur aus einer einzigen Zelle. ▷ Abb. 8

Material: (gekaufte) Pantoffeltierchen-Kultur (Ersatz: Heuaufguss), Pipette, Objektträger, Deckglas, Watte, Lichtmikroskop

Methode:

1. Gib mit der Pipette einen Tropfen der Pantoffeltierchen-Kultur auf den Objektträger.
2. Lege etwas locker gezupfte Watte auf den Tropfen und bedecke ihn mit einem Deckglas. Achte darauf, dass keine Luftbläschen unter dem Deckglas eingeschlossen werden. Die Wattefäden behindern die Pantoffeltierchen ein bisschen in ihrer Fortbewegung, was deine Beobachtung unter dem Mikroskop erleichtert.

> **Methylenblaulösung**
> **Achtung**
> H302
> P301 + P312
> Beim Arbeiten Schutzbrille tragen

Abb. 7 Gefahrenhinweis

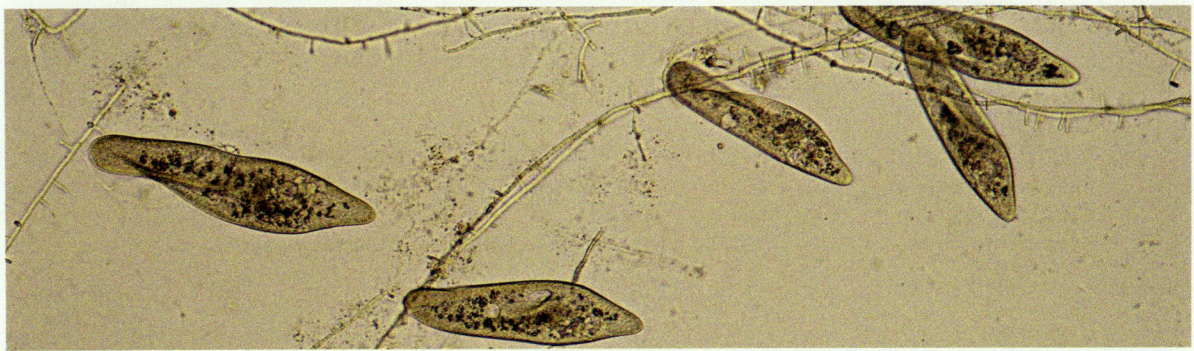

Abb. 8 Pantoffeltierchen unter dem Lichtmikroskop

Abb. 1 Aristoteles

Abb. 2 Carl von Linné

Ordnung schaffen

Die Vielfalt der Lebewesen auf der Erde war für die Menschen zu allen Zeiten sowohl faszinierend als auch rätselhaft. Bis heute werden gerade in den tropischen Regionen immer neue Pflanzen und Tiere entdeckt und es scheint kein Ende in Sicht. Derzeit sind etwa 1,5 Millionen Tierarten und 350 000 Pflanzenarten bekannt. Dazu kommen noch unzählige Pilze und Bakterien sowie weitere Gruppen von Lebewesen.

Um einen Überblick über diese Vielfalt zu bekommen, teilt der Mensch schon seit den frühen Hochkulturen die Lebewesen in Gruppen ein. Bei Pflanzen unterschied man zum Beispiel in essbare oder giftige Pflanzen oder solche, die als Heilpflanzen bei verschiedenen Krankheiten als Medizin dienten.

Das Teilgebiet der Biologie, das sich mit dem Beschreiben, Benennen und Ordnen der Lebewesen beschäftigt, bezeichnet man als Systematik.

Aristoteles

Der griechische Philosoph Aristoteles (384 – 322 v. Chr.) ▷ Abb. 1 war einer der Ersten, die versuchten, die Tierarten in größeren Gruppen zusammenzufassen und so zu ordnen. Vor etwa 2 400 Jahren teilte er in seinem Buch „Historia animalium" die ihm bekannten 520 Tierarten in die Gruppen der Bluttiere und Blutlosen ein.

Erst am Anfang des 19. Jahrhunderts wurden diese Bezeichnungen durch die Begriffe „Wirbeltiere" und „wirbellose Tiere" ersetzt. Die Bluttiere unterschied Aristoteles weiter in große „Gattungen", in welchen er zum Beispiel die Vögel und die Fische zusammenfasste. Auch die Wale wurden als „Walfische" von Aristoteles in diese Gruppe eingeordnet.

Sein System behielt über 2 000 Jahre lang seine Gültigkeit.

Carl von Linné

Erst der schwedische Naturforscher Carl von Linné (1707–1778) ▷ Abb. 2, der als Begründer der heutigen Systematik angesehen wird, überarbeitete die Einteilung von Aristoteles grundlegend. Linné unterschied die drei großen Naturreiche Tiere, Pflanzen und Mineralien, die er weiter unterteilte. Er beschrieb sechs verschiedene „Klassen", in die er die schon über 4 000 bekannten Tierarten einsortierte. 1758 ordnete er die Wale der Klasse der Säugetiere zu.

Noch mehr als die Tiere weckten die Pflanzen das Interesse Linnés. Er beschrieb und systematisierte rund 8 500 Pflanzenarten ▷ Abb. 3. Von ihm stammen die meisten lateinischen Pflanzennamen, die auch heute noch verwendet werden.

Linnés Beschreibung und Einteilung der Lebewesen bildet die Grundlage für die moderne Systematik, auch wenn heute davon kaum mehr etwas unverändert Gültigkeit hat. Denn durch die ständige Verbesserung der Untersuchungsmethoden werden laufend neue Erkenntnisse gewonnen, die es immer wieder notwendig machen, die Einordnung von Lebewesen in eine systematische Gruppe neu zu überdenken.

CAROLI LINNÆI
EQUITIS DE STELLA POLARI,
ARCHIATRI REGII, MED. & BOTAN. PROFESS. UPSAL.;
ACAD. UPSAL. HOLMENS. PETROPOL. BEROL. IMPER.
LOND. MONSPEL. TOLOS. FLORENT. SOC.

SYSTEMA NATURÆ
PER
REGNA TRIA NATURÆ,
SECUNDUM
CLASSES, ORDINES,
GENERA, SPECIES,
CUM
CHARACTERIBUS, DIFFERENTIIS,.
SYNONYMIS, LOCIS.

TOMUS I.

EDITIO DECIMA, REFORMATA.

Cum Privilegio S:æ R:æ M:tis Svecia.

HOLMIÆ,
IMPENSIS DIRECT. LAURENTII SALVII,
1758.

Abb. 3 Titelseite des ersten Bandes der 1. Auflage von *Systema naturae*

Grundlegende Anforderungen an Lebewesen:

– Informationsaufnahme, –verarbeitung und Reaktion
– aktive Bewegung
– Stoffwechsel
– Fortpflanzung
– Wachstum und Individualentwicklung

Vergrößerung mit einem Mikroskop

Skizze eines Lichtmikroskops

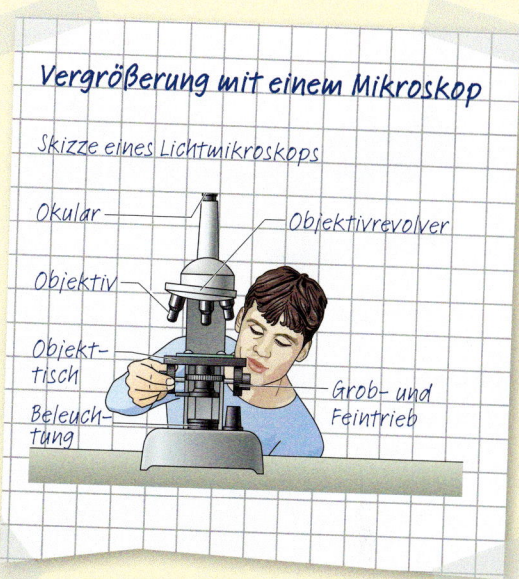

Okular — Objektivrevolver
Objektiv
Objekt-tisch
Beleuch-tung
Grob– und Feintrieb

Alle Lebewesen sind aus Zellen aufgebaut.

tierische Zelle

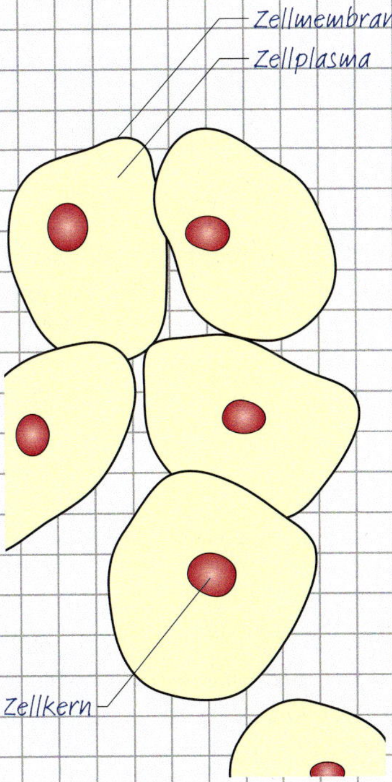

pflanzliche Zelle

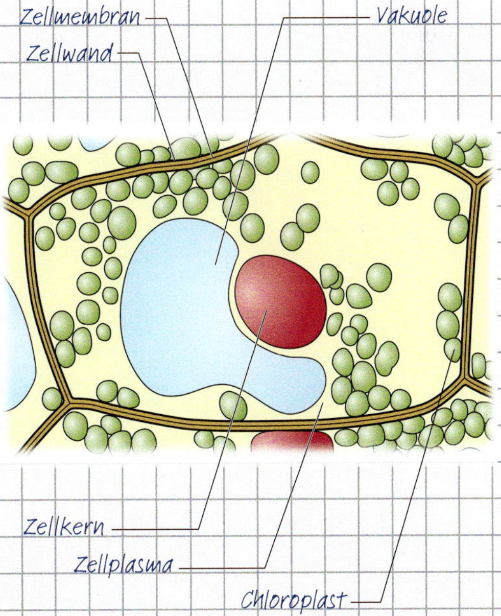

Zellmembran
Zellplasma

Zellmembran — Vakuole
Zellwand

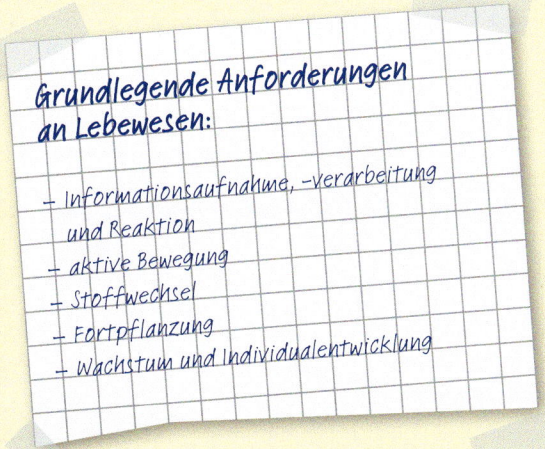

Zellkern

Zellkern
Zellplasma
Chloroplast

Überprüfe deine Fähigkeiten
Biologie – die Wissenschaft von den Lebewesen

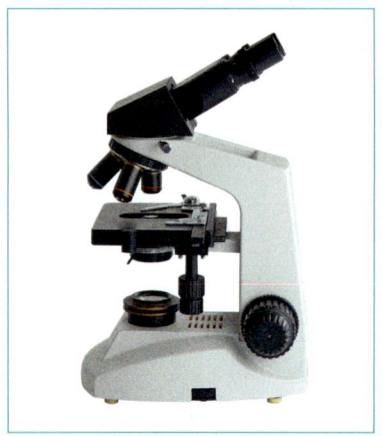

Abb. 1 Lichmikroskop

1. Biologen ordnen die Menschen in die Gruppe der Tiere ein. Begründe diese Zuordnung. ▷ 📖

2. Betrachte die Abbildungen der beiden Bilderseiten am Anfang dieses Buchkapitels ▷ S. 6, 7 und stelle eine Vermutung an, welche grundlegenden Anforderungen an Lebewesen hier jeweils dargestellt werden sollen.

3. In einem Katalog für Schulbedarf wird folgendes Mikroskop angeboten ▷ Abb. 1:
   Schulmikroskop mit Okular 10×; 4-fach Revolver mit Objektiven 4×, 10×, und 40×.
   Berechne sämtliche Gesamtvergrößerungen, die sich mit diesem Mikroskop erreichen lassen. Erkläre den Fachbegriff „4-fach Revolver" und zeige die Vorteile dieses Bauteils auf. ▷ 📖

4. In Abbildung 2 sind Zellen verschiedener Lebewesen in unterschiedlichen Vergrößerungen dargestellt.
   Gib an, ob es sich bei den Zellen a bis h jeweils um eine pflanzliche oder tierische Zelle handelt oder ob die Zelle von einem Individuum einer anderen Lebewesengruppe stammt. Begründe jeweils deine Entscheidung.

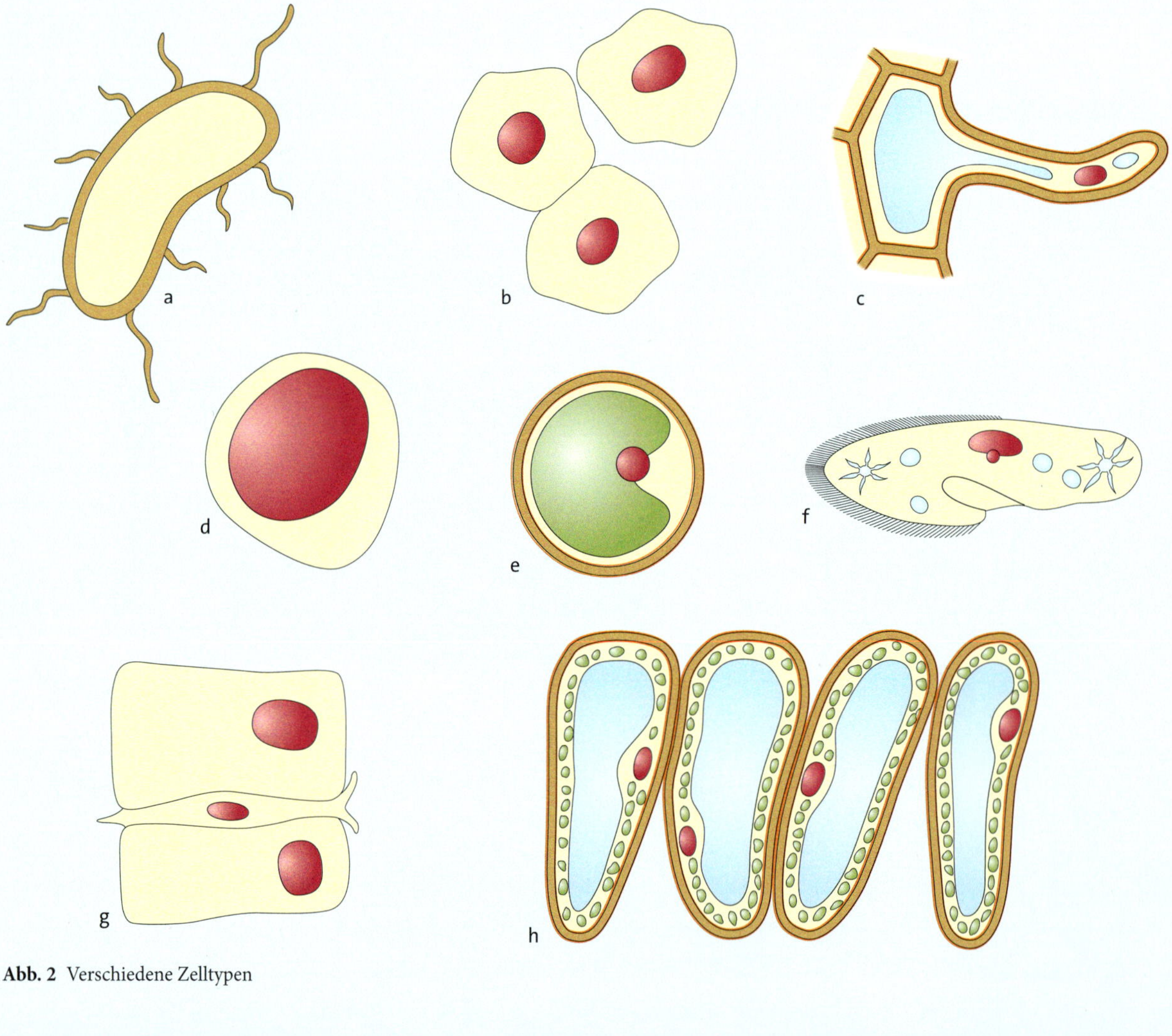

a

b

c

d

e

f

g

h

Abb. 2 Verschiedene Zelltypen

5. Hier sind einige Buchstaben durcheinandergeraten. Ordne, sodass sich sinnvolle Sätze ergeben.

Alle WEBENESEL sind aus LENZEL aufgebaut. Einige Lebewesen bestehen nur aus einer einzigen ELZEL, andere sind ZEILVELLER. Tierische Zellen werden von einer BERMELMANZL begrenzt, die den TASCHTOFFSAUSU mit der Umgebung kontrolliert. Im Inneren befindet sich das MASPELLALZ, das auch den LERKNELZ enthält, der den SCHOFFWESTEL in der Zelle steuert. In Blattzellen von FANPLENZ kann man beim Blick durch das KOKOSRIMP zusätzlich noch die grünen TANSCHLOROPEL, eine LOKUEVA und die DELZWANL erkennen. Die ROLOSCHLEPTAN können das Sonnenlicht aufnehmen, das die Pflanzen als GEREINE zum AFFABOFUSTU nutzen. ▷ 📖

6. Nenne und beschreibe den Vorgang, der in Abbildung 3 dargestellt ist, und erkläre dessen biologischen Sinn.

7. Betrachtet man tierische und pflanzliche Zellen unter dem Lichtmikroskop, dann kann man sowohl Gemeinsamkeiten als auch Unterschiede erkennen.

   7.1 Benenne die mit den Ziffern bezeichneten Strukturen in der pflanzlichen beziehungsweise tierischen Zelle ▷ Abb. 4. Gib weitere Strukturen an, die du in der pflanzlichen Zelle erkennen kannst.

   7.2 Erkläre die Funktion der im Lichtmikroskop sichtbaren Zellbestandteile der pflanzlichen beziehungsweise tierischen Zelle.

   7.3 Ähnliche Zellen hast du wahrscheinlich schon beim Mikroskopieren selbst betrachtet (siehe Praktikum). Gib an, von welchen Lebewesen diese Zellen jeweils stammen.

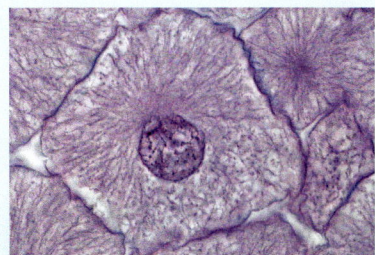
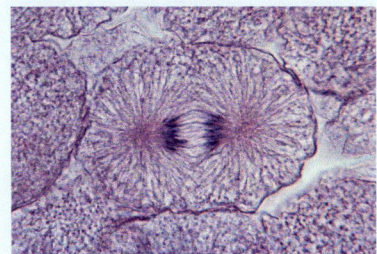
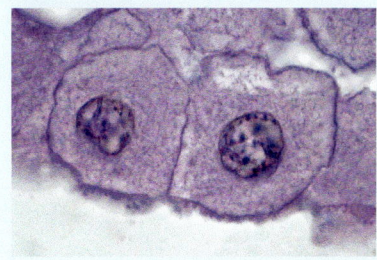

Abb. 3 Zellen unter dem Lichtmikroskop

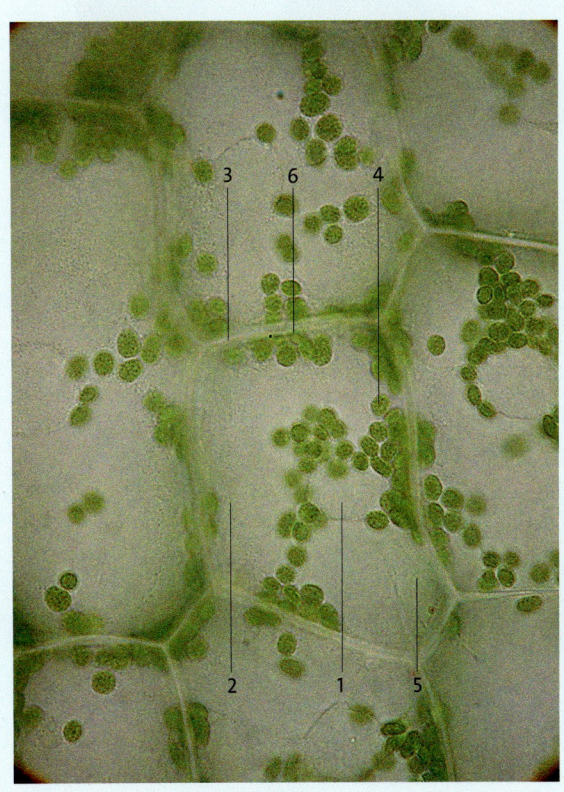

Abb. 4 Verschiedene Zellen unter dem Lichtmikroskop

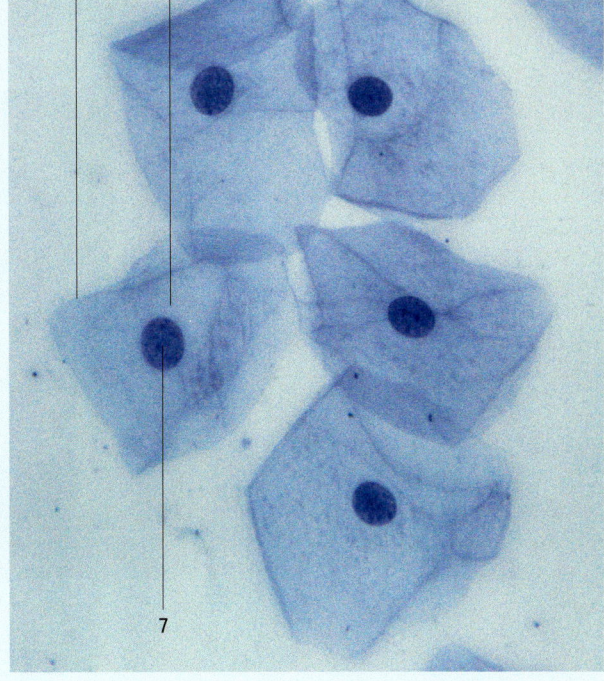

Der Mensch als Lebewesen

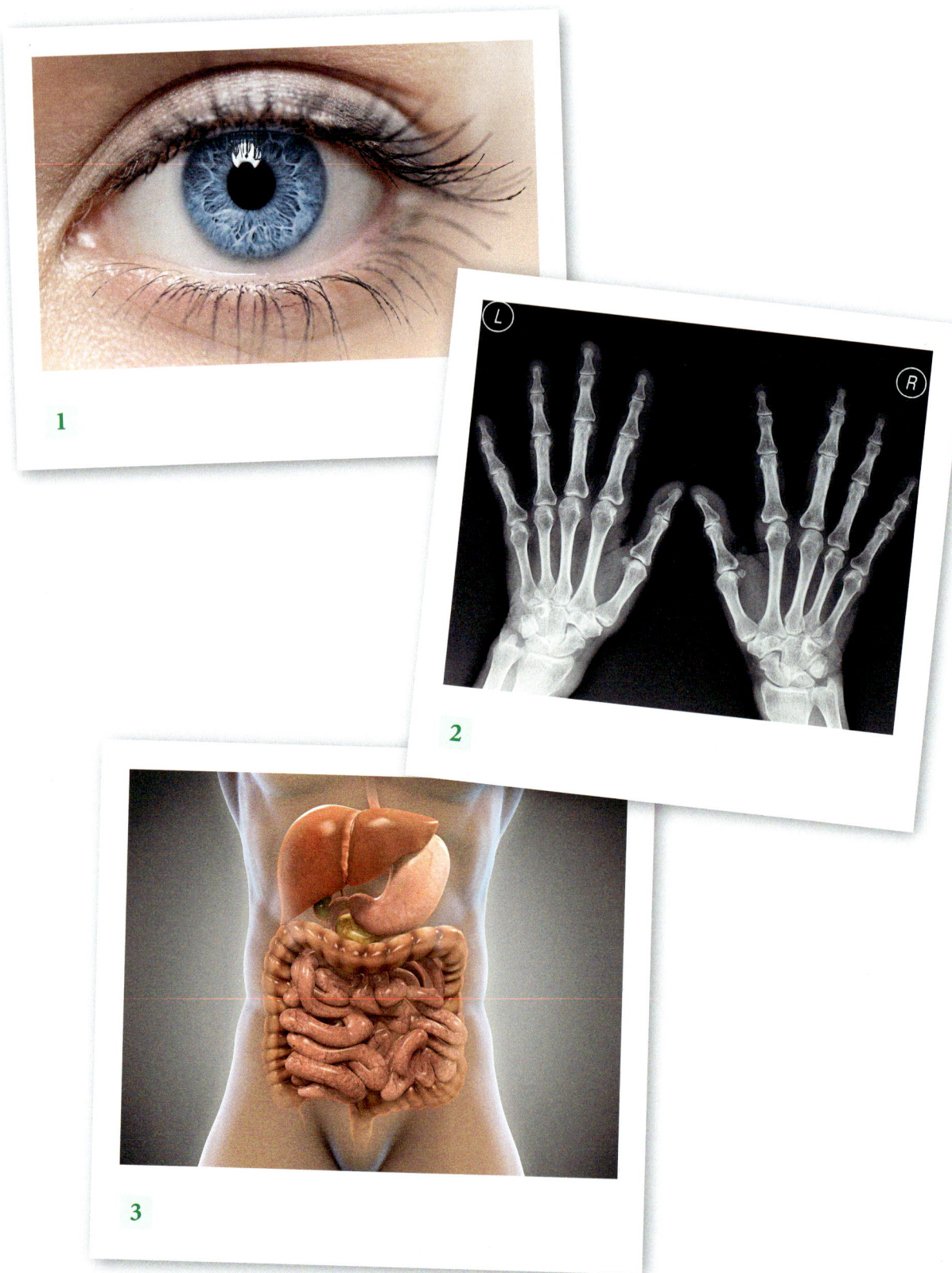

1

2

3

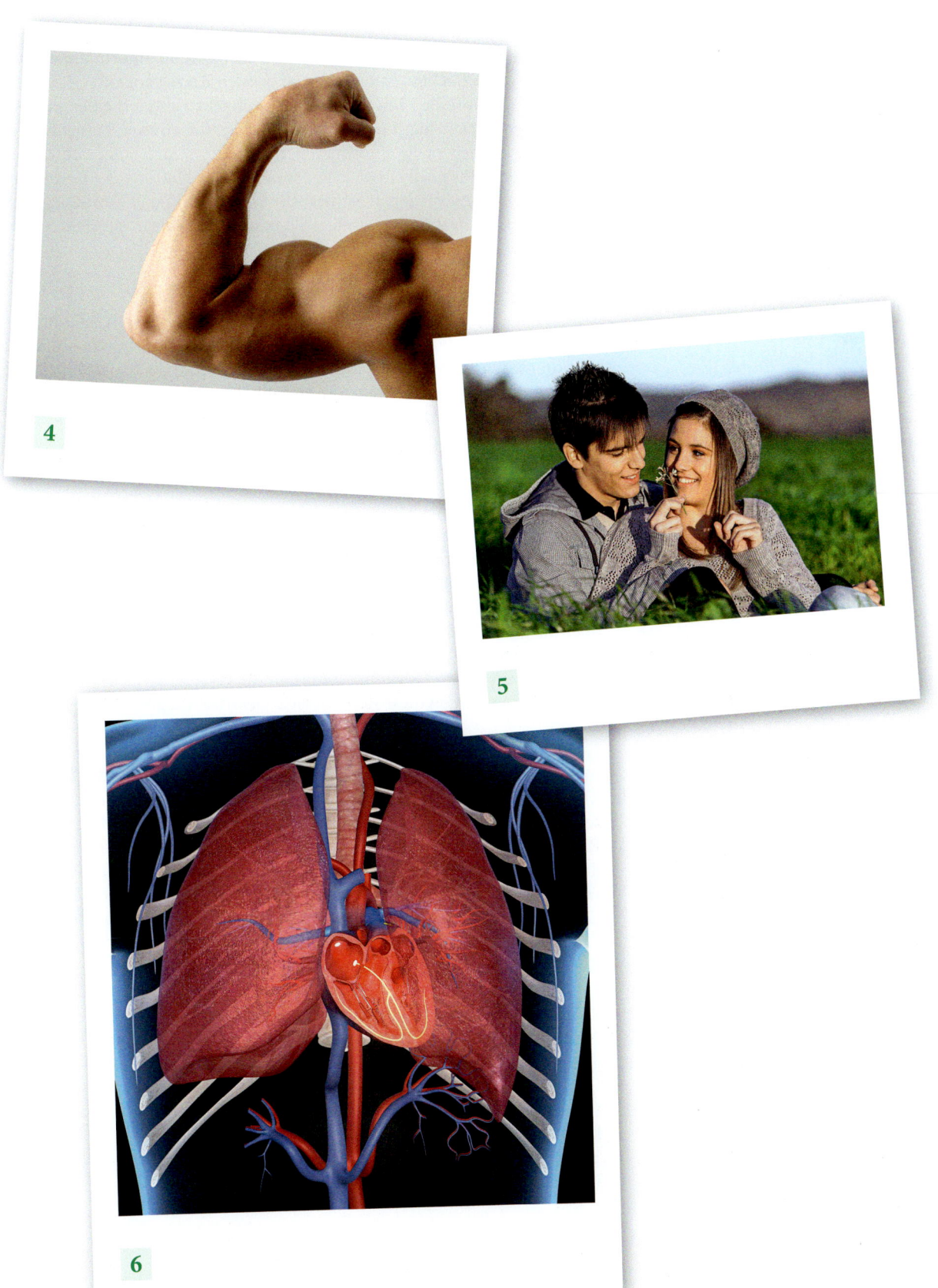

4

5

6

Informationsaufnahme, -verarbeitung und Reaktion

Sinne und Sinnesorgane

Reiz	Sinn	Wahr-nehmung (Beispiele)
Licht	Sehsinn	Helligkeit, Farben
Schall	Gehörsinn	Töne, Musik, Sprache
Duftstoffe	Geruchssinn	Düfte, Gestank
Geschmacks-stoffe	Geschmacks-sinn	süß, sauer
Druck	Tastsinn	rau, glatt
Temperatur-unterschiede	Wärmesinn, Kältesinn	Erwärmung, Abkühlung
Schwerkraft	Gleichge-wichtssinn	Lage im Raum

Tab. 1 Jeder Sinn spricht auf einen bestimmten Reiz an und erzeugt eine Wahrnehmung

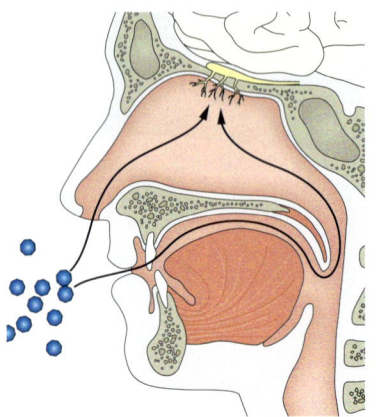

Abb. 1 Wahrnehmung von Geruch und Geschmack

A1 Nenne zu den in der Tabelle 1 aufgeführten Reizen die passenden Sinnesorgane. ▷ 📖

A2 Beschreibe mithilfe von Abbildung 1 die Wege der Aromen des Essens bis zu den Riechzellen der Nasenschleimhaut.

A3 Manche feste Stoffe wie Kaffeepulver kann der Mensch riechen, andere wie Zucker oder Salz dagegen nicht. Nenne die Voraussetzungen, die die Stoffe erfüllen müssen, um riechbar zu sein.

Reize

Jedes Lebewesen, auch der winzigste Einzeller, nimmt Informationen aus seiner Umwelt auf. Diese Informationen werden **Reize** genannt.

Einzeller haben oft die Fähigkeit, hell und dunkel zu unterscheiden oder sie merken, wo es Nahrung für sie gibt. Vielzellige Lebewesen, beispielsweise Menschen können mehr Informationen aus ihrer Umgebung aufnehmen und besitzen dafür hoch entwickelte Sinnesorgane. Die Orte der Reizerkennung sind die verschiedenen **Sinneszellen**, die sich in den **Sinnesorganen** befinden. Die Aufgabe einer Sinneszelle ist es, einen Reiz in ein **elektrisches Signal** umzuwandeln.

Geschmackssinn

Mithilfe der Zunge können Menschen fünf verschiedene Geschmacksrichtungen unterscheiden. Diese sind süß, sauer, bitter, salzig und umami. Letztere könnte man mit würzig, pikant, vollmundig, wohlschmeckend, fleischig oder bouillonartig beschreiben, die eiweißhaltige Nahrung (Fleisch, Milch, Käse, Gemüse) besitzt. Umami wurde bereits 1908 von einem japanischen Forscher entdeckt und ist dennoch in ganz Europa noch wenig bekannt. Zusätzlich wird in der Wissenschaft über eine sechste Geschmacksrichtung fettig diskutiert.

Für jede Geschmacksrichtung gibt es eigene Sinneszellen auf der Zunge. Diese sind an unterschiedlichen Stellen angeordnet. Früher wurde für jede Geschmacksrichtung die Lage der Sinneszellen auf einer Zungenlandkarte eingezeichnet. Dies ist allerdings nicht ganz korrekt, da die Sinneszellen über die ganze Zunge verteilt sind. Allerdings befinden sie die Sinneszellen für Süßes eher an der Zungenspitze, die für Bitteres vor allem hinten. Gelangt viel von einem Geschmacksstoff an die entsprechenden Sinneszellen der Zunge, so werden diese Reize in viele elektrische Signale umgewandelt.

Geruchssinn

Im Gegensatz zu der begrenzten Anzahl an Geschmacksqualitäten kann der Mensch etwa eine Billion Düfte unterscheiden. Dazu benötigt er in der Nasenschleimhaut einen etwa daumennagelgroßen Bezirk, in dem sich die Riechsinneszellen befinden. Die Geruchsstoffe gelangen über die Atemluft dorthin ▷ Abb. 1. Gelangt ein Geruchsstoff an eine Riechsinneszelle, so wandelt diese die Information in ein elektrisches Signal um. Ein einzelnes Geruchsteilchen reicht dazu allerdings nicht aus. Um zum Beispiel den Geruch einer Pfefferminze wahrzunehmen, müssen mindestens 100 Billionen Geruchsteilchen an den Riechsinneszellen eintreffen.

Zusammenspiel von Geruchs- und Geschmackssinn

Nach einem leckeren Essen sagt man seiner Mutter schon mal, wie toll es geschmeckt hat. Dabei ist das Empfinden feiner Aromen nicht allein ein Geschmack, denn dazu hätten wir ja nur fünf Geschmacksqualitäten. Erst wenn Geruchs- und Geschmacksstoffe gemeinsam von den Sinneszellen erkannt und in elektrische Signale übersetzt werden, kann ein vollständiger Eindruck gewonnen werden. Geruchs- und Geschmackssinn spielen somit immer zusammen.

Tastsinn

Wenn sich Menschen begrüßen, dann geschieht dies oft durch einen Händedruck. Dabei werden von etwa 1500 Tastsinneszellen Reize aufgenommen. Besonders viele dieser Sinneszellen sind in der Leistenhaut

▷ Abb. 2 an Händen und Fußsohlen vorhanden. Der größte Teil des Körpers ist allerdings mit Felderhaut bedeckt, die weniger derartige Sinneszellen besitzt. Zusammen ist die Haut eines Erwachsenen fast zwei Quadratmeter groß und besitzt ein Gewicht von etwa zehn Kilogramm. Sie ist das größte Sinnesorgan des Menschen und aus drei Schichten aufgebaut ▷ Abb. 3.

Außen befindet sich die Oberhaut mit ihrer Hornschicht, die fortwährend Zellen nach außen abgibt und auch Haare und Nägel bildet. Talgdrüsen fetten die Oberhaut ein. In dieser Hautschicht befinden sich auch spezielle Zellen mit dem Farbstoff Melanin, der die Haut vor gefährlicher Sonnenstrahlung schützt. Innen liegt die fetthaltige Unterhaut, die den Körper vor Abkühlung schützt, als Energiespeicher dient und Stöße abpolstert. Die dazwischen liegende Lederhaut besitzt neben einem feinen Adernetz und zahlreichen Schweißdrüsen auch die meisten Sinneszellen. Diese wandeln Informationen über Berührungen in elektrische Signale um.

Abb. 2 Leistenhaut

Temperatursinn

Weitere Sinneszellen befinden sich in der Lederhaut. Diese Kälte- und Wärmesinneszellen erkennen Änderungen der Temperatur und wandeln diese Reize, wie alle Sinneszellen, in elektrische Signale um. Durch diese Information kann der Körper selbst Maßnahmen ergreifen. Gegen Abkühlung kann er Muskeln zittern lassen. Dies führt zur Erwärmung. Ist der Körper zu sehr erwärmt, so wird Schweiß aus den Schweißdrüsen ausgestoßen. Beim Verdunsten des Schweißes wird der Körper gekühlt. Natürlich können wir auch selbst durch die Wahl unserer Kleidung die Körpertemperatur beeinflussen.

A4 Ein Mensch verliert etwa zehn Gramm Hautschuppen pro Tag. Berechne das Gewicht, das ein Mensch in einem Jahr beziehungsweise in 70 Jahren dabei verliert. ▷

A5 Lege eine Tabelle zu den Strukturen der Haut und ihren jeweiligen Funktionen an.

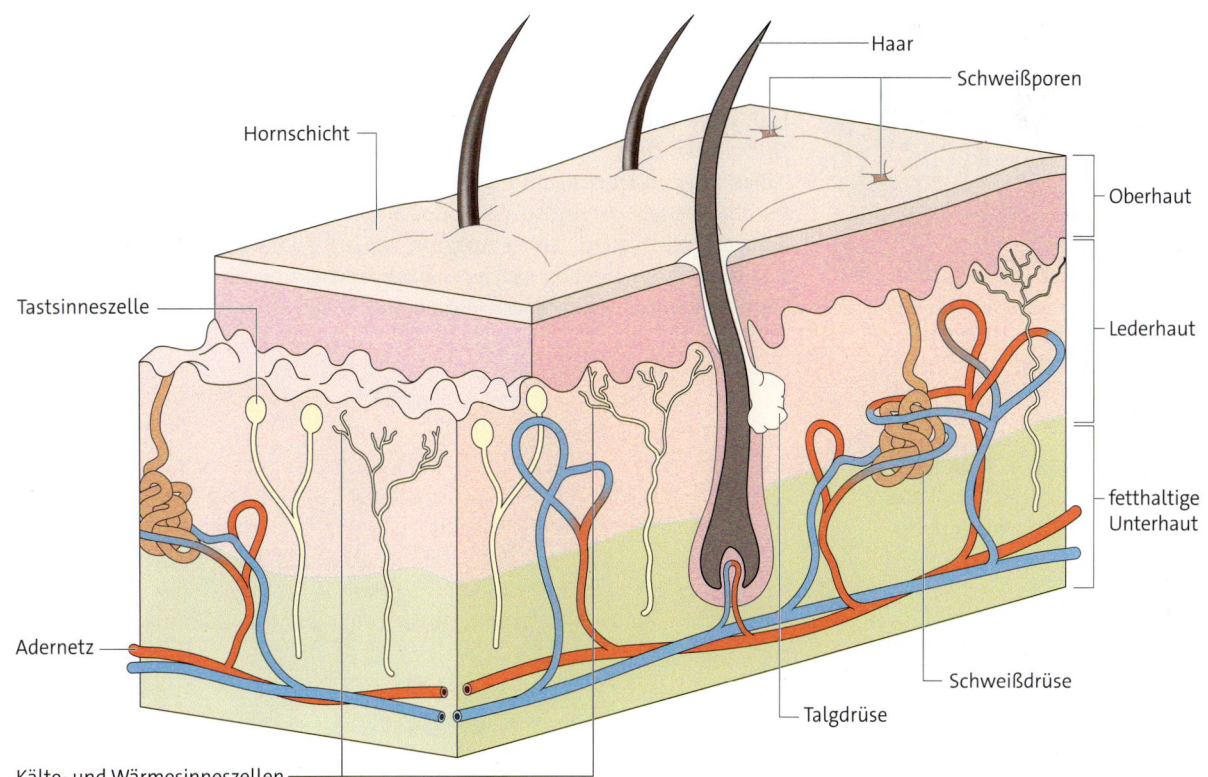

Haar

Schweißporen

Hornschicht

Oberhaut

Tastsinneszelle

Lederhaut

fetthaltige Unterhaut

Adernetz

Schweißdrüse

Talgdrüse

Kälte- und Wärmesinneszellen

Abb. 3 Aufbau der Haut, schematische Darstellung

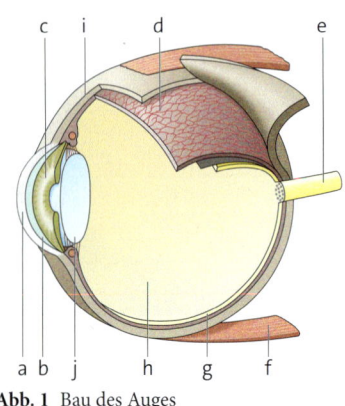

Abb. 1 Bau des Auges

Bereich des räumlichen Sehens

Abb. 2 Sehfelder der Augen

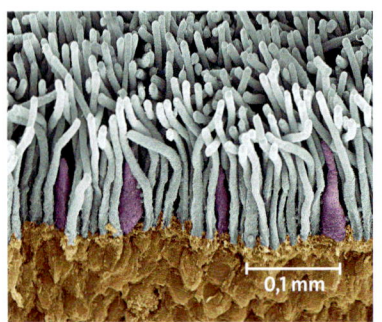

0,1 mm

Abb. 3 Sehsinneszellen der Netzhaut, Aufnahme mit einem Raster-Elektronenmikroskop (REM)

A1 Zähle Tiere auf, die kein überlappendes Sehfeld aufweisen. Beschreibe die Nachteile dieser Sichtweise.

A2 Ordne die folgenden Begriffe den Buchstaben a–j in Abbildung 1 zu und schreibe diese in dein Heft: Hornhaut, Lederhaut, Aderhaut, Pigmentschicht, Netzhaut, Sehnerv, Iris/Regenbogenhaut, Linse, Glaskörper, Augenmuskel.

Sehsinn

Beim Erkunden einer neuen Umgebung benutzt man möglichst alle Sinne zur Orientierung, vor allem jedoch den Sehsinn. Menschen sind „Augentiere". Sie können sich im dreidimensionalen Raum gut zurechtfinden und kleinste Veränderungen wahrnehmen. Im Gegensatz zu vielen anderen Tieren liegen unsere Augen nicht seitlich am Kopf, sondern sind nach vorne gerichtet, sodass wir einen Großteil unserer Umgebung mit beiden Augen gleichzeitig sehen können. Das hat den Vorteil, dass wir sehr gut räumlich sehen und Entfernungen recht genau einschätzen können ▷ Abb. 2.

Treffen Lichtstrahlen auf das Auge, so werden diese ein erstes Mal durch die Hornhaut gebündelt und fallen durch die in ihrem Durchmesser veränderliche Pupille ins Innere des Augapfels ein ▷ Abb 4. Dort werden die Lichtstrahlen ein zweites Mal durch die Linse gebündelt, durchdringen den gelatineartigen Glaskörper und treffen auf die innerste mehrerer Augenhäute, die **Netzhaut**.

Die Netzhaut dient der Reizaufnahme. In ihr finden sich auf einer Fläche von 1 mm × 1 mm 400 000 Sehsinneszellen ▷ Abb. 3. Sie reagieren auf viel beziehungsweise wenig Licht und verschiedene Farben. Der gelbe Fleck ist der Ort der Netzhaut, an dem die Dichte der lichtempfindlichen Sehsinneszellen am größten ist. Hier ist der Ort des schärfsten Sehens. Die Stelle der Netzhaut, an der der Sehnerv austritt, nennt man Blinder Fleck. Hier sind keine Sehsinneszellen. Das darauf fallende Licht kann nicht wahrgenommen werden.

Jede Sinneszelle, auf die ein Lichtpunkt fällt, wandelt diese Information in ein elektrisches Signal um. Durch den Sehnerv werden diese vielen Tausend Signale an das Gehirn übertragen. Das Gehirn ist der Ort der Wahrnehmung. Erst hier werden alle Signale ausgewertet und es entsteht der Gesamteindruck des Bildes.

Fällt Licht beispielsweise auf eine Blume, wird das Licht in alle Richtungen zurückgeworfen ▷ Abb. 4. Ein Teil dieses Lichts gelangt ins Auge und nach Ablenkung an Hornhaut und Linse schließlich auf die Netzhaut. Ein scharfes Bild entsteht, wenn ein Punkt der Blume als ein Lichtpunkt auf der Netzhaut abgebildet wird. Ist der Augapfel zu lang, zu kurz oder ist die Hornhaut verkrümmt, so ergeben sich verschwommene, unscharfe Bilder. Mit einer Sehhilfe kann dies korrigiert werden.

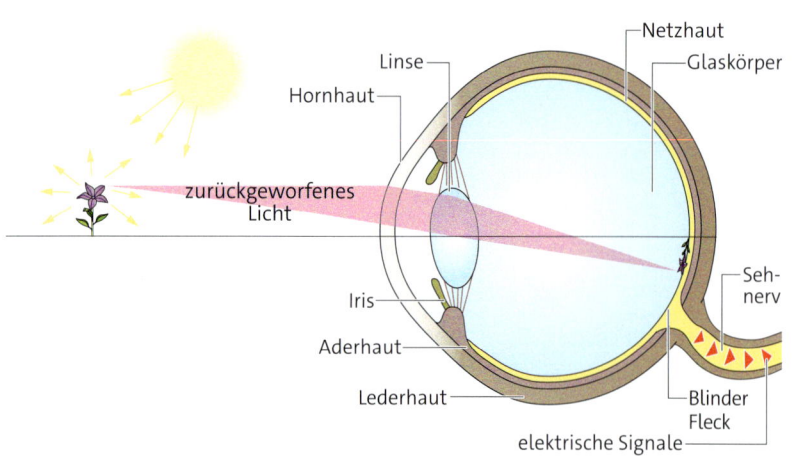

zurückgeworfenes Licht

Hornhaut — Linse — Netzhaut — Glaskörper — Iris — Aderhaut — Lederhaut — Sehnerv — Blinder Fleck — elektrische Signale

Abb. 4 Der Sehvorgang

Gehörsinn

Wenn vor dem Fenster ein Auto mit lauter Musik vorbeifährt, können sogar die Fensterscheiben zittern. Dies zeigt, dass Schall beim Ausbreiten die Luftteilchen zum Schwingen bringt.

Unser Außenohr fängt den Schall auf. Es reicht von der trichterförmigen Ohrmuschel bis zum Trommelfell, das wie die Fensterscheibe zu schwingen beginnt. Das Mittelohr verstärkt die feinen Bewegungen des Trommelfells über die Gehörknöchelchen Hammer, Amboss und Steigbügel ▷ Abb. 6 und überträgt die Schwingung auf das mit Flüssigkeit gefüllte Innenohr. Die Schwingungen der Innenohrflüssigkeit verbiegen die Härchen der sich dort befindenden Sinneszellen. Daraufhin erzeugen diese ein elektrisches Signal, das über den Hörnerv in das Gehirn weitergeleitet wird. Erst dort entsteht der Höreindruck.

Wie bei Zunge, Nase, Haut und Auge wandeln die Sinneszellen des Ohrs somit Reize in elektrische Signale um. Das Ohr besitzt etwa 15 000 dieser Sinneszellen.

Gleichgewichtssinn

Teil des Innenohrs ist auch das Gleichgewichtsorgan mit den flüssigkeitsgefüllten Bogengängen ▷ Abb. 6. Die in ihnen befindlichen Sinneszellen informieren uns über die Lage des Kopfes im Raum. Ebenso können mithilfe dieser Sinneszellen Drehbewegungen und Drehbeschleunigungen des Kopfes wahrgenommen werden.

Grenzen unserer Sinne

In unserer Umgebung sind neben den für uns wahrnehmbaren Reizen noch viele andere Einflüsse vorhanden, für die wir kein Sinnesorgan besitzen. Die meisten elektromagnetischen Wellen können wir ohne Hilfsmittel nicht wahrnehmen.

Ein Smartphone bespielsweise kann die entsprechenden Wellen über eine innere Antenne empfangen und in Schallwellen oder lesbare Botschaften übersetzen ▷ Abb. 5.

Abb. 5 Ein Smartphone macht aus elektromagnetischen Wellen für uns wahrnehmbare Reize

A 3 Schall benötigt zur Ausbreitung ein Medium (Luft, Wasser). Nenne die Stelle im Ohr, an der die Schwingungen das Medium wechseln.

A 4 In vielen Science-Fiction-Filmen sind Explosionen im Weltraum mit einem lauten Knall verbunden. Erkläre den Regiefehler. Beantworte hierzu als erstes Aufgabe A3. ▷ 📖

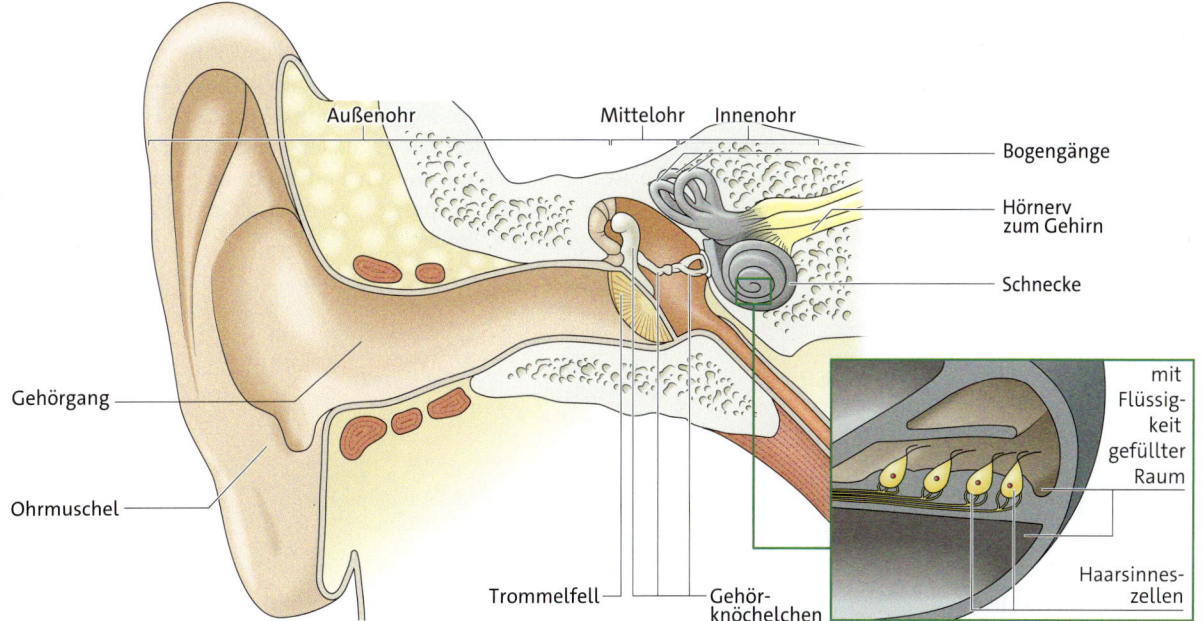

Außenohr Mittelohr Innenohr

Bogengänge

Hörnerv zum Gehirn

Schnecke

Gehörgang

Ohrmuschel

mit Flüssigkeit gefüllter Raum

Trommelfell

Gehörknöchelchen

Haarsinneszellen

Abb. 6 Bau des Ohrs, schematische Darstellung

Reiz-Reaktions-Kette

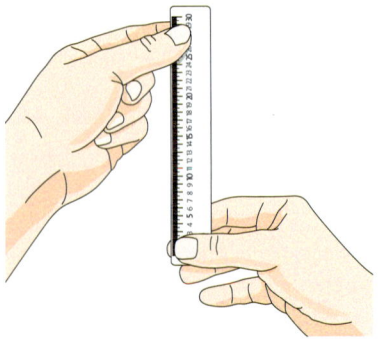

Abb. 1 Experiment zur Reaktionszeit

Reaktionszeit

Mit einem einfachen Experiment können zwei Personen testen, wie schnell jemand reagiert. Dazu hält man ein etwa 30 Zentimeter langes Lineal fest in der Hand ▷ Abb. 1 und lässt es nach unten hängen. Die Testperson hat Zeigefinger und Daumen an der Null-Zentimeter-Marke, ohne dieses festzuhalten. Beide Finger sollten etwa einen Zentimeter vom Lineal entfernt sein. Lässt man das Lineal oben los, so fällt es nach unten. Die Testperson soll nun versuchen, Zeigefinger und Daumen schnell zu schließen, um das Lineal festzuhalten.

Man kann nun sehr gut vergleichen, wie lange eine Testperson braucht, um das Lineal zu fangen. Die Zeit, die vom Loslassen bis zum Fangen verstreicht, wird **Reaktionszeit** genannt. Je länger diese ist, desto größer sind die Werte, die man auf dem Lineal ablesen kann.

Beispiele für Reiz-Reaktions-Ketten

Die Vorgänge im Experiment von Abbildung 1 kann man nun in einzelne Schritte zerlegen. Wird das Lineal losgelassen, so nimmt das Auge diesen Reiz auf. Die Information wird von den Sinneszellen in elektrische Signale umgewandelt. Diese elektrischen Signale werden vom Sehnerv zum Gehirn weitergeleitet und dort verarbeitet. Das Gehirn sendet elektrische Signale über Nerven zur Hand. Dort erfolgt eine Reaktion, die Hand schließt sich.

Der grundlegende Ablauf von der Reizaufnahme bis zur Reaktion folgt immer dem gleichen Schema ▷ Abb. 3. Er wird **Reiz-Reaktions-Kette** genannt und gilt für alle Sinnesorgane.

Für Reiz-Reaktions-Ketten gibt es sehr viele Beispiele. Legt man seine Hand versehentlich auf eine heiße Herdplatte, so nehmen die Sinneszellen der Haut diesen Reiz auf und wandeln ihn in elektrische Signale um. Über Nerven wird diese Information als elektrisches Signal zum Gehirn oder Rückenmark geleitet. Dort wird die Information verarbeitet. Die neue Information, ein Befehl, wird über Nerven zu den Armmuskeln geleitet. Diese führen die Reaktion aus und ziehen die Hand von der heißen Herdplatte. Da der Ablauf von der Aufnahme des Reizes bis zur Reaktion etwas Zeit benötigt, kann die Haut schon leichte Verbrennungen aufweisen.

Wirft man sich gegenseitig einen Ball zu, so laufen auch hier Reiz-Reaktions-Ketten ab. Das Auge nimmt den Reiz auf. Nach Umwandlung wird die Information über Nerven zum Gehirn geleitet. Dieses verarbeitet die Information und schickt Befehle über Nerven zu den Arm- und Handmuskeln. Durch deren Reaktion wird der Ball gefangen. Wird der Ball sehr schnell geworfen oder ist die Entfernung zur fangenden Person gering, ergibt sich eine kurze Flugzeit des Balles. Ist diese Flugzeit kürzer als die Reaktionszeit, kann der Ball nicht gefangen werden.

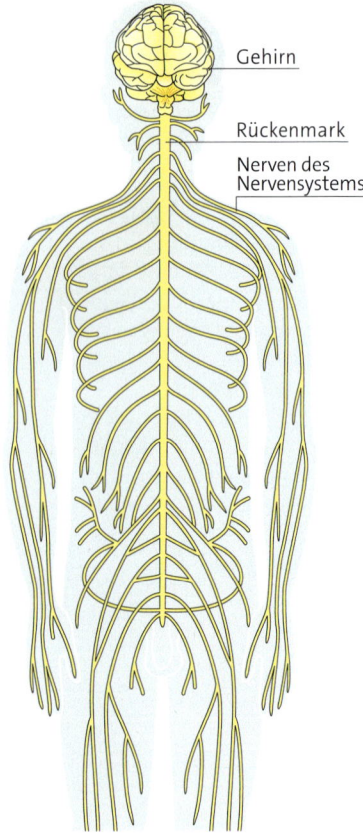

Gehirn

Rückenmark

Nerven des Nervensystems

Abb. 2 Schematische Darstellung des Nervensystems

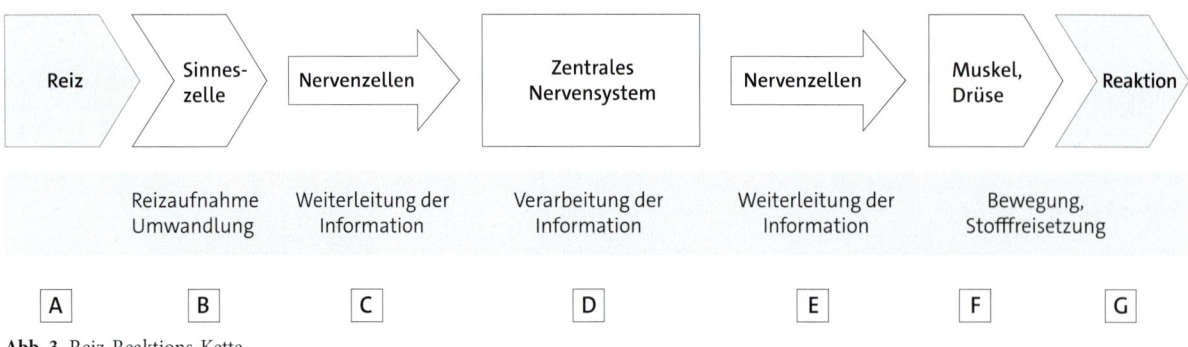

Reiz	Sinnes-zelle	Nervenzellen	Zentrales Nervensystem	Nervenzellen	Muskel, Drüse	Reaktion
	Reizaufnahme Umwandlung	Weiterleitung der Information	Verarbeitung der Information	Weiterleitung der Information	Bewegung, Stofffreisetzung	
A	B	C	D	E	F	G

Abb. 3 Reiz-Reaktions-Kette

Grundprinzip der Reiz-Reaktions-Kette

Den Beginn einer Reiz-Reaktions-Kette stellt immer ein Sinnesorgan dar, das einen Reiz aufnimmt. Dabei kann es sich um Schall, Licht, Duftstoffe, Geschmacksstoffe oder auch um eine Berührung handeln. Jedes Sinnesorgan wandelt dabei den Reiz in ein elektrisches Signal um ▷ Abb. 3B.

Unser Körper ist von einem dichten Nervennetz durchzogen ▷ Abb. 2. Es besteht aus einer besonderen Sorte von langgestreckten Zellen, den Nervenzellen. Modellhaft ähneln sie Stromkabeln, da sie wie diese elektrische Signale übermitteln können. Ihre Aufgabe ist die Weiterleitung der Information ▷ Abb. 3C.

Im **zentralen Nervensystem (ZNS)**, dazu zählen Gehirn und Rückenmark, wird die Information nun verarbeitet. Dabei wird auch verglichen, bewertet, werden Gefühle in Verbindung gebracht oder Erinnerungen geweckt. Hier ist also der Ort der Wahrnehmung. Anschließend werden Befehle in Form von elektrischen Signalen erzeugt ▷ Abb. 3D.

Die Befehlsinformationen werden wieder von Nerven weitergeleitet. Diese transportieren jedoch die Signale immer nur in eine Richtung. Daher gibt es Nerven, die Informationen aus den Sinneszellen zum Gehirn und Rückenmark leiten ▷ Abb. 3C und andere, die Botschaften und Befehle vom ZNS weg leiten ▷ Abb. 3E.

Muskeln oder Körperdrüsen erhalten diese Befehle und führen diese aus. Es ist eine Reaktion zu erkennen ▷ Abb. 3G. Die Reaktion eines Muskels führt zu einer Bewegung. Bei Drüsen werden verschiedene Substanzen freigesetzt. Schweißdrüsen produzieren zum Beispiel Schweiß, Speicheldrüsen im Mund Speichel.

Einige dieser Reaktionen sind bewusst vom Willen gesteuert, sie werden „willkürlich" genannt. Andere Reaktionen können wir willentlich nicht beeinflussen, sie werden als „unwillkürlich" bezeichnet.

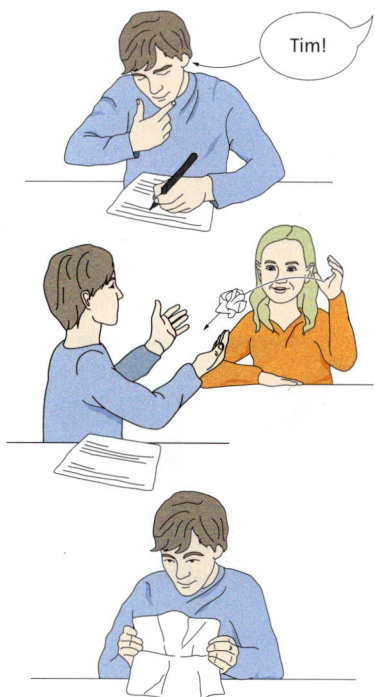

Abb. 4 Reiz-Reaktions-Ketten

A1 Zerlege den Handlungsablauf eines Elfmeterschusses in Teilschritte. Beschreibe dazu zuerst die Abläufe als Reiz-Reaktions-Kette beim Schießen, anschließend beim Fangen.

A2 Die Abläufe aus Abbildung 4 sind sicher aus der Schule bekannt. Stelle mehrere dabei ablaufende Reiz-Reaktions-Ketten grafisch dar ▷ Abb. 3.

A3 Ordne die Nummern aus Abbildung 5 den Stationen A bis F in Abbildung 3 zu. ▷

A4 Beschreibe anhand von Abbildung 5 mit eigenen Worten die Abläufe als Reiz-Reaktions-Kette, beginnend mit einem Duftteilchen bis das „Wasser im Munde zusammenläuft".

A5 Findet in Partnerarbeit Beispiele für willkürliche und unwillkürliche Reaktionen und beschreibt diese.

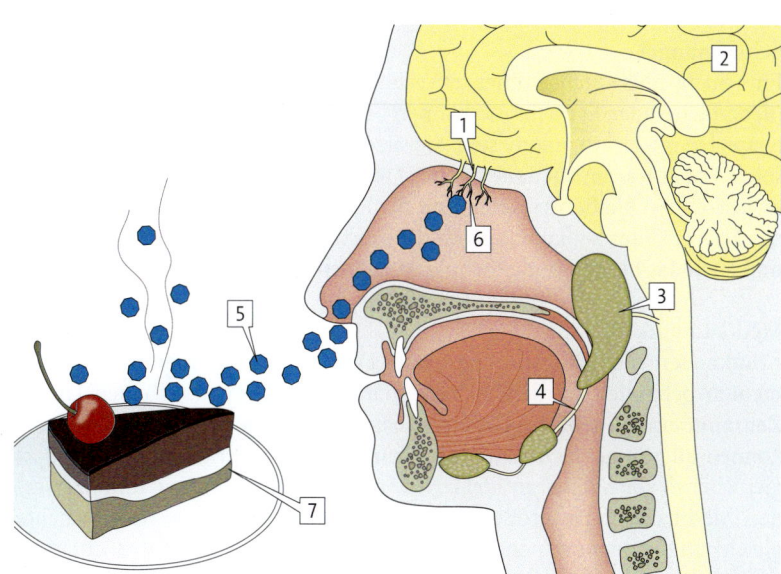

Abb. 5 Vom Reiz zur Reaktion

Beeinflussung der Reaktionsfähigkeit

Abb. 1 Wirkung von Alkohol

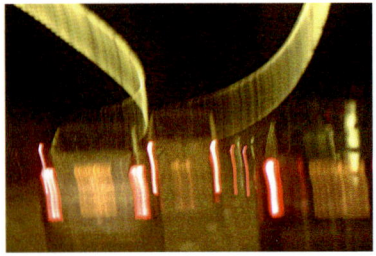

Abb. 2 Wahrnehmung des Straßenverkehrs unter Alkoholeinfluss

Abb. 3 Schlafmohn

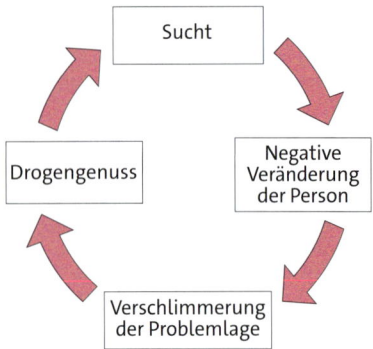

Abb. 4 Teufelskreis

A 1 Erkläre die Aussagen der Abbildung 4 in eigenen Worten.

A 2 Diskutiert in der Klasse Möglichkeiten, wie man den Teufelskreis unterbrechen kann.

Alkohol

Schon kleine Mengen an Alkohol können Veränderungen des Verhaltens oder der Stimmung auslösen. So verschwinden Hemmungen oder die Sorgen des Alltags werden vermeintlich kleiner. Gerade diese Wirkungen sind der Grund, warum Menschen Alkohol trinken. Werden größere Mengen an Alkohol konsumiert, so wird die Person müde oder träge ▷ Abb. 1. Der Ablauf der Reiz-Reaktions-Kette ist gestört beziehungsweise verlangsamt. Dabei wird nicht nur die Reaktionsfähigkeit vermindert, auch die Konzentrationsfähigkeit ist eingeschränkt. Ebenso verschlechtert sich die Aussprache, Bewegungen können schwer kontrolliert und Risiken schlecht eingeschätzt werden. In Abbildung 2 ist dargestellt, wie eine Person den Straßenverkehr unter Alkoholeinfluss wahrnimmt.

Um Gefahren vorzubeugen, gibt es in jedem Land eine Promillegrenze. Diese besagt, wie viel Alkohol eine Person trinken darf, um noch Auto fahren zu dürfen. In Deutschland liegt diese Grenze für Fahranfänger oder Busfahrer bei 0,0 Promille. Um fahrtüchtig zu bleiben, darf deshalb kein Alkohol getrunken werden.
Anhaltender Missbrauch von Alkohol führt zu Schäden der Leber, der Nieren, des Herzens und auch des Gehirns. Diese Menschen können oft ihre Alltagsprobleme nicht mehr bewältigen. Schreitet dieses andauernde Verlangen nach Alkohol fort, so wird die Droge zum Zentrum des Denkens und langsam bemächtigt sie sich der gesamten Persönlichkeit. Eine Droge ist eine Substanz, die den Körper und darin ablaufende Vorgänge verändert.

Sucht

Schon in der Antike waren Genussmittel oder Drogen bekannt, welche die Stimmung, Konzentration oder die Reaktionsfähigkeit beeinflussen können. So wurde im antiken Griechenland den Kindern ein Saft aus Schlafmohn ▷ Abb. 3 gegeben, um besser einschlafen zu können. Heute weiß man, dass im Schlafmohn enthaltene Stoffe viele Wirkungen haben und sogar süchtig machen. Als **Sucht** bezeichnet man den Zustand, der so starkes Verlangen nach einem Stoff oder einem Erlebnis auslöst, dass man ihm nicht mehr widerstehen kann.

Schlafmangel

Eine Sucht muss nicht immer in Verbindung mit Genussmitteln auftreten. Jugendliche oder Erwachsene können beispielsweise süchtig nach Computerspielen oder dem Handy sein. Sie sitzen viele Stunden am Tag davor und spielen oder warten auf neue Nachrichten. Auch in der Nacht kann sich dies fortsetzen. So bleibt nur wenig Zeit für Ruhephasen am Tag oder Schlaf in der Nacht. Unter Schlafmangel ist die Reaktionsfähigkeit stark verlangsamt und auch das Lernen in der Schule ist nur sehr eingeschränkt möglich.

Medikamente

Krankheiten wie Schlafstörungen oder Depressionen können mit Medikamenten behandelt werden. Nimmt man diese jedoch über einen langen Zeitraum ein, besteht die Gefahr, abhängig zu werden. Im Straßenverkehr können allerdings auch schon Medikamente gegen Erkältung oder Allergien ebenso wie Schmerzmittel zu einer Fahrbeeinträchtigung führen. Werden Medikamente in größeren Mengen oder verschiedene Medikamente gleichzeitig eingenommen, kann dies unwissentlich die Fahrtüchtigkeit deutlich einschränken. Die Reaktionsfähigkeit wird dabei jeweils stark beeinflusst.

Gehörschutz

Die Sinneszellen im Ohr sind besonders gefährdet. Sie besitzen dünne Härchen, die schon sehr leise Geräusche erfassen können. Kommt es zu einem plötzlichen, sehr lauten Geräusch, dann können diese dünnen Härchen abknicken und sind somit für immer funktionsunfähig. Solche Geräusche können ein Knall oder eine Explosion sein, aber auch beim Hören lauter Musik mit Kopfhörern kann dies geschehen. Es genügt aber auch ein lauter Schrei in der Nähe des Ohres oder ein Schlag auf das Ohr. Da die Sinneszellen dann Reize nicht mehr aufnehmen können, kann man manche Töne möglicherweise nicht mehr hören. Zum Schutz kann man einen Ohrschutz tragen ▷ Abb. 5 oder sich die Ohren zuhalten. Am besten begibt man sich aber erst gar nicht an laute Orte.

Schutz vor UV-Strahlung

Die Pigmentzellen der Haut besitzen den Farbstoff Melanin. Dieser ist für die Farbe der Haut verantwortlich und ein natürlicher Schutz vor energiereicher, nicht sichtbarer **UV-Strahlung** (ultraviolette Strahlung) der Sonne. Je dunkler die Haut ist, desto mehr Melanin ist vorhanden. Starke Sonneneinstrahlung ist deshalb besonders für helle Haut sehr gefährlich. Die UV-Strahlung dringt tief in die Haut ein und kann eine Verbrennung verursachen. Je nach Verbrennungsgrad entstehen Rötungen ▷ Abb. 6 oder Blasen.

Ungebräunte Haut ist nur wenige Minuten vor der Sonne geschützt. Sonnencremes mit Lichtschutzfaktor erhöhen diese Zeitdauer und sollten deshalb regelmäßig bei Aufenthalten im Freien auf die Haut aufgetragen werden. Nacken, Lippen und Nase darf man dabei nicht vergessen. Sonnenschutzmittel allein reichen jedoch zum Schutz vor der Sonne nicht aus. Sie verhindern zwar meistens den Sonnenbrand, indem sie Teile der UV-Strahlung herausfiltern. Trotzdem belasten häufige Sonnenbäder die Haut und können nach vielen Jahren zu heimtückischem, lebensgefährlichem Hautkrebs führen ▷ Abb. 7. Der schwarze Hautkrebs entwickelt sich meist aus harmlosen Muttermalen. Wenn diese sich vergrößern oder ihre Form verändern, sollten sie unbedingt vom Hautarzt untersucht werden. Geeignete Kleidung oder ein Aufenthalt im Schatten dient als Schutz vor übermäßiger Sonneneinstrahlung.

Im Gesicht müssen besonders die Augen vor UV-Strahlung geschützt werden. Beim Kauf einer Sonnenbrille sollte deshalb vor allem darauf geachtet werden, dass diese gut vor UV-Strahlung schützt. Liegt die Brille jedoch nicht eng am Kopf an, kann UV-Strahlung trotzdem ins Auge gelangen. Man sollte die Brille deshalb auch auf die passende Form prüfen.

Allergien

Unsere Haut kommt mit vielen Substanzen in Berührung, die für die meisten Menschen ungefährlich sind. Bei manchen können jedoch Inhaltsstoffe von Kosmetikartikeln, Waschmitteln und Weichspülern oder die Nieten an der Jeans plötzliches Jucken und Ausschlag hervorrufen. Der Körper reagiert allergisch. Dagegen hilft nur das Vermeiden des auslösenden Stoffes, der oft schwer ausfindig zu machen ist. Ein Allergietest kann bei einem Hautarzt durchgeführt werden. Dabei wird die Haut an verschiedenen Stellen mit unterschiedlichen Stoffen in Kontakt gebracht und markiert. Nach wenigen Minuten oder eventuell erst nach wenigen Tagen wird ausgewertet. Erfolgt an der jeweiligen Stelle keine Veränderung, so reagiert der Körper nicht allergisch.

Abb. 5 Gehörschutz

Abb. 6 Sonnenbrand

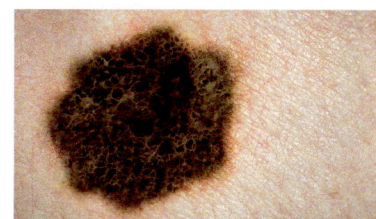

Abb. 7 Hautkrebs

A 2 Überlege dir Orte, an denen die ultraviolette Strahlung besonders hoch ist. Nenne Möglichkeiten, um deine Haut vor den gefährlichen Sonnenstrahlen zu schützen.

Praktikum

Untersuchungen zu den Sinnen

Abb. 1 Rauch, sichtbare Teilchen in Bewegung

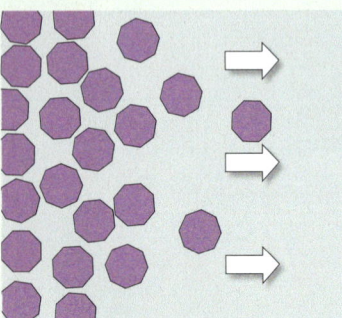

Abb. 2 Schematische Darstellung der Teilchenbewegung

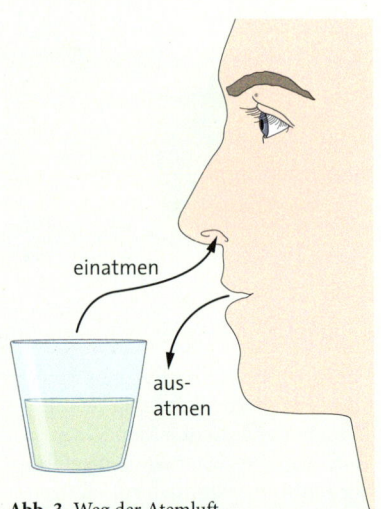

einatmen

aus- atmen

Abb. 3 Weg der Atemluft

Untersuchung zum Geschmacks- beziehungsweise Geruchssinn

Material: Obst und Gemüse (Apfel, Birne, Zwiebel, Karotte, Sellerie, Gurke, Tomate, Kartoffel, Melone, Käse, Brühwürfel und so weiter) in kleine, gleich große Würfel geschnitten, Zahnstocher zum Anbieten, Tuch

Methode:
1. Verbinde einem Mitschüler die Augen. Die Nase hält er sich selbst zu.
2. Lege ihm die verschiedenen Lebensmittelproben nacheinander auf die Zunge. Er soll entscheiden, worum es sich handelt, ohne die Probe zu kauen.
3. Wiederholt den Versuch mit offener Nase.
4. Notiere in einer vorbereiteten Tabelle, ob die Versuchsperson das Lebensmittel erkennt (+) oder nicht erkennt (–).
5. Erkläre deine Ergebnisse.

Untersuchung zum Geruchssinn

Material: Duftöl oder Parfüm

Methode:
1. Öffne das Fläschchen und beschreibe deine Wahrnehmungsunterschiede bei:
   a) angehaltenem Atem,
   b) Mundatmung und zugehaltener Nase,
   c) schnellem Einatmen durch die Nase.
2. Erkläre deine Ergebnisse mithilfe der Abbildung 1 sowie des Teilchenmodells in Abbildung 2.

Gewöhnung

Material: kleines Glas, Zitronensirup (oder anderer Sirup)

Methode:
1. Gib etwas Sirup in das kleine Glas.
2. Halte das Sirupglas direkt unter die Nase und atme zwei Minuten lang durch die Nase ein und über den Mund wieder aus ▷ Abb. 3.
3. Beschreibe anschließend die Veränderung der Wahrnehmung während dieser zwei Minuten.
4. Atme mehrmals kräftig über die Nase aus, rieche dann erneut an dem Sirupglas und beschreibe deine Wahrnehmung.

Erklärung:
Sind alle Sinneszellen mit Duftteilchen belegt, werden keine Informationen mehr weitergeleitet. Nur wenn andere Duftstoffe an die Sinneszellen gelangen, werden diese Informationen in elektrische Signale umgewandelt.

Untersuchung zum UV-Schutz

Material: Zeitung, Objektträger, Sonnencreme mit verschiedenen Lichtschutzfaktoren (LSF)

Methode:
1. Bestreiche je einen Objektträger dünn mit einer Sonnencreme. Auf jedem Objektträger sollte die gleiche Menge Sonnencreme aufgetragen werden.
2. Lege die Objektträger auf ein Stück Zeitungspapier und notiere auf dem Papier den jeweiligen LSF ▷ Abb. 4.
3. Lege zusätzlich einen Objektträger ohne Sonnencreme dazu.
4. Lege ein Stück Zeitungspapier zum Vergleich an einen dunklen Ort.
5. Betrachte nach einer Woche das Zeitungspapier unter den Objektträgern und vergleiche es mit dem dunkel aufbewahrten Zeitungspapier.
6. Erkläre deine Ergebnisse.

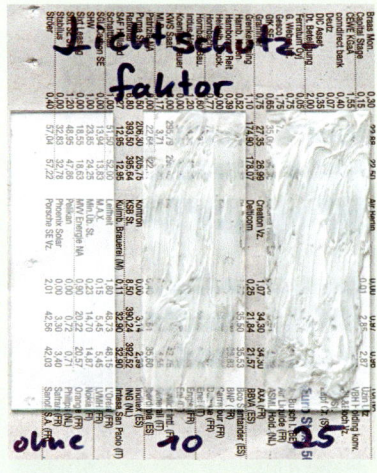

Abb. 4 Untersuchung zum UV-Schutz

Untersuchung zum Richtungshören

Material: Viele Schüler mit je einem Stück Papier (Schmierpapier)

Methode:
1. Ein Schüler schließt die Augen, während ausgewählte Schüler um ihn herum mit Papier rascheln ▷ Abb 5.
2. Der Schüler soll mit dem Finger in die Richtung zeigen, aus der das Geräusch kommt.
3. Führt denselben Versuch mit einem zugehaltenen Ohr durch.
4. Erkläre deine Ergebnisse.

Abb. 5 Untersuchung zum Richtungshören

Untersuchung zum Blinden Fleck

Methode:
1. Betrachte das Aquarium in Abbildung 7, indem du das Buch mit ausgestreckten Armen vor dich hältst.
2. Schließe das linke Auge und schau dabei mit dem rechten Auge immer nur den gelben Fisch an. Gleichzeitig erkennst du den grünen Fisch am Rande des Sehfeldes.
3. Führe nun das Buch näher heran, bis zu einer Entfernung, in welcher der grüne Fisch rechts verschwindet (etwa 20 bis 25 Zentimeter).

Erklärung:
Das Bild des rechten Fisches landet auf der Stelle der Netzhaut, an der die Sinneszellen fehlen (Eintritt des Sehnervs ▷ Abb. 6). Das Aquarium dagegen wird auf die restliche Netzhaut abgebildet, es bleibt sichtbar.

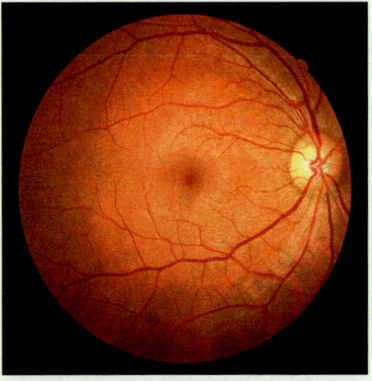

Abb. 6 So sieht der Augenarzt den Augenhintergrund. An der Eintrittsstelle des Sehnervs fehlen Sinneszellen, daher der Name „Blinder Fleck". Hier laufen auch die Blutgefäße zusammen.

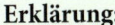
Abb. 7 Wie viele Fische siehst du?

Untersuchungen zur Haut

Gänsehaut erzeugen

Methode:
1. Klopfe einem Mitschüler mit beiden Händen nahe dem Nacken auf die Schultern.
2. Greife mit einer Hand der Person in den Nacken.
3. Fahre mit einem Finger entlang der Wirbelsäule nach unten ▷ Abb. 1. Die Versuchsperson beschreibt jeweils ihr Gefühl.
4. Nenne weitere Situationen, in denen du Gänsehaut bekommst.

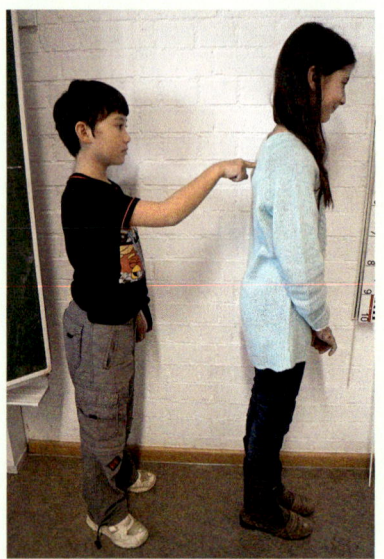

Abb. 1 „Gänsehaut" erzeugen

Untersuchung zum Temperatursinn

Material: drei Schüsseln, Wasser, Wasserkocher, eventuell Thermometer

Methode:
1. Fülle die Schalen wie in Abbildung 2.
   Achte darauf, dass das warme Wasser nicht zu heiß ist, um seine Hände darin einzutauchen! In die Schale mit dem kalten Wasser kannst du auch Eiswürfel geben.
2. Lege für mindestens 30 Sekunden eine Hand ins kalte Wasser und eine ins warme Wasser.
3. Lege anschließend schnell beide Hände gleichzeitig ins Mischwasser, ohne dass sich deine Hände dabei berühren.
4. Beschreibe die gefühlte Temperatur.

Erklärung: Unsere Sinneszellen können nur Temperaturänderungen feststellen, aber keine absoluten Temperaturen. So nimmt man den Übergang vom kalten zum Mischwasser als Erwärmung, den Übergang vom warmen zum Mischwasser als Abkühlung wahr.

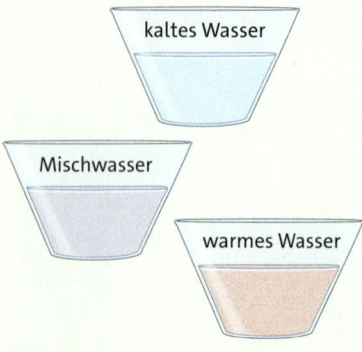

Abb. 2 Untersuchung zum Temperatursinn

Untersuchung zum Tastsinn

Material: zwei Stricknadeln oder Holzstäbchen

Methode:
1. Berühre vorsichtig mit der Nadelspitze den Rücken deines Partners an einer beliebigen Stelle. Die Nadel bleibt weiterhin dort.
2. Nimm die zweite Nadel und berühre die Haut in unterschiedlichen Abständen neben der ersten. Beginne mit Abständen von etwa 20 Zentimetern und verkürze die Abstände bis etwa ein Zentimeter. Achte dabei darauf, dass du den Rücken der Versuchsperson nicht mit den Händen berührst.
3. Wiederhole den gleichen Versuch an verschiedenen Körperstellen, beispielsweise der Handfläche, ohne dass die Versuchsperson zusieht (Augen verbinden).
4. Vergleiche die Ergebnisse am Rücken mit denen an der Hand.

Erklärung: Die Versuchsperson fühlt zwei „Stiche" oder, wenn die Nadeln sich nahe kommen, nur einen. Das liegt daran, dass die Tastsinneszellen ungleichmäßig in der Haut verteilt liegen.

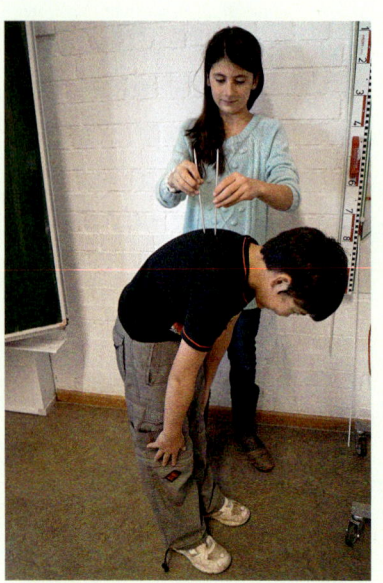

Abb. 3 Untersuchung zum Tastsinn

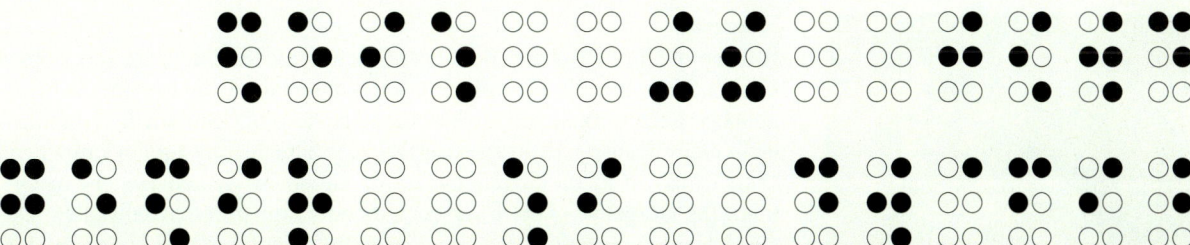

Abb. 4 Was steht hier geschrieben?

Mit den Fingern lesen

Material: Nadel, Kopie der Abbildung 4

Methode:
1. Du erhältst Abbildung 4 als Kopie von deinem Lehrer.
2. Nun nimmst du eine Nadel und stichst an den schwarz markierten Stellen durch das Papier.
3. Drehst du das Papier nun um, kannst du mithilfe deiner empfindlichen Fingerkuppen den Text lesen. Mit den Augen darfst du dabei nur auf das Blindenalphabet im Buch schauen ▷ Abb. 5, nicht auf das Papier.
   Wenn du nicht schummelst, bekommst du einen Eindruck davon, wie es ist, mit den Fingern zu lesen.

Erkunde deine Leistenmuster

Material: Stempelkissen oder Wasserfarben, weißes Papier

Methode:
1. Nimm das Stempelkissen und färbe damit einen Finger.
2. Drücke diesen Finger fest auf das Papier.
3. Wiederhole diesen Ablauf mit deinen anderen Fingern.
4. Ordne die verschiedenen Muster ▷ Abb. 6 deinen Fingern zu.
5. Vergleiche deine Abdrücke mit denen deiner Mitschüler.

Erklärung:
Die Leistenmuster der Fingerkuppen sind bei jedem Menschen einzigartig. Selbst Zwillinge besitzen unterschiedliche Muster. Dabei gibt es typische Muster, nach denen man die Fingerabdrücke einteilen kann. Man unterscheidet dabei Bögen, steile Bögen, Wirbel und Schleifen.

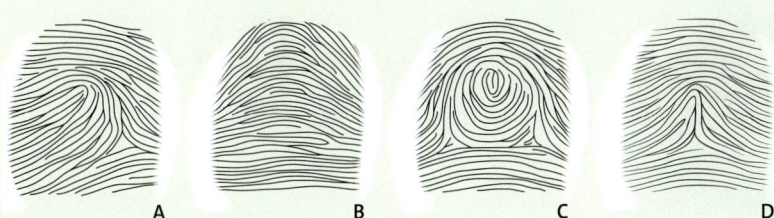

Abb. 6 Hautleistenmuster: A) Schleife, B) Bogen, C) Wirbel, D) Steilbogen

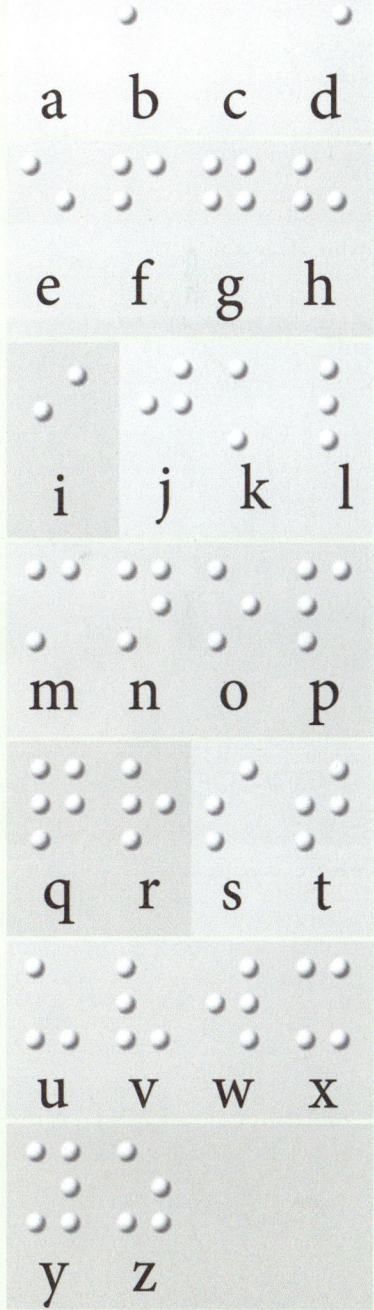

Abb. 5 Blindenalphabet nach Braille

Ausflug in Nachbarreviere

Hörsinn mit Unterstützung

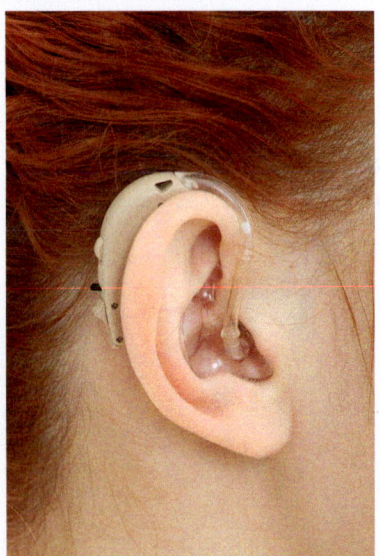

Abb. 1 Hörgerät

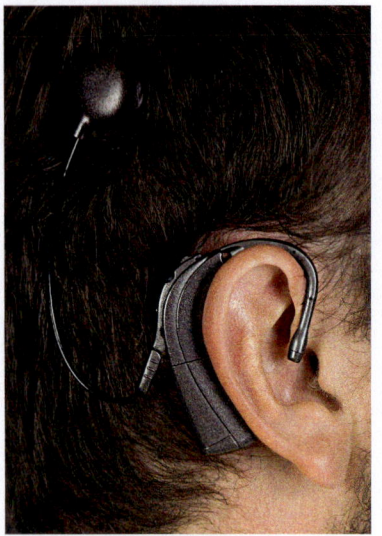

Abb. 2 Cochlea-Implantat

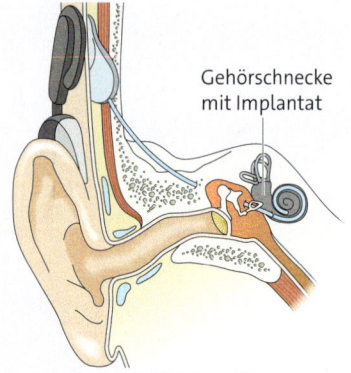

Gehörschnecke
mit Implantat

Abb. 3 Cochlea-Implantat im Ohr

Hörgerät

Werden die Sinnesorgane nicht ausreichend geschützt oder ist von Geburt an eine Beeinträchtigung vorhanden, so können die Sinnesorgane nicht alle üblichen Reize aufnehmen. So kann es sein, dass ein Ohr manche Tonhöhen nicht mehr in ausreichend starke elektrische Signale umwandeln kann. Lena kann trotzdem in die Schule gehen, da sie einen kleinen Helfer am Ohr trägt. Ihr Hörgerät ▷ Abb. 1 verstärkt die ankommenden Schallwellen. Dadurch werden die Informationen wieder aufgenommen und über den Hörnerv zum Gehirn geleitet. Sie kann somit ganz normal am Unterricht teilnehmen. Viele ihrer Mitschüler bemerken das Hörgerät unter ihren langen Haaren gar nicht, denn heutzutage gibt es viele Varianten von Hörgeräten, die je nach Wunsch auffällig oder unauffällig sein können ▷ Abb. 4.

Cochlea-Implantat

Auch wenn ein Hörgerät nicht mehr ausreicht, um die Reize zu verstärken, können Töne wahrgenommen werden. Ist der Hörnerv nicht betroffen, so kann ein Cochlea-Implantat helfen. Im Rahmen einer Operation wird ein Teil des Implantats unter der Haut in die Gehörschnecke, die Cochlea, eingesetzt. Der andere Teil des Cochlea-Implantats wird außen am Kopf, hinter dem Ohr angebracht ▷ Abb. 2, 3 und kann, wie ein Mikrophon, Schallwellen aufnehmen. Über einen komplizierten Bau wird die Information bis zur Gehörschnecke, der Cochlea, geleitet ▷ Abb. 3. Von dort kann der Hörnerv Signale zum Gehirn weiterleiten. Das Gehirn muss sich dabei an diese neuartigen Informationen gewöhnen, da der Eindruck nicht wie bei einem Normalhörigen ist. Mit etwas Übung ist dies jedoch zu bewerkstelligen.

Tinnitus-Noiser

Bei Tinnitus nehmen Menschen einen hohen, anhaltenden Ton wahr, obwohl kein Reiz dafür existiert. Dies kann viele Ursachen haben, zum Beispiel Stress oder Lärm. Um diesen dauerhaften Ton auszublenden, können die Betroffenen einen Noiser verwenden, der durch ein Rauschen den Dauerton überdeckt. Dieser sieht ählich aus wie ein Hörgerät und wird über das Ohr gesteckt. Damit kann beispielsweise der Schulalltag gemeistert werden.

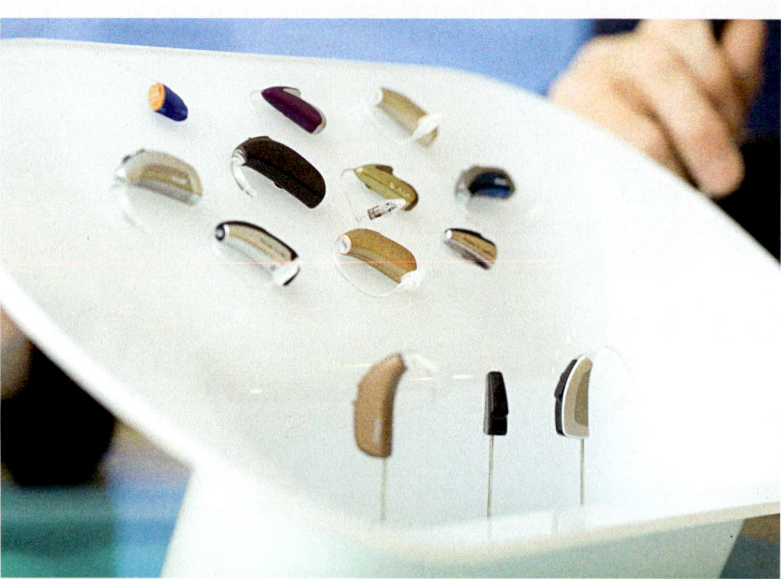

Abb. 4 Verschiedene Hörgeräte

Reiz-Reaktions-Kette:

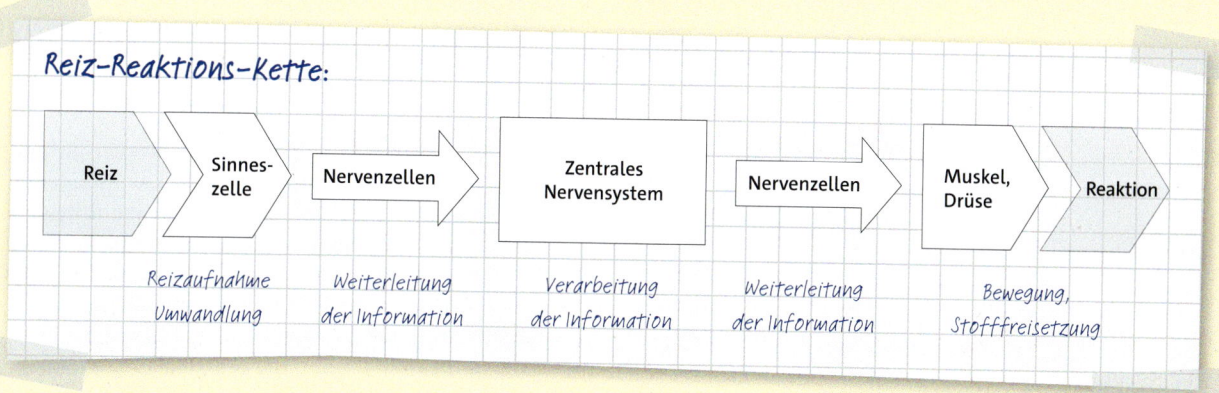

Reiz	Sinnes-zelle	Nervenzellen	Zentrales Nervensystem	Nervenzellen	Muskel, Drüse	Reaktion
	Reizaufnahme Umwandlung	Weiterleitung der Information	Verarbeitung der Information	Weiterleitung der Information	Bewegung, Stofffreisetzung	

Unsere Sinnesorgane (und auch die eines Schimpansen):

- Auge
- Ohr
- Nase
- Zunge
- Haut

Schutz:

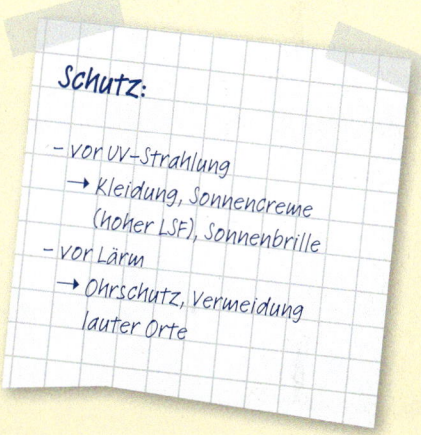

- vor UV-Strahlung
  → Kleidung, Sonnencreme (hoher LSF), Sonnenbrille
- vor Lärm
  → Ohrschutz, Vermeidung lauter Orte

Grenzen:

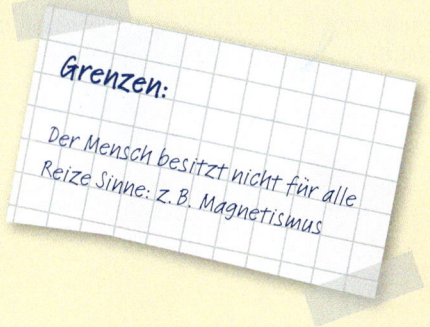

Der Mensch besitzt nicht für alle Reize Sinne: z. B. Magnetismus

Unsere Sinne:

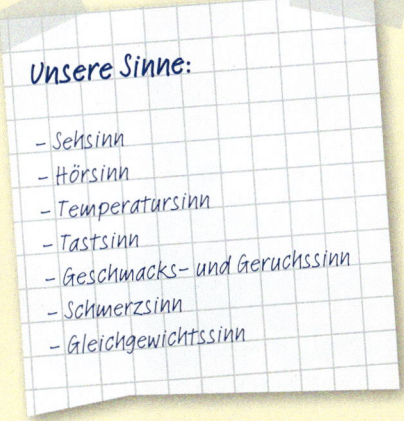

- Sehsinn
- Hörsinn
- Temperatursinn
- Tastsinn
- Geschmacks- und Geruchssinn
- Schmerzsinn
- Gleichgewichtssinn

Normalsichtigkeit

Weitsichtigkeit

Kurzsichtigkeit

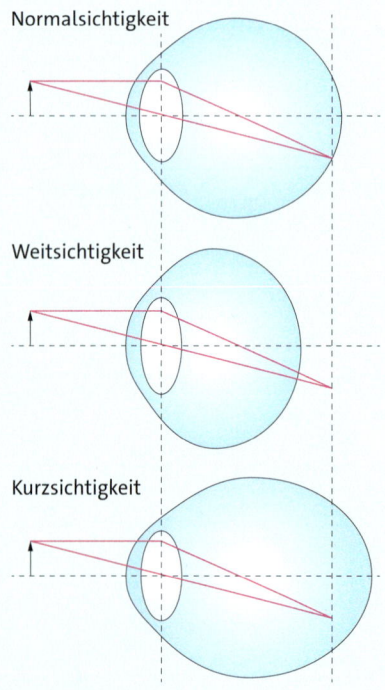

Abb. 1 Fehlsichtigkeiten

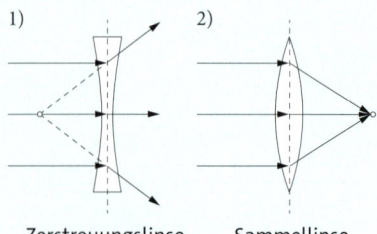

Zerstreuungslinse   Sammellinse
Abb. 2 Brillengläser

1. Beschreibe die Pupillenreaktion eines Mitschülers, wenn er zehn Sekunden lang seine Augen schließt und dann ins helle Licht blickt. Erkläre diese Reaktion.

2. Bei seinem Weg durch das Auge wird eintreffendes Licht mehrfach gebrochen und verändert damit die Richtung. Wenn die Lichtbündelung nicht exakt die Netzhaut trifft, benötigt man eine Sehhilfe, zum Beispiel eine Brille. Abbildung 1 zeigt verschiedene Fehlsichtigkeiten. In Abbildung 2 sind Brillengläser dargestellt, welche die Lichtstrahlen streuen (Zerstreuungslinse; 1) beziehungsweise sammeln (Sammellinse; 2).
 2.1 Gib die natürlichen Strukturen eines Auges an, die Licht bündeln.
 2.2 Betrachte Abbildung 1 und beschreibe die auftretenden Probleme sowie die damit verbundenen Folgen für den Menschen.
 2.3 Ordne die Brillengläser begründet der jeweiligen Fehlsichtigkeit zu.

3. Eulen können auch in dunkler Umgebung noch sehr gut sehen ▷ Abb. 3. Erkläre dies unter Verwendung der Augengröße im Bezug zur Körpergröße sowie der Anzahl von knapp 700 000 Sehsinneszellen auf einer Fläche von 1 mm × 1 mm. Ein Vergleichswert ist im Kapitel Sehsinn zu finden.

4. Die Sinnesleistungen der Tiere
 In Abbildung 4 ist die Sinnesleistung eines Hundes dargestellt. Er kann sehr gut riechen und hören, wohingegen die Leistungsfähigkeit des Sehsinns und des Tastsinns jeweils nur mittelmäßig ausgeprägt ist.
 4.1 Gib Tierbeispiele für die Sinnesleistungen in Abbildung 5a und 5b an.
 4.2 Zeichne die Darstellung der Sinnesleistung des Menschen.

5. Hier sind einige Buchstaben durcheinandergeraten. Ordne, sodass sich sinnvolle Sätze ergeben.
 EIERZ sind wahrnehmbare Informationen aus der WEUTLM. Die SENSENZEILLN übersetzen diese in EKELRIECHST EINGLAS, die von den RENNEV zum HERING geleitet werden. Dort werden die EINGLAS ausgewertet und neue EINGLAS über VRENNE zu anderen Organen geleitet. Dies können zum Beispiel MELKUNS sein. An diesen Organen findet die KANTOREI statt. ▷ 📖

Abb. 3 Steinkauz

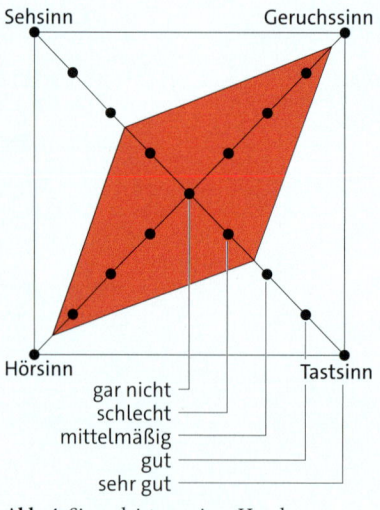

Abb. 4 Sinnesleistung eines Hundes

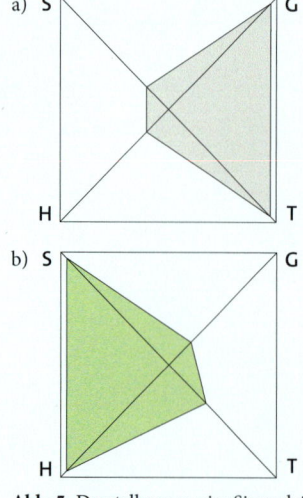

Abb. 5 Darstellung zweier Sinnesleistungen

6. Martin ist rothaarig und hat eine empfindliche Haut. Er kann sich, ohne dass seine Haut gerötet wird, höchstens zehn Minuten in der Sonne aufhalten (= Eigenschutzzeit). Bei einem Segelurlaub möchte er gerne drei Stunden an der Sonne bleiben.
Formel: Eigenschutzzeit (in Minuten) × Lichtschutzfaktor = Zeit, die man in der Sonne vor Sonnenbrand geschützt ist (in Minuten)
  6.1 Berechne den Lichtschutzfaktor, den seine Sonnencreme mindestens haben muss.
  6.2 Berechne die Zeit, die sich Martin in der Sonne aufhalten kann, wenn er den Lichtschutzfaktor 15 verwendet.
  6.3 Gib weitere Schutzmöglichkeiten für Martins Haut an.

7. Ein Handwerker hat ganz glitschige Hände, weil seine Handflächen während der Arbeit schon 20 Milliliter Schweiß produziert haben.
  7.1 Berechne die Schweißmenge, die in der gleichen Zeit aus einer handgroßen Stelle (50 Quadratzentimeter) am Nacken austritt ▷ Tab. 1.
  7.2 Erstelle ein Balkendiagramm, welches die Werte der Tabelle 1 verdeutlicht.

8. Trinkt man nach dem Zähneputzen ein Glas Orangensaft, dann schmeckt dieser erstaunlicherweise nicht süß, sondern bitter.
In Zahnpasta finden sich Pflanzenextrakte aus Kamille, Arnika, Calendula, Hamamelis, Myrrhe, Rosmarin oder Salbei. Diese haben eine entzündungshemmende Wirkung und können auch Sinneszellen beeinflussen. So wird eine Sinneszelle, die in Kontakt mit der Zahnpasta gerät, für kurze Zeit betäubt.
Erkläre mithilfe der Abbildung 6 das bittere Geschmacksempfinden nach dem Zähneputzen.

9. Auf Hippokrates ▷ Abb. 7, den berühmtesten Arzt der Antike, geht folgende Theorie zurück: Das Gehirn steht mit dem Auge durch einen Gang in Verbindung. Vorn im Auge befindet sich eine durchsichtige Haut, von der das Licht reflektiert wird beziehungsweise auf der sich die Dinge spiegeln. Die Wahrnehmung selbst erfolgt durch das Gehirn.
Nimm aus heutiger Sicht dazu Stellung.

10. Erstelle jeweils eine Reiz-Reaktions-Kette für jedes Sinnesorgan. Benenne dabei alle beteiligten Strukturen des Menschen.

11. Was das Gehirn alles kann. Lies dazu den folgenden Text.
Afugrnud enier Sduite an enier Unvirestiät ist es eagl, in wlehcer Rienhnelfoge die Bcuhtsbaen in emiem Wort sethen, das enizg wcihitge dbaei ist, dsas der estre und lzete Bcuhtsbae am rcihgiten Paltz snid. Der Rset knan ttolaer Bölsdinn sein, und du knasnt es torzedtm onhe Porbelme lseen.
Das ghet dseahlb, weil wir nchit Bcuhtsbae für Bcuhtsbae enizlen lseen, snodren Wröetr als Gnaezs.

12. Hier sind einige Buchstaben durcheinandergeraten. Ordne, sodass sich sinnvolle Sätze ergeben.
Unsere ROSINENSAGEN sind die UHAT, die SANE, das ROH, das EUGA sowie die ZUENG. Diese müssen vor gefährlichen Einflüssen ZECHSTÜGT werden. Gefährlich wirken zum Beispiel die VURANGSTUHL oder lauter HARCK. Dabei können die NILSENSELENZ für immer TRÖSTERZ werden. ▷

Rücken, Nacken, Gesäß	2750
Bauch, Brust	7500
Stirn, Hals	8750
Handrücken	10000
Fußsohle	18500
Handfläche	21000
Ellenbeuge	37500

Tab. 1: Durchschnittliche Zahl der Schweißdrüsen einer 50 cm² großen Hautfläche

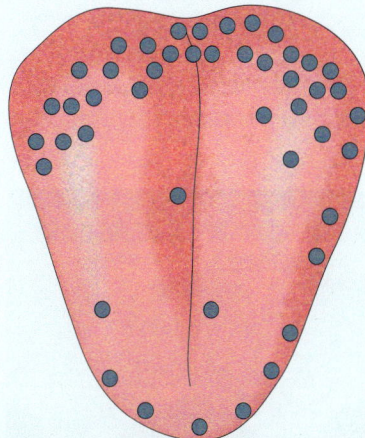

Abb. 6 Verteilung der Sinneszellen auf der Zunge, die Informationen über bitteren Geschmack aufnehmen

Abb. 7 Hippokrates

Aktive Bewegung
Das Skelett und seine Funktion

Gliederung

Das **Skelett** umfasst beim Menschen über 200 Knochen ▷ Abb. 3. Es gliedert sich in **Schädel**, **Rumpfskelett** sowie **Armskelett** und **Beinskelett**. Knochen, Gelenke und Muskeln bilden den Bewegungsapparat. Sie stützen den Körper, schützen die inneren Organe und ermöglichen anspruchsvolle aktive Bewegungen ▷ Abb. 1.

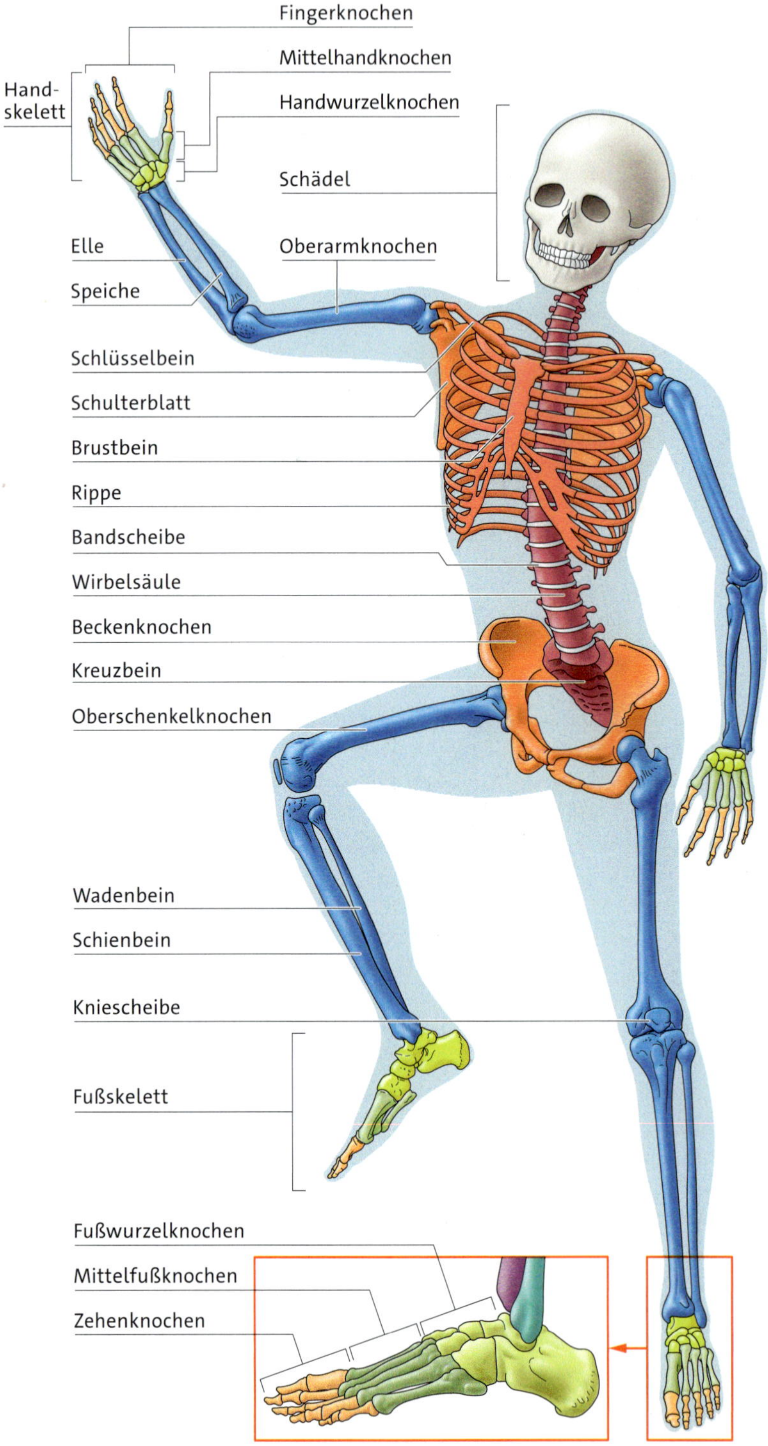

Abb. 1 Skater in Aktion

Abb. 2 Gewölbekonstruktion

A1 Beschreibe Ähnlichkeiten von Arm- und Beinskelett.

A2 Knochen sind lebende Organe. Belege diese Aussage.

A3 Abbildung 2 zeigt die Konstruktion eines Gewölbes. Gib einen ähnlich gebauten Skelettabschnitt an und erkläre die Vorteile einer Gewölbekonstruktion.

Fingerknochen
Mittelhandknochen
Hand-skelett
Handwurzelknochen
Schädel
Elle
Oberarmknochen
Speiche
Schlüsselbein
Schulterblatt
Brustbein
Rippe
Bandscheibe
Wirbelsäule
Beckenknochen
Kreuzbein
Oberschenkelknochen
Wadenbein
Schienbein
Kniescheibe
Fußskelett
Fußwurzelknochen
Mittelfußknochen
Zehenknochen

Abb. 3 Das menschliche Skelett

Schädel

Der Schädel ist aus vielen Knochen verwachsen. Er schützt das Gehirn wie ein Helm. Schützend eingebettet liegen die Augen in den Augenhöhlen. Im Unterkiefer sind wie im Oberkiefer die Zähne verankert. Der bewegliche Unterkiefer kann aktiv gegen den festen Oberkiefer bewegt werden, beispielsweise beim Kauen.

Rumpfskelett

Die **Wirbelsäule** durchzieht den Rumpf am Rücken als bewegliche Hauptachse und sorgt für eine aufrechte Haltung. Sie besteht aus sieben Hals-, zwölf Brust- und fünf Lendenwirbeln sowie dem Kreuz- und Steißbein, die miteinander verwachsen sind. Zwischen den Wirbeln liegen die elastischen, knorpeligen Bandscheiben, die Bewegungen ermöglichen. Geschützt im Inneren der Wirbel durchzieht das Rückenmark, ein wichtiger Teil des Nervensystems, die Wirbelsäule. Die Struktur der Wirbelsäule hängt unmittelbar mit der Funktion, ihrer Aufgabe zusammen.

Von den Brustwirbeln ziehen Rippenpaare im Bogen zum Brustbein, mit dem die oberen Paare knorpelig verwachsen sind. Sie bilden einen stabilen **Brustkorb**, der Herz und Lunge schützt.

Der bewegliche **Schultergürtel** aus Schlüsselbeinen und Schulterblättern verankert über das Schultergelenk die Arme, der starre **Beckengürtel** über das Hüftgelenk die Beine. Das breite Becken stützt die inneren Organe, die bei aufrechtem Gang nach unten drücken.

Arm- und Beinskelett

Die Abfolge der Knochen in den **Extremitäten**, den Armen und Beinen, ist ähnlich ▷ Abb. 3. Beim Handskelett fällt der abspreizbare Daumen auf. Er kann jedem Finger gegenübergestellt werden. Das ermöglicht der menschlichen Hand außer einem kräftigen Klammergriff mit allen Fingern auch einen Präzisionsgriff wie mit einer Pinzette.

Im Fußskelett ist die Großzehe hingegen nach vorne orientiert und bildet mit den übrigen Knochen ein elastisches Fußsohlengewölbe, das beim Stehen und Laufen das Körpergewicht trägt.

Bau und Wachstum der Knochen

Knochen bestehen aus **Knorpel**, einer gelatineartigen Masse aus faserigem Eiweiß. Der feste Knochenkalk verleiht ihnen Stabilität. So sind Knochen ein wenig elastisch, aber auch hart. An den Enden eines Röhrenknochens bilden die festen Knochenbälkchen ein Gerüst ▷ Abb. 4, das teilweise gewölbeartige Strukturen zeigt. Es garantiert hohe Stabilität bei geringem Gewicht. Die Anordnung der Bälkchen hängt von der Belastung ab und kann sich ändern, denn in Knochen finden ständig Auf- und Abbauprozesse statt. Das in der Markhöhle liegende Knochenmark bildet die Blutbestandteile.

Knochen sind reichlich von Blutgefäßen durchzogen. Außen umgibt sie die schmerzempfindliche Knochenhaut. Im Gelenkbereich sitzt eine elastische Knorpellage auf dem Knochen. Etwa bis zum 25. Lebensjahr wachsen Knochen. Die Unterschiede im Skelett eines Erwachsenen und eines Kindes sind in Abbildung 5 zu erkennen. Im Alter können die Knochen ihre Elastizität verlieren und durch Absinken des Knorpelanteils spröde werden.

Die häufigste Knochenerkrankung des Menschen ist die Osteoporose. Sie wird auch als Knochenschwund bezeichnet, da es zu einem Abbau von Knochengewebe kommt. Die Knochen brechen deshalb leicht.

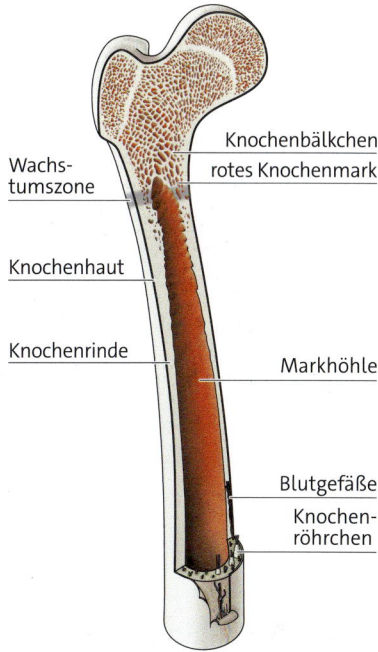

Wachstumszone
Knochenhaut
Knochenrinde
Knochenbälkchen
rotes Knochenmark
Markhöhle
Blutgefäße
Knochenröhrchen

Abb. 4 Aufbau eines Röhrenknochens

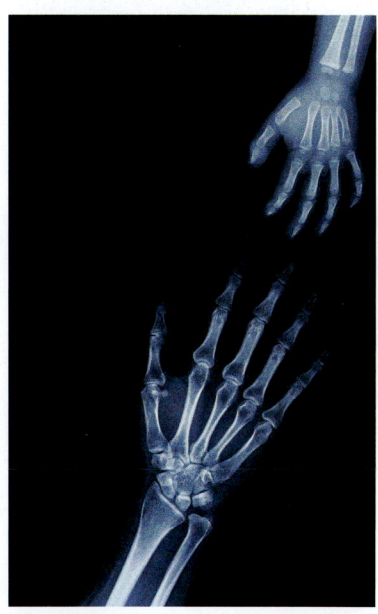

Abb. 5 Röntgenbild der Hand eines Kindes und eines Erwachsenen

A 4 Benenne die Knochen der Abbildung 5. Nenne Unterschiede zwischen den beiden Teilabbildungen.
Ein Arzt erkennt an einem solchen Röntgenbild, ob die Person schon ausgewachsen ist. Erkläre dies.

Gelenke

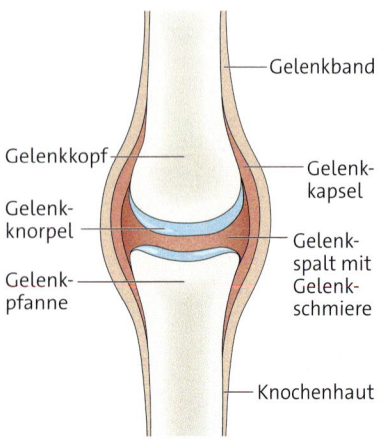

Abb. 1 Bau eines Gelenks

Gelenkband
Gelenkkopf
Gelenkknorpel
Gelenkpfanne
Gelenkkapsel
Gelenkspalt mit Gelenkschmiere
Knochenhaut

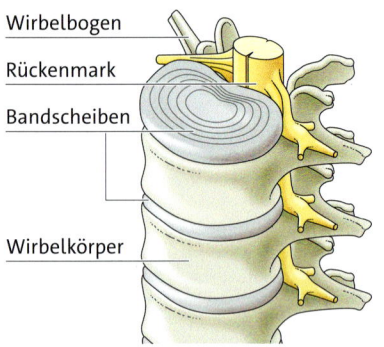

Abb. 2 Bau der Wirbelsäule

Wirbelbogen
Rückenmark
Bandscheiben
Wirbelkörper

Gelenkbau

Die starren Knochen sind durch Gelenke verbunden. So ist sowohl Stabilität als auch kontrollierte Beweglichkeit gewährleistet. Im Gelenk ▷ Abb. 1 treffen die Knochen nicht mit ihrem schmerzempfindlichen Überzug, der Knochenhaut, aufeinander. Vielmehr sind **Gelenkkopf** und **Gelenkpfanne** von Knorpel überzogen und durch die **Gelenkschmiere** im Gelenkspalt getrennt. Die Knochenhaut umhüllt beide Knochenenden als Gelenkkapsel. Außen wird sie durch stabile Gelenkbänder zusätzlich gefestigt, die ein Mehrfaches des Körpergewichts halten, ohne zu reißen.

Gelenktypen

Wichtige Gelenktypen zeigt Abbildung 3. Der Gelenkbau legt die Bewegungsmöglichkeit fest. So ist das Gelenk ohne übergroßen Energieaufwand zu kontrollieren.

Beweglichkeit der Wirbelsäule

Knöcherne **Wirbel** und knorpelige **Bandscheiben** folgen in der Wirbelsäule abwechselnd aufeinander ▷ Abb. 2. Da sich die einzelnen Wirbel immer nur wenig gegeneinander verschieben können, müssen sehr viele aufeinander folgen. Dies ermöglicht die große Beweglichkeit in unterschiedliche Richtungen. Auch Drehungen sind somit möglich. Die Bandscheiben liegen wie wassergefüllte Kissen zwischen den einzelnen Wirbeln und unterstützen die Bewegung. Tagsüber werden die Bandscheiben durch das Körpergewicht zusammengepresst, nachts dehnen sie sich wieder.

Sobald Kinder laufen können, nimmt die Wirbelsäule ihre typische Doppel-S-Form an. Damit können Stöße sehr gut abgefedert werden ▷ S. 44.

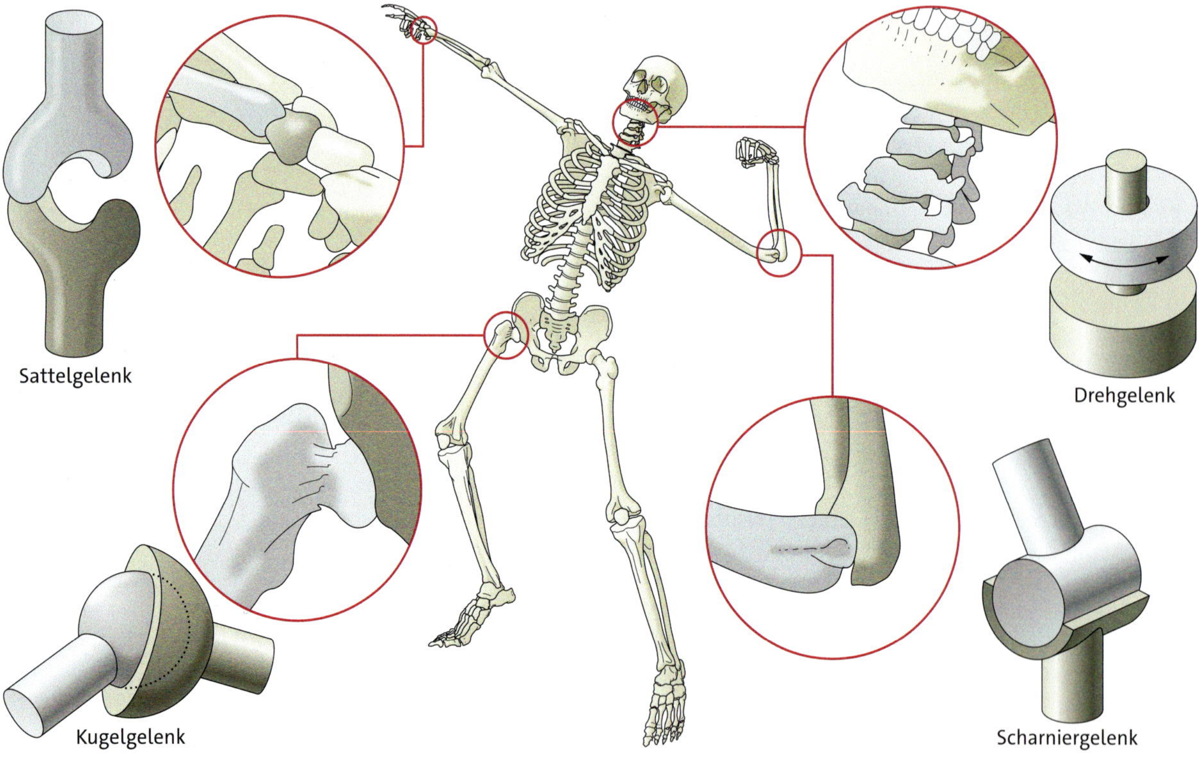

Sattelgelenk

Drehgelenk

Kugelgelenk

Scharniergelenk

Abb. 3 Gelenktypen

Bau der Muskeln

Ein Mensch besitzt über 600 Muskeln ▷ Abb. 4. Rund 400 kann er bewusst bewegen, die restlichen, zum Beispiel Herz- und Eingeweidemuskulatur, kann er jedoch nicht willentlich beeinflussen. Jeder Muskel besteht aus länglichen Muskelzellen, den **Muskelfasern**, die in Bündeln zusammengefasst sind. Blutgefäße versorgen den Muskel, Nerven übermitteln die Befehle des Gehirns zum Zusammenziehen. **Sehnen** verbinden den Muskel an beiden Enden mit einem Knochen.

Arbeitsweise: Gegenspielerprinzip

An jedem Gelenk setzen mindestens zwei Muskeln an: **Beuger** und **Strecker**, die als Gegenspieler wirken. Auf Befehl des Nervensystems verkürzen sich alle Muskelzellen eines Muskels. Dieser zieht sich zusammen und wird dicker ▷ Abb. 5. Dabei überträgt die Sehne die Zugkraft des Muskels auf den Knochen.

Ein Muskel kann sich nach dem Zusammenziehen aber nicht mehr selbst strecken. Damit er wieder gedehnt werden kann, ist ein zweiter Muskel nötig. Wenn dieser sich als Gegenspieler zusammenzieht, streckt er den ersten Muskel. Zieht sich beispielsweise der Beugermuskel am Oberarm zusammen, dehnt er den Streckermuskel und das Ellbogengelenk wird abgewinkelt. Zieht sich der Streckermuskel zusammen und dehnt er den Beuger, wird der Arm am Ellbogen gestreckt.

An jedem Gelenk setzen deshalb mindestens zwei Muskeln an. Bei einem Scharniergelenk genügen zwei Muskeln zur Bewegung. Bei einem Kugelgelenk, wie dem Hüftgelenk zwischen Becken- und Oberschenkelknochen, sind es dagegen fast 20 Muskeln, die vielfältige Bewegungen ermöglichen.

Durch das Zusammenspiel von Muskeln, Gelenken und dem Skelett ist eine aktive Bewegung möglich.

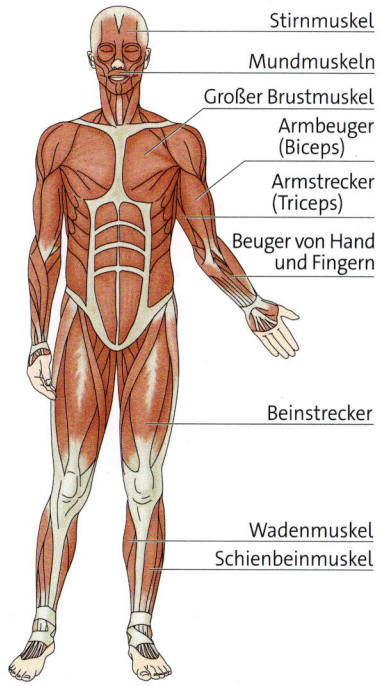

Stirnmuskel
Mundmuskeln
Großer Brustmuskel
Armbeuger (Biceps)
Armstrecker (Triceps)
Beuger von Hand und Fingern

Beinstrecker

Wadenmuskel
Schienbeinmuskel

Abb. 4 Die Skelettmuskulatur des Menschen

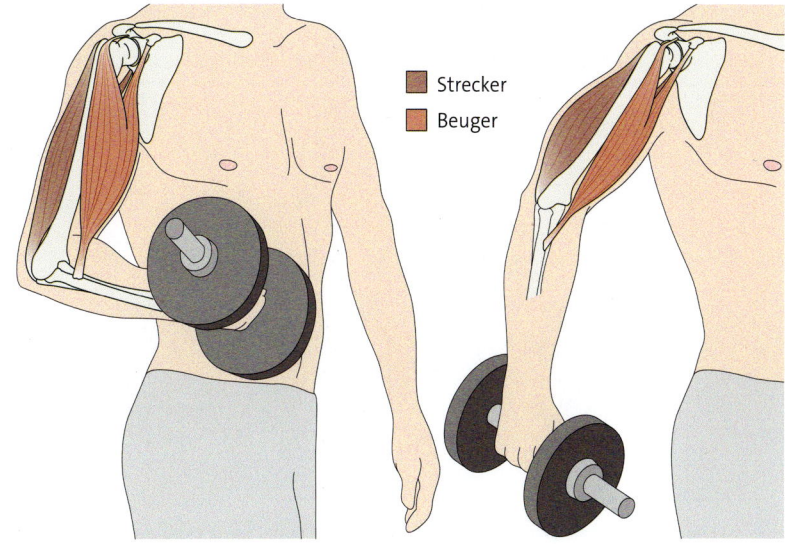

Strecker
Beuger

Abb. 5 Gegenspielerprinzip am Ellbogen

A 1 Führe die Bewegungen der Gelenke aus Abbildung 3 aus. Betrachte dabei die unterschiedlichen Raumrichtungen der Bewegung. Erkläre die Bewegungsmöglichkeiten der einzelnen Gelenke.

A 2 Morgens ist der Mensch größer als abends. Bestätige den Befund durch Messung und erkläre ihn.

A 3 Die Achillessehne verbindet den Wadenmuskel mit dem Fersenknochen. Nach einem Riss der Achillessehne kann man nicht mehr auf den Zehenspitzen stehen. Erkläre dies mithilfe einer Skizze.

Gesundheitsvorsorge für den Bewegungsapparat

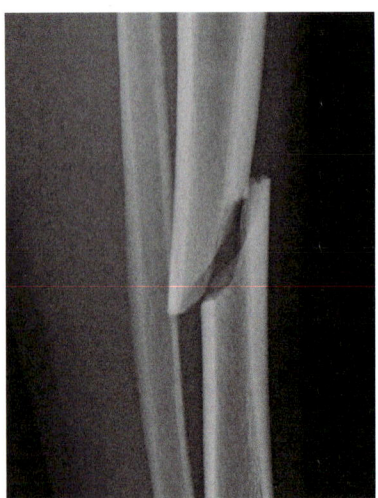

Abb. 1 Beinbruch im Röntgenbild

Notwendigkeit des Schutzes

Das Zusammenspiel von Skelett, Gelenken und Muskeln ermöglicht vielseitige und aktive Bewegung. Fällt ein kleiner Teil aufgrund von Verletzungen aus, ist die Bewegung meist schon stark eingeschränkt. Deshalb müssen Maßnahmen getroffen werden, um folgende Verletzungen oder dauerhafte Schäden zu vermeiden.

Verletzungen und Schäden am Bewegungsapparat

Prellungen entstehen durch Stöße oder Schläge und sind oft mit Blutergüssen, den „blauen Flecken" verbunden.

Verstauchungen sind Dehnungen oder Anrisse der Gelenkkapsel. Bei einer Verrenkung ist der Gelenkkopf aus der Gelenkpfanne geschoben und die Gelenkkapsel samt Bändern geschädigt. Meist zeigt sich eine Fehlstellung am Gelenk. Ebenso wie bei Knochenbrüchen ▷ Abb. 1 vermeidet der Patient Bewegungen und hält sich in möglichst schmerzfreier Position. Nach einem Knochenbruch bildet sich an der Bruchstelle Knorpel. Dann lagern Knochenaufbauzellen Knochenkalk in den Knorpel ein, bis der Knochen seine ursprüngliche Form und Stabilität wieder erreicht.

Arthrose entsteht durch Zerstörung der Gelenkknorpel im Alter. Die Knochen reiben aufeinander und werden abgebaut, die Gelenke schmerzen. Hilfe bringen künstliche Gelenke, die vom Arzt in einer Operation eingesetzt werden ▷ Abb. 2.
Trainingsmangel verbunden mit der heute vorwiegend sitzenden Lebensweise vieler Menschen, angeborene Schwächen oder Überlastungen bedingen mitunter sehr schmerzhafte Wirbelsäulenverkrümmungen ▷ Abb. 3.

Bei einem Bandscheibenvorfall wird ein Teil der Bandscheibe nach außen gepresst und drückt auf den Nerv. Dies verursacht nicht nur starke Schmerzen, auch die Beweglichkeit ist stark eingeschränkt.

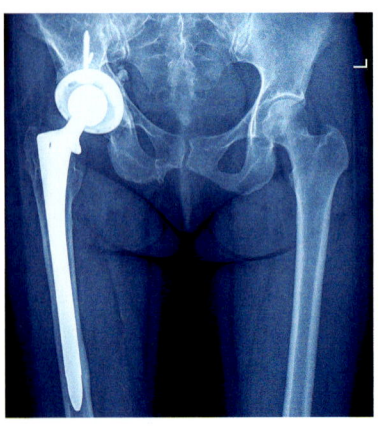

Abb. 2 Künstliches Hüftgelenk mit eingesetzten Metallteilen im Röntgenbild

A1 Benenne die in Abbildung 1 gezeigten Knochen und beschreibe eine Situation, die zu diesem Knochenbruch führen könnte. ▷ 📖

A2 Betrachte die Knochen in Abbildung 2. Erkläre die durchgeführten Veränderungen, die für einen Einsatz und die Bewegungen eines künstlichen Hüftgelenks nötig sind.

A3 Beobachte deine Mitschüler, Lehrer und dich selbst in der Schule. Beschreibe Situationen, die zu den Wirbelsäulenveränderungen, die in Abbildung 3 zu sehen sind, führen könnten.

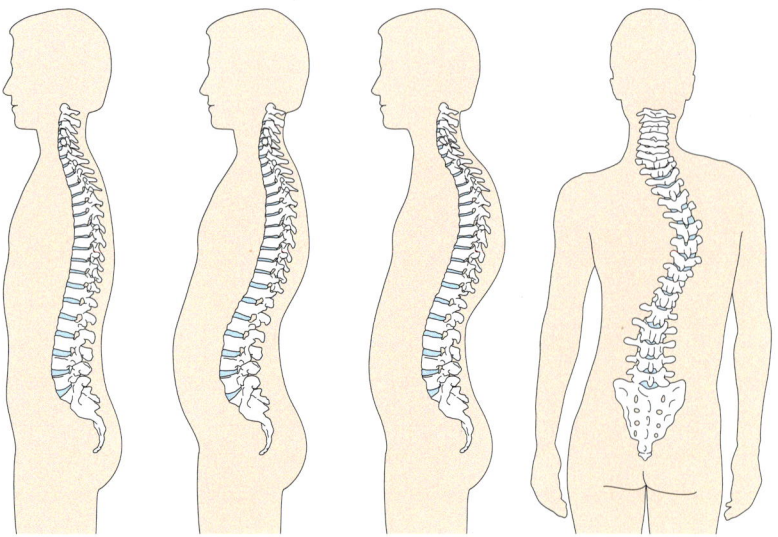

Abb. 3 Von links: normale Wirbelsäule; Wirbelsäulenverkrümmungen: Hohlkreuz, Rundrücken, seitliche Verkrümmung

Knochenschutz

Knochen brauchen Belastung für optimale Stabilität, sonst überwiegen Abbauvorgänge. Ähnlich wie Muskeln werden sie umso leistungsstärker, je mehr sie gefordert sind. Regelmäßige Bewegung wie Laufen, Hüpfen, Klettern, Ballspielen ist daher wichtig. Calciumsalze und Vitamin D fördern den Knochenaufbau. Sie finden sich in Milchprodukten, Gemüse und Fisch. Langes Sitzen in der Schule, vor dem Fernsehgerät oder dem Computer gilt als „Knochenräuber". Ausgleichssport ist für die Gesundheit dringend nötig.

Muskeltraining

Regelmäßiges Training ▷ Abb. 4 hält den Körper leistungsfähig, baut die Muskulatur auf und fördert ihre Durchblutung. Untrainierte Muskeln bilden sich zurück. Werden sie bei Trainingsrückstand beansprucht, stellt sich oft unangenehmer Muskelkater ein, der von winzigen Muskelfaserrissen verursacht wird.

Beim Trainieren, vor allem aber vor einem Wettkampf, sollte man sich langsam aufwärmen, um größere und dann sehr schmerzhafte Muskelfaserrisse zu vermeiden. Denn warme Muskeln sind leistungsfähiger und weniger verletzungsgefährdet.

Abb. 4 Sportler nach dem Aufwärmen am Start

Richtige Körperhaltung

Egal ob in der Schule, zu Hause, beim Sport oder in der Arbeit, wir belasten unsere Wirbelsäule sehr stark und auch oft einseitig.
In Abbildung 5 kannst du erkennen, dass eine falsch eingestellte Büchertasche mit zu langen Riemen, ein zu schwerer oder ein schlecht zu tragender Schulranzen deine Wirbelsäule unnatürlich verformt. Ist diese Belastung dauerhaft, so kann es zu Wirbelsäulenveränderungen kommen ▷ Abb. 3. Deshalb solltest du darauf achten, nicht zu viel in die Tasche zu laden und sie richtig einstellen.
Um schwere Gegenstände wie eine Getränkekiste hochzuheben, solltest du immer zuerst in die Hocke gehen. Anschließend kannst du den Gegenstand wie bei einer Kniebeuge hochheben. Die meisten Menschen bücken sich nur und heben den Gegenstand über die Wirbelsäule hoch. Dies führt zu sehr starker Belastung und kann einen Bandscheibenvorfall hervorrufen.
Auch beim Sitzen auf einem Stuhl, zum Beispiel in der Schule oder bei den Hausaufgaben, wird die Wirbelsäule oft stark verformt. Häufig ist dafür eine falsche Tisch- bzw. Stuhlhöhe verantwortlich. Achte beim Sitzen deshalb auf eine bequeme und gerade Haltung.

A 4 Sportler legen erst unmittelbar vor dem Wettkampf den Trainingsanzug ab ▷ Abb. 4. Erkläre dies. ▷ 📖

A 5 Beurteile zusammen mit einem Mitschüler unterschiedliche Sitzhaltungen, um bequem und rückenschonend zu sitzen. Beobachtet dabei jeweils die Beanspruchung der Wirbelsäule.

A 6 Ordne die in Abbildung 5 gezeigten Belastungen den Wirbelsäulenveränderungen in Abbildung 3 zu. Erkläre die Art der Belastung.

A 7 Überprüfe mit einem Mitschüler zusammen, ob eure Büchertaschen richtig eingestellt sind.

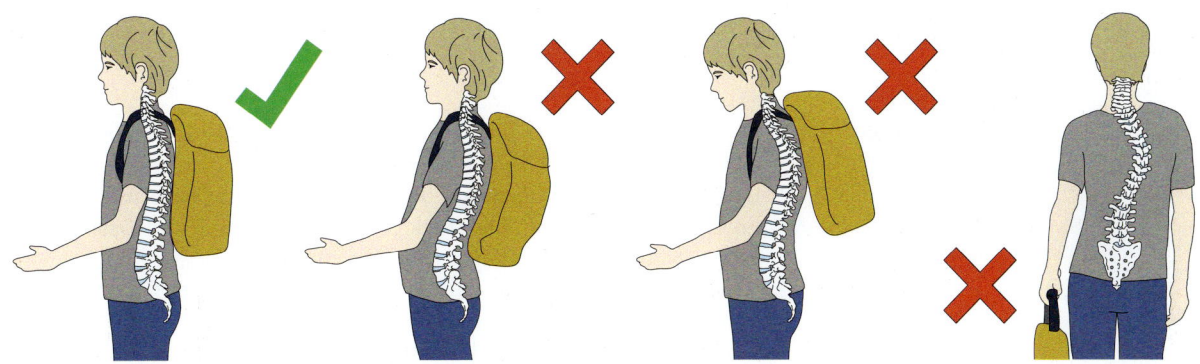

Abb. 5 Richtiges und falsches Tragen von Schulranzen

Untersuchungen am Bewegungsapparat

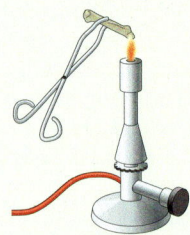

Abb. 2 Ausglühen eines Knochens

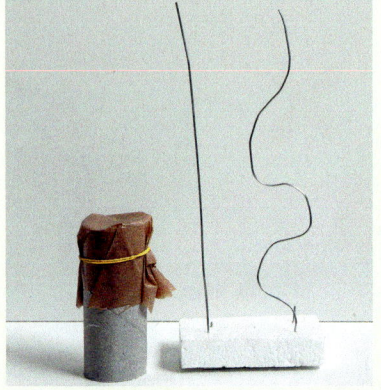

Abb. 3 Versuch zur Federung

Kalknachweis in Knochen

Material: Kalkstein, Kalkpulver, Hühnerbeinknochen, Waage, Glasgefäße mit verdünnter Salzsäure (vom Lehrer gestellt), Teelöffel, Schutzbrille, Schutzhandschuhe, Gefahrenhinweise

Methode:
1. Gib den Kalkstein vorsichtig in ein Gefäß mit Salzsäure ▹ Abb. 1 und beobachte über einige Tage. Gib in ein weiteres Gefäß mit Salzsäure einen gestrichenen Löffel Kalkpulver und beobachte.
2. Wiege den Knochen und lege ihn dann ins Glasgefäß mit Salzsäure.
3. Wasche den Knochen nach einigen Tagen ab und wiege ihn erneut.
4. Berechne und erkläre den Unterschied in der Masse.
5. Teste den Knochen auf Biegsamkeit, indem du ihn an beiden Enden vorsichtig anfasst und versuchst, ihn etwas zu biegen.
6. Teste den Knochen durch leichtes Schlagen auf eine Tischkante auf Sprödigkeit.
7. Wiederhole den Versuch mit weiteren Materialien: Fingernagelstück, Holzstück, verlassenes Schneckenhaus, Papier, Pflasterstein aus Granit oder Basalt, Semmel

Knorpelnachweis in Knochen

Material: Gummibärchen aus Gelatine, Hühnerbeinknochen, Waage, Brenner, Feuerzeug, Tiegelzange, Porzellanschale, Schutzbrille, Schutzhandschuhe

Methode:
1. Halte mit der Tiegelzange ein Gummibärchen in die Brennerflamme und prüfe die Brennbarkeit ▹ Abb. 1. Gummibärchen verhalten sich ähnlich wie Knorpel in der Brennerflamme.
2. Wiege den Knochen.
3. Halte ihn mit der Zange in die Flamme und glühe ihn durch ▹ Abb. 2.
4. Lass den Knochen einige Minuten in der Porzellanschale abkühlen.
5. Wiege ihn erneut.
6. Berechne und erkläre den Unterschied in der Masse.
7. Teste den ausgeglühten Knochen auf Biegsamkeit und Sprödigkeit.

Federung der Wirbelsäule

Material: Draht, Toilettenpapierrolle, Gummiband, Backpapier, Styroporstück

Methode:
1. Lege etwas Backpapier über eine Toilettenpapierrolle und fixiere es mit einem Gummiband ▹ Abb. 3.
2. Biege den Draht in eine etwas übertriebene Wirbelsäulenform ▹ Abb. 3.
3. Fixiere den Draht in einem Stück Styropor. Du kannst den Draht dabei unten etwas umbiegen, um ein Wackeln zu verhindern.
4. Halte mit der anderen Hand die Klopapierrolle mit der Öffnung nach unten über den Draht und lass diese los.
5. Wiederhole den Versuch mit einem geraden Stück Draht.
6. Erkläre die Versuchsergebnisse.

Untersuchung zum Gegenspielerprinzip

Material: Zwei Holzstöcke, zwei Luftballone (evtl. verschiedene Farben), Messer, Schnur

Methode:
1. Blase die beiden Luftballone ein wenig auf und verknote sie. Beide Luftballone sollten in etwa die gleiche Größe haben.
2. Befestige am Luftballonknoten und an der gegenüberliegenden Seite eine Schnur.
3. Fixiere die Schnüre mit Knoten an den beiden Holzstöcken ▷ Abb. 5. Damit die Schnur am Holz nicht verrutscht, musst du vorher mit dem Messer eine tiefere Kerbe ins Holz einschneiden.
   Halte mit der einen Hand die oben fixierten Stellen der Schnüre fest, damit sie nicht abrutschen. Mit der anderen Hand hältst du die beiden Holzstöcke „am Gelenk" fest ▷ Abb. 5.
4. Teste dein Gegenspielermodell auf Beweglichkeit. Bewege dazu den oberen Holzstock in die Richtungen des Pfeils und beobachte die Veränderungen der beiden Luftballone.
5. Erkläre die unterschiedlichen Formen der Luftballone.
6. Suche nach Beispielen am menschlichen Körper, auf die dieses Modell zutrifft.
7. Vergleiche dieses Modell mit der Wirklichkeit.

Papierbrücken als Knochenmodell

Material: Zwei gleich große Bauklötze, etwa fünf Zentimeter hoch; DIN A4-Kopierpapier; Klebestift, Waage

Methode:
1. Stelle die Bauklötze etwa 15 Zentimeter voneinander entfernt als Brückenpfeiler auf.
2. Lege zehn Blatt Papier darüber.
3. Belaste die Brücke mit verschiedenen Gegenstände (Büroklammer, Bleistift, Gummiring und so weiter). Teste dabei, wie viel du gerade noch auf die Brücke legen kannst, ohne dass sie einknickt.
4. Wiege die Gegenstände und bestimme so die Belastungsfähigkeit der Brücke.
5. Plane zuerst und konstruiere anschließend aus zehn Blatt Papier eine tragfähigere Brücke. Dazu darfst du das Papier rollen, falten, schneiden und kleben ▷ Abb. 6.
6. Bestimme wie bei 3. und 4. die Belastungsfähigkeit.
   Der Sieger eines Studentenwettbewerbs baute eine 40 Zentimeter lange Brücke mithilfe von gefaltetem Papier. Diese wog selbst nur 150 Gramm, konnte aber eine Belastung von mehr als 300 Kilogramm tragen. Bei einem Schülerwettbewerb erreichte eine ausgeklügelte Konstruktion in Leichtbauweise eine Belastungsfähigkeit von fast 100 Kilogramm.

Wer konstruiert die Brücke mit der größten Tragfähigkeit in deiner Klasse?

Hinweis: Weitere Informationen und Anregungen zum Bau von Papierbrückenmodellen findest du im Internet. Recherchiere, es lohnt sich.

Abb. 4 Sicherheitshinweise

Abb. 5 Modellversuch zum Gegenspielerprinzip

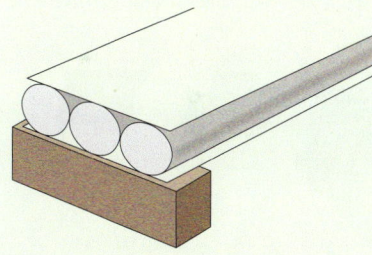

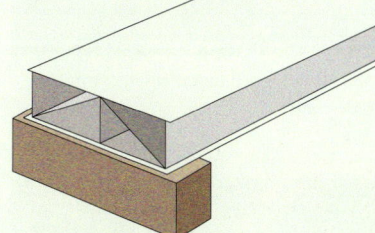

Abb. 6 Rollen, Falten und Kleben erhöht die Belastbarkeit von Papier

Ausflug in Nachbarreviere
Maßnahmen bei Verletzungen

Abb. 1 Selbstklebender Wundschnellverband

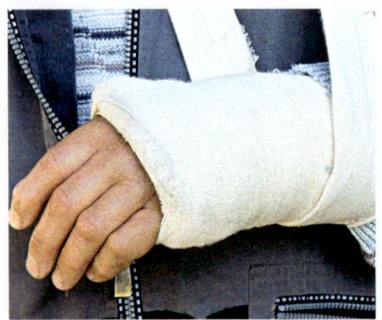

Abb. 2 Ruhigstellung einer Unterarm-
verletzung

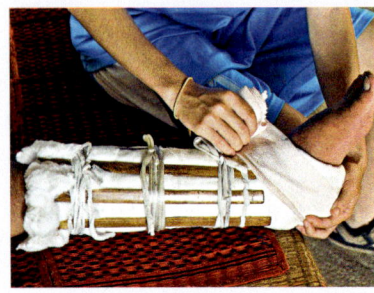

Abb. 3 Behelfsmäßige Schienung einer
Unterschenkelverletzung

Erste Hilfe

Ein Verband soll bei offenen Verletzungen die Blutung stillen, weiteren Schaden verhindern, aber auch die Heilung fördern. Er besteht aus drei Schichten, einer sterilen Abdeckung zum Schutz vor Schmutz und Krankheitserregern, einer Polsterung und der Fixierung. Wundschnellverband, umgangssprachlich auch als „Heftpflaster" bezeichnet ▷ Abb. 1 und Verbandspäckchen eignen sich gut, um kleinere Wunden zu versorgen. Sie sollten für Erste Hilfe immer griffbereit sein. Bei nicht offenen Verletzungen legt man zur Vorbeugung gegen eine starke Schwellung einen Kühlbeutel auf.

Bei schwereren Verletzungen des Bewegungsapparats, insbesondere bei Verrenkungen oder Knochenbrüchen, bringt sich der Verletzte meist selbst in eine möglichst schmerzarme Position. Der Ersthelfer kann ihn durch Polsterung und behelfsmäßige Schienung unterstützen. Die beiden der Verletzung benachbarten Gelenke sind dabei ruhig zu stellen, damit eine unbeabsichtigte Bewegung nicht weitere Schmerzen verursacht ▷ Abb. 2, 3.

Verletzte kühlen schnell aus, weil sie sich nicht bewegen. Daher sollte man sie warm halten und eventuell zudecken. Auch nach dem Absetzen des Notrufs sollte man Verletzte nicht allein lassen und versuchen, sie zu beruhigen.

PECH-Regel

Als Eselsbrücke für Notfälle dient die PECH-Regel. Dabei stehen diese vier Buchstaben für die Anfangsbuchstaben der nacheinander durchzuführenden Maßnahmen: Pause – Eis – Compression – Hochlegen und Hilfe holen. Die verletzte Person solle zuerst ruhig gestellt werden und sich nicht weiter belasten. Das betroffene Körperteil sollte zum Beispiel mit Eis gekühlt werden. Ein Kompressionsverband ▷ Abb. 4 mit einer Binde sorgt durch Druck dafür, dass Blutungen und Schwellungen sich langsamer verbreiten. Hochlegen des verletzten Körperteils verringert Schwellungen und Schmerzen. Anschließend kann Hilfe geholt werden.

Erste-Hilfe-Kurs

Rettungsorganisationen bieten immer wieder Kurse zur Ersten Hilfe an. Recherchiere zum Beispiel im Internet. Überlege auch, ob du nicht Mitglied in der Kinder- oder Jugendgruppe einer Rettungsorganisation werden willst. An vielen Schulen gibt es ein Schulsanitätsteam. Wäre das nicht etwas für dich?

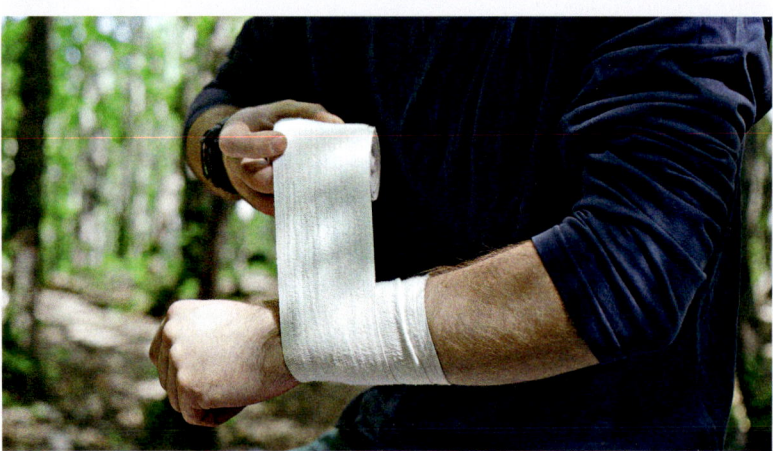

Abb. 4 Anlegen eines Kompressionsverbandes

Skelett

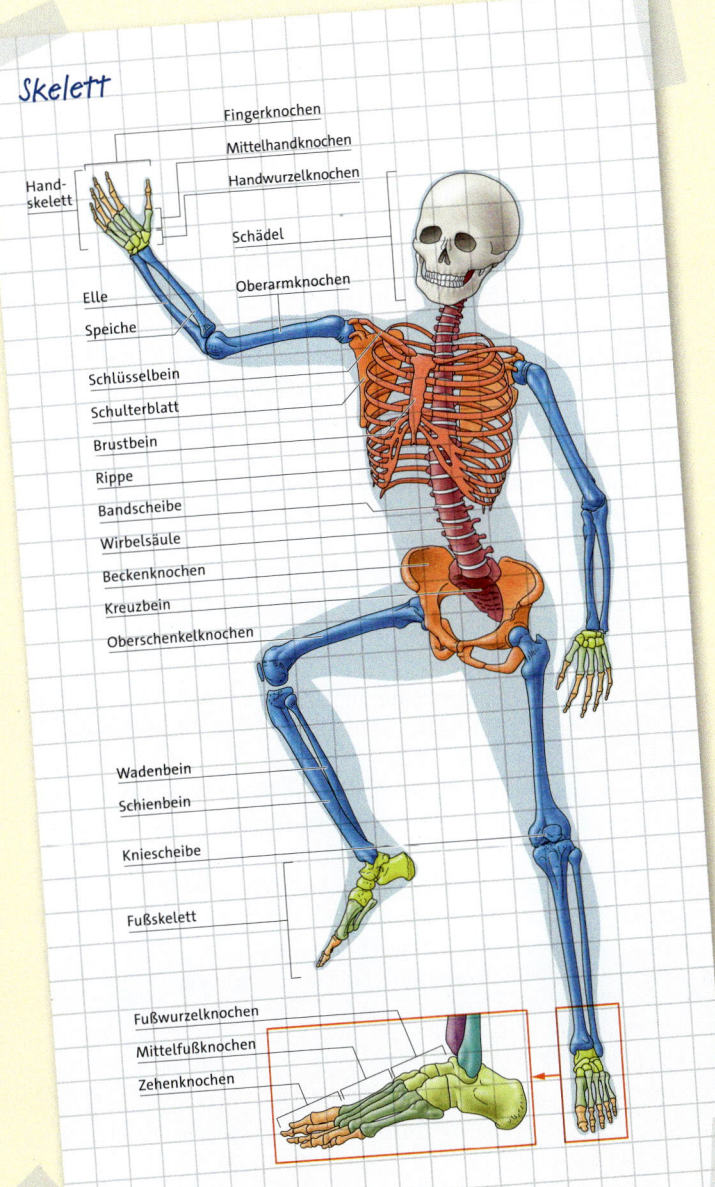

Fingerknochen
Mittelhandknochen
Handwurzelknochen
Hand-skelett
Schädel
Elle
Speiche
Oberarmknochen
Schlüsselbein
Schulterblatt
Brustbein
Rippe
Bandscheibe
Wirbelsäule
Beckenknochen
Kreuzbein
Oberschenkelknochen
Wadenbein
Schienbein
Kniescheibe
Fußskelett
Fußwurzelknochen
Mittelfußknochen
Zehenknochen

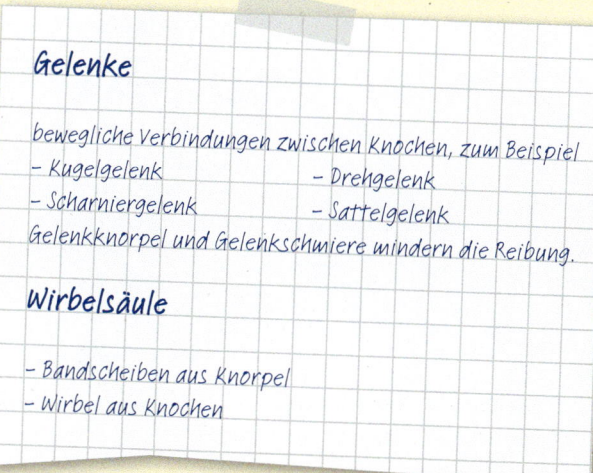

Aufgaben des Skeletts:

– Stützen
– Schützen
– Bewegen

Knochen:

– Knorpel (elastisch)
– Knochenkalk (hart)
– ständige Auf- und Abbauprozesse im lebenden Knochen

Muskeln:

– aus Muskelfasern
– Sehnen als Verbindung zu Knochen
– Beuger und Strecker als Gegenspieler
(Ein Muskel zieht sich zusammen, muss aber gestreckt werden!)

Gelenke

bewegliche Verbindungen zwischen Knochen, zum Beispiel
– Kugelgelenk   – Drehgelenk
– Scharniergelenk   – Sattelgelenk
Gelenkknorpel und Gelenkschmiere mindern die Reibung.

Wirbelsäule

– Bandscheiben aus Knorpel
– Wirbel aus Knochen

Verletzungen des Bewegungsapparats

– Muskelfaserriss
– Prellung
– Verstauchung
– Verrenkung
– Knochenbruch
Regelmäßiges Training hält Knochen und Muskeln gesund!

Überprüfe deine Fähigkeiten
Aktive Bewegung

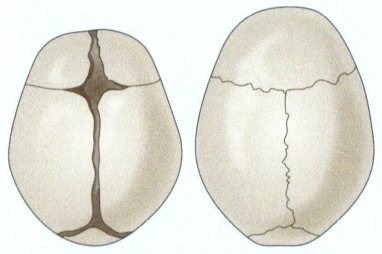

Abb. 1 Schädel eines Babys (links) und eines Erwachsenen (rechts), von oben

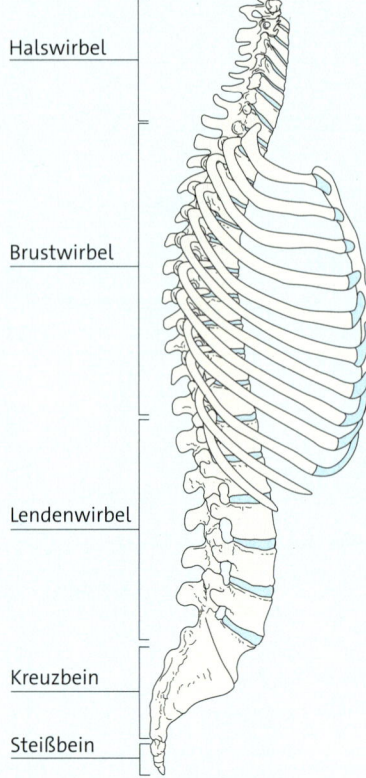

Halswirbel

Brustwirbel

Lendenwirbel

Kreuzbein

Steißbein

Abb. 2 Wirbelsäule in Seitenansicht

1. Beschreibe die Unterschiede der Schädel eines Kindes und eines Erwachsenen ▷ Abb. 1. Um den engen Geburtskanal passieren zu können, muss der Schädel eines Babys bestimmte Eigenschaften aufweisen. Beschreibe die Vorteile des Schädelbaus für die Geburt.

2. Hier sind einige Buchstaben durcheinandergeraten. Ordne, sodass sich sinnvolle Sätze ergeben.
   Zum Bewegungssystem gehören die CHEKNNO, die KENMULS und die ENLEKGE. VENNER übermitteln die Befehle des HIRGNSE an die SKLENMU. Die Gesamtheit der Knochen heißt TLETSKE. Die BSÄUELLEIRW bildet die Längsachse des Körpers. Der BRKRBUSTO schützt Herz und Lungen. Einlagerung von KAKLNOKNECH in die gelatineartige PELKNORmasse macht Knochen hart. Die Verbindungen zwischen zwei Knochen heißt KELGEN. Die LENKAPKGESEL umhüllt es. Zusätzlich stabilisieren RBDEÄN die Gelenkkapsel. Im KGLENPAESLT befindet sich die MISCHEREGELKEN als MITGLETTITEL, das für reibungsfreie Bewegungsabläufe sorgt. ▷ 📖

3. Betrachte Abbildung 2 und begründe damit die unterschiedlichen Benennungen der einzelnen Wirbelgruppen.

4. Zähle die Halswirbel des Menschen in Abbildung 2 sowie in Abbildung 3 bei der Giraffe. Stelle Gemeinsamkeiten und Unterschiede heraus.

5. Ein Mensch bewegt sich auf zwei Beinen, ein Schimpanse dagegen auf „allen Vieren" ▷ Abb. 4. Er kann sich nicht so leicht aufrichten wie ein Mensch.
   5.1 Vergleiche die Wirbelsäulen von Schimpanse und Mensch.
   5.2 Der Schimpanse benötigt wesentlich kräftigere Nackenmuskeln als der Mensch. Begründe diesen Unterschied.
   5.3 Vergleiche die Füße von Mensch und Schimpanse.

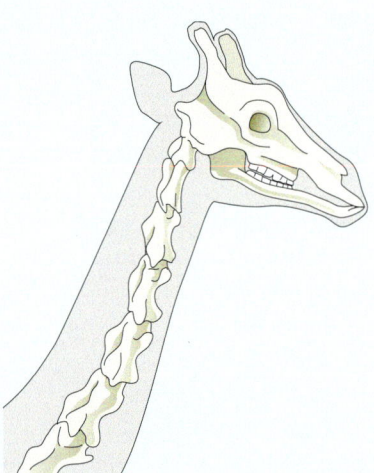

Abb. 3 Skelett der Giraffe

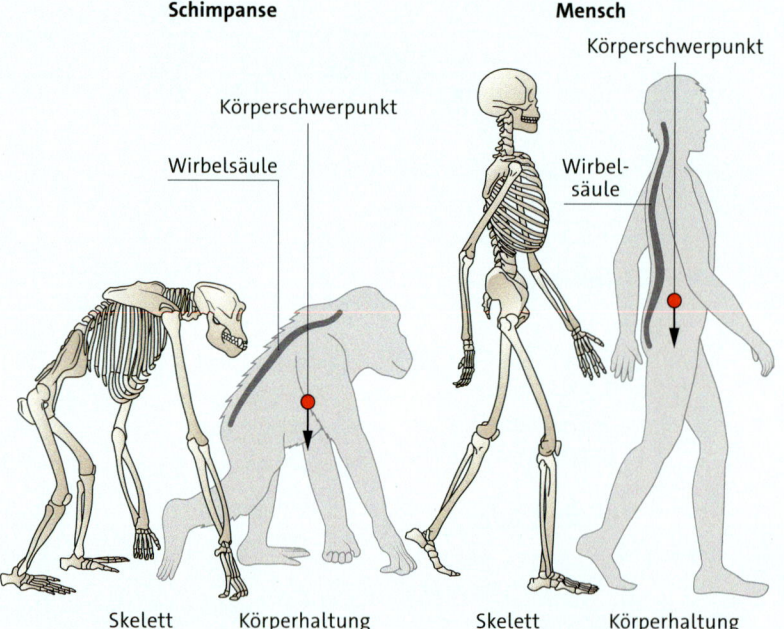

Abb. 4 Körperhaltung von Schimpanse und Mensch

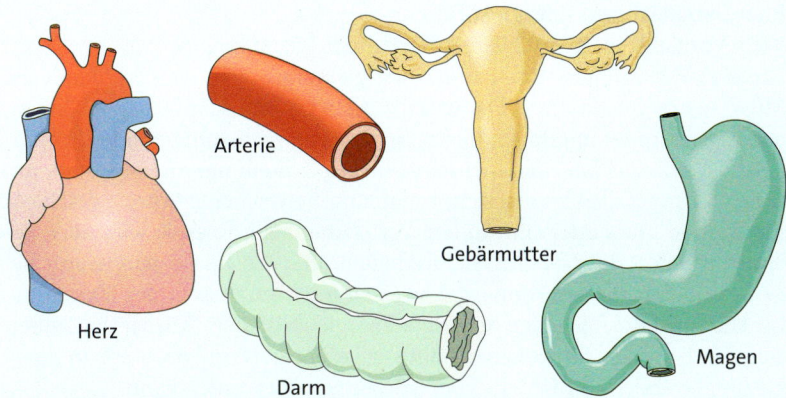

Arterie

Gebärmutter

Herz

Darm

Magen

Abb. 5 Verschiedene Muskeln ohne Bezug zum Skelett

6. Skelettmuskeln brauchen einen Gegenspieler, wenn sie nach dem Zusammenziehen wieder gedehnt werden sollen. Abbildung 5 zeigt Muskeln, die keinen Bezug zum Skelett haben. Hier ist kein Gegenspieler nötig, um sie wieder zu dehnen. Stelle Hypothesen auf, wie die angegebenen Muskeln wieder gedehnt werden.
Hinweis: Ein mit Wasser gefüllter Luftballon kann dir als Modell für den Magen dienen.

7. Abbildung 6 wurde mit Computertomografie erstellt. Die Person trinkt ein Kontrastmittel, das im Röntgenbild sichtbar ist. Benenne die erkennbaren Knochen.

8. Eine Qualle ▷ Abb. 7 besitzt zwar Muskeln, jedoch weder Knochen noch Gelenke. Stelle eine Hypothese auf, wie der Bewegungsablauf einer Qualle aussehen könnte. Überprüfe die Hypothese mithilfe des Internets.

9. Ersetze in Abbildung 8 die Fragezeichen in der Tabelle. ▷ 📖

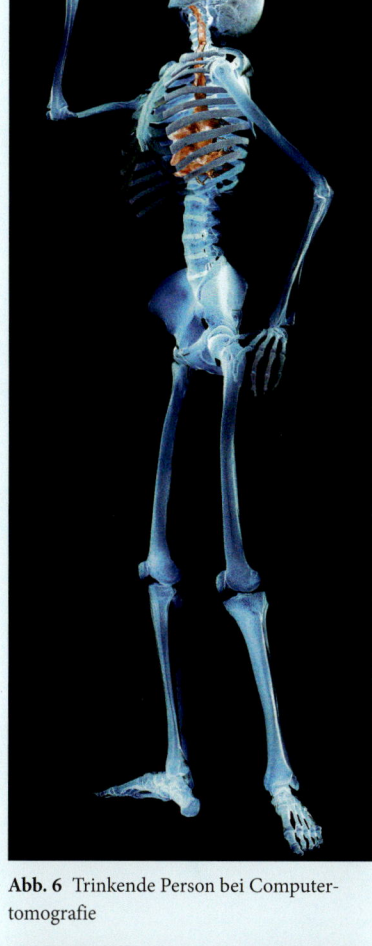

Abb. 6 Trinkende Person bei Computertomografie

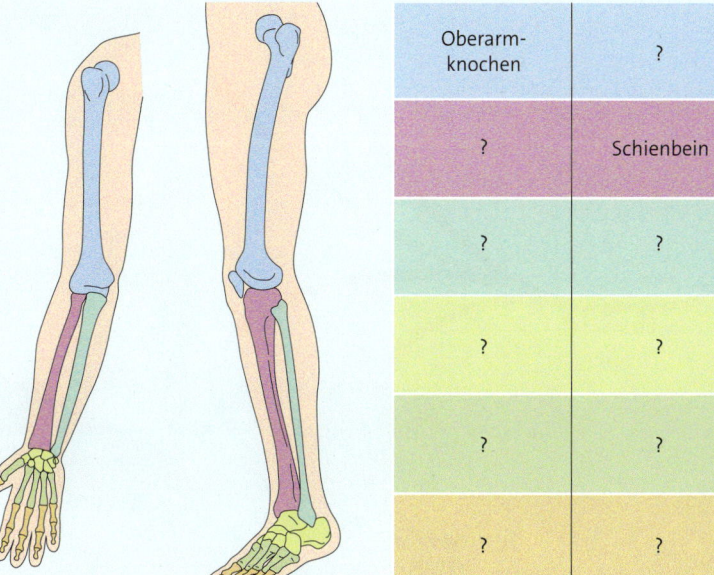

Oberarmknochen	?
?	Schienbein
?	?
?	?
?	?
?	?

Abb. 8 Arm- und Beinskelett des Menschen

Abb. 7 Qualle

Stoffwechsel: Stoff- und Energieumwandlung

Zellatmung

Abb. 1 Bewegung benötigt Energie

Energiebedarf und Energiezufuhr

Viele Vorgänge im menschlichen Körper benötigen Energie.
Für jede Bewegung ▷ Abb. 1 muss Energie aufgebracht werden, damit die Muskeln arbeiten können. Damit sich Zellen oft und schnell teilen können, benötigen Kinder und Jugendliche, die sich im Wachstum befinden, besonders viel Energie. Bei allen Menschen finden Zellteilungsvorgänge statt, um abgestorbene Zellen zu ersetzen, wenn zum Beispiel eine Wunde geschlossen werden muss oder eine andere Verletzung heilt. Energie wird auch gebraucht, damit das Nervensystem arbeiten oder die Körpertemperatur bei 37 °C gehalten werden kann, egal, wie kalt oder warm es in der Umgebung ist. Die für diese Vorgänge benötigte Energie muss dem Körper von außen zugeführt werden. Sie ist in der Nahrung gespeichert und muss erst in Energie umgewandelt werden, die vom Körper genutzt werden kann.

Stoff- und Energieumwandlung bei der Zellatmung

In allen Nährstoffen, zum Beispiel auch im Traubenzucker, ist Energie in chemischer Form gespeichert. In unseren Zellen reagiert Traubenzucker mit Sauerstoff. Die beiden Stoffe werden mithilfe von speziellen Stoffwechselwerkzeugen, den **Enzymen**, zu Kohlenstoffdioxid und Wasser umgewandelt. Bei dieser Stoffumwandlung wird gleichzeitig die chemische Energie des Traubenzuckers in für den Körper nutzbare Energie umgewandelt. Dieser Vorgang heißt **Zellatmung** oder **innere Atmung**. Die Zellatmung ist ein Beispiel für eine chemische Reaktion in Lebewesen. Wie bei jeder chemischen Reaktion findet sowohl eine Stoffumwandlung als auch eine Energieumwandlung statt. Die Energie kann dann für sämtliche energiebenötigende Vorgänge verwendet werden ▷ Abb. 2.

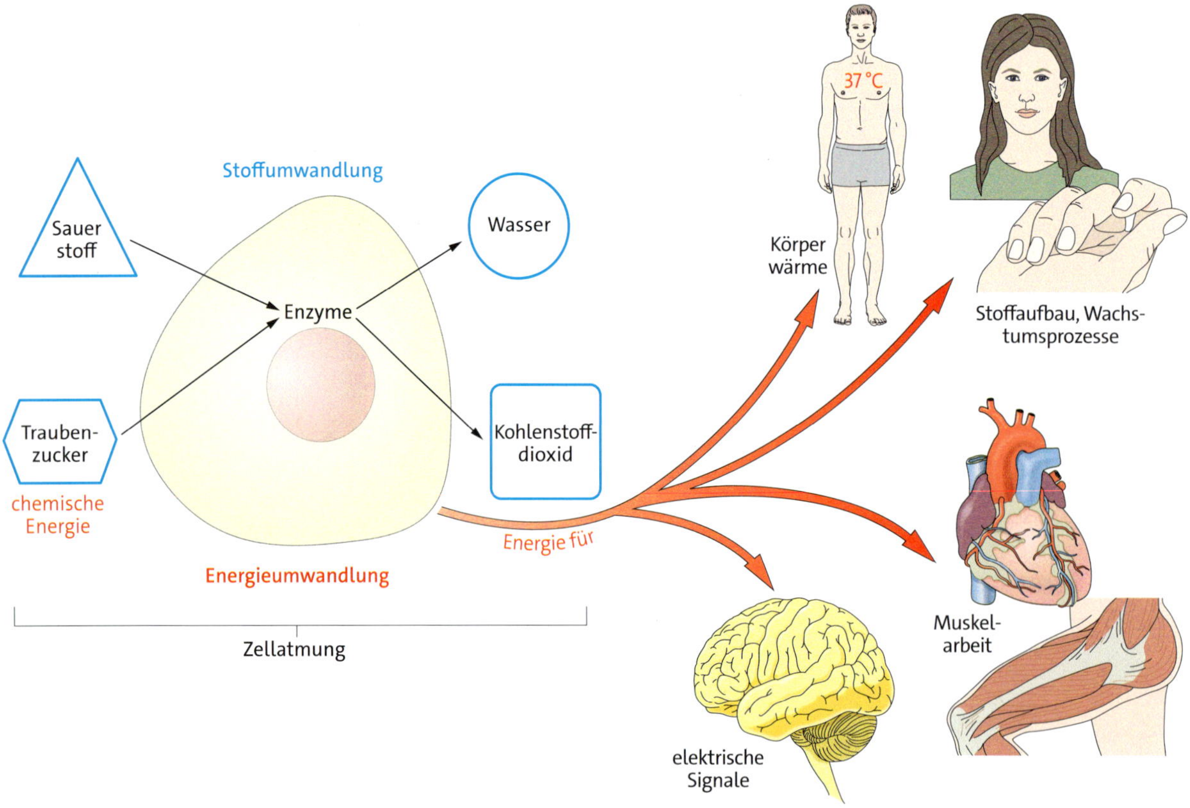

Stoffumwandlung

Sauer stoff

Wasser

Enzyme

Traubenzucker

chemische Energie

Kohlenstoffdioxid

Energie für

Energieumwandlung

Zellatmung

37 °C

Körper wärme

Stoffaufbau, Wachstumsprozesse

Muskelarbeit

elektrische Signale

Abb. 2 Stoffumwandlung und Energieumwandlung bei der Zellatmung, schematische Darstellung

Reaktionsschema der Stoffumwandlung

Die Vorgänge der Zellatmung können in einem **Reaktionsschema**, einer praktischen und übersichtlichen Kurzschreibweise, dargestellt werden:

$$\text{Traubenzucker + Sauerstoff} \xrightarrow{\text{Enzyme}} \text{Kohlenstoffdioxid + Wasser}$$

Man spricht:
Traubenzucker und Sauerstoff werden mithilfe von Enzymen zu Kohlenstoffdioxid und Wasser umgewandelt.

Zusammenspiel der Organe als Voraussetzung für die Zellatmung

Sauerstoff gelangt mit der Luft in die Lunge und dort in das Blut. Nährstoffe werden im Dünndarm in das Blut aufgenommen. In den Blutgefäßen erfolgt dann der Transport der Stoffe durch den ganzen Körper zu allen Zellen.
Die Ausgangsstoffe der Zellatmung, Traubenzucker und Sauerstoff, können durch die Blutgefäßwand und die Zellmembran hindurch in die Zelle gelangen. Dort findet die Zellatmung statt. Kohlenstoffdioxid und Wasser entstehen. Diese Stoffe gelangen dann aus der Zelle heraus ins Blut. Kohlenstoffdioxid wird zur Lunge transportiert und dort ausgeatmet ▷ Abb. 4. Überflüssiges Wasser wird mit dem Harn ausgeschieden, der in den Nieren produziert wird.
Damit die Zellatmung stattfinden und durch sie Energie für den Stoffwechsel bereitgestellt werden kann, muss also der An- und Abtransport der beteiligten Stoffe durch ein Zusammenspiel verschiedener Zellen und Organe gewährleistet sein.

Abb. 3 Verschiedene Energieformen

A1 In der Technik begegnen uns verschiedene Energieformen: elektrische Energie, Lichtenergie, Wärmeenergie, Bewegungsenergie, chemische Energie. Stelle unter Verwendung der Abbildung 3 verschiedene Vorgänge zusammen, bei der eine Energieform in eine andere umgewandelt wird. ▷ 📖

A2 Benenne mithilfe des Textes die in Abbildung 4 gezeigten Organe A, B, C, D sowie die Stoffe 1, 2, 3, 4. Die dargestellten Organe können, falls nötig, im Schulbuch recheriert werden.

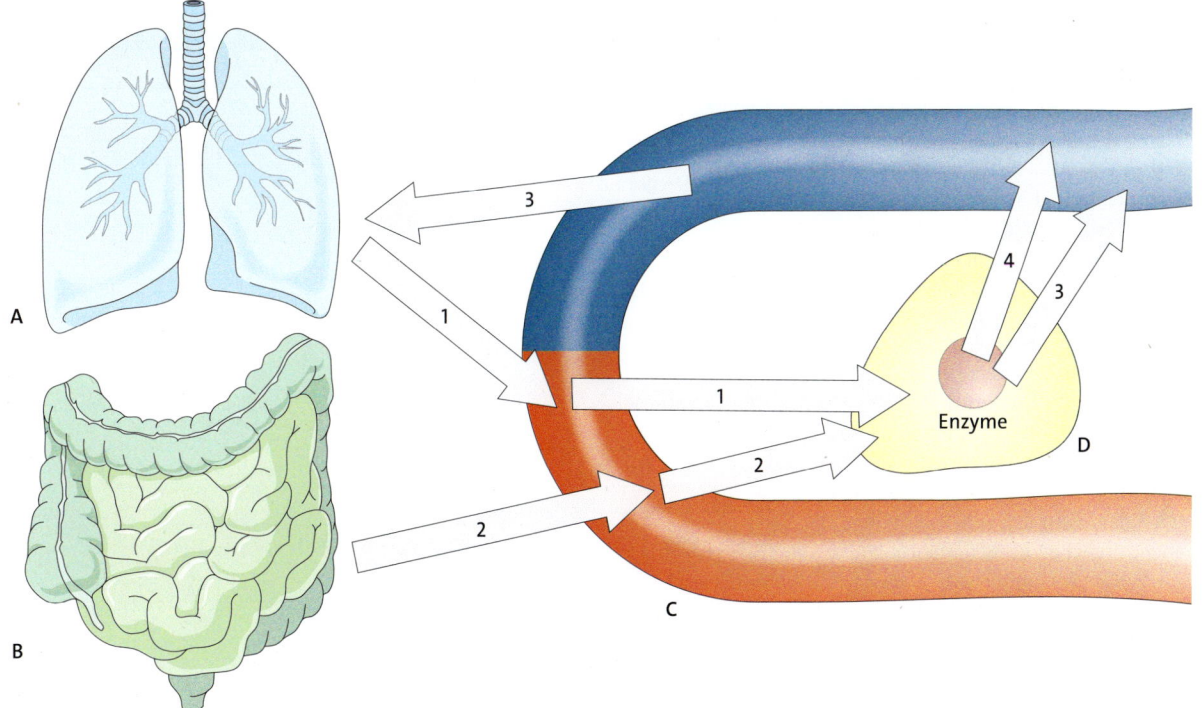

Abb. 4 Zusammenspiel der Organe, schematische Darstellung

Nahrungsbestandteile und ihre Bedeutung

Abb. 1 Vielfalt der Lebensmittel

Nährstoffe	pro 100 g Brennwert 1418 kJ
Eiweiß	11 g
Kohlenhydrate	55 g
Fett	8 g
Ballaststoffe	8 g

Tab. 1 Nährwertangaben eines Müslis

Kohlenhydrate	17 kJ pro g
Proteine	17 kJ pro g
Fett	39 kJ pro g

Tab. 2 Brennwerte der Makronährstoffe

A1 Begründe mithilfe der Werte in Tabelle 2, dass es sinnvoll ist, dass der menschliche Körper seine Energiereserven als „Fettpolster" und nicht als „Eiweißpolster" speichert. Berechne dazu die benötigte Menge Fett beziehungsweise Eiweiß, um 10 000 kJ zu speichern.

A2 Die Massenangaben in Tabelle 1 ergeben in der Summe weniger als 100 g. Rechne nach. Stelle eine Vermutung über die Ursache der Differenz an. ▷ 📖

A3 Stelle aus den Lebensmitteln in den Tabellen 1 und 3 Mahlzeiten eines „durchschnittlichen" Schulkindes für einen Tag zusammen. Berechne die enthaltenen Werte für Energie, Kohlenhydrate, Fette, Proteine. Vergleiche diese Werte mit den in Tabelle 4 empfohlenen Werten.

Kohlenhydrate, Fette, Proteine

In Lebensmitteln ▷ Abb. 1 gibt es drei Sorten von Hauptnährstoffen ▷ Tab. 1, 3: **Kohlenhydrate**, **Fette** und **Eiweiße (Proteine)**. Sie müssen in größeren Mengen aufgenommen werden. Man nennt sie deshalb auch Makronährstoffe. Sie können im Stoffwechsel zu allen benötigten **Baustoffen** umgewandelt werden, die für den Aufbau und die Erneuerung der Zellen benötigt werden. Dienen sie dagegen als **Betriebsstoffe**, wird ihre Energie durch die Zellatmung für den Körper nutzbar gemacht. Kohlenhydrate sind vor allem in Kartoffel- und Getreideprodukten wie Nudeln oder Brot enthalten. Auch Traubenzucker, Fruchtzucker und Rohrzucker gehören dazu. Sie dienen hauptsächlich als Energielieferanten. Nahrungsmittel mit hohem Fettgehalt sind zum Beispiel Butter, Käse, Wurst, Öl und Nüsse. Auch Fette werden als Energielieferanten genutzt. Außerdem finden sie Verwendung als Baustoffe, zum Beispiel in Zellmembranen. Reich an Eiweiß sind Fleisch, Fisch und Eier. Proteine sind die wichtigsten Baustoffe im Körper, zum Beispiel in Muskeln ▷ S. 43.

Die Energie, die in einem Nährstoff gespeichert ist, nennt man **biologischer Brennwert**. Er wird in Kilojoule (kJ) angegeben ▷ Tab. 2.

Wasser, Vitamine, Mineralsalze

Den täglichen Bedarf an **Wasser** deckt man hauptsächlich über Getränke. Aber auch feste Nahrung enthält Wasser.

Vitamine sind nur in geringen Mengen nötig. Sie sind unerlässlich bei bestimmten Stoffwechselvorgängen. Zu wenig Vitamine führen zu Mangelerscheinungen. Auch **Mineralsalze** (Mineralstoffe) brauchen wir nur in geringeren Mengen. Sie haben verschiedenste Aufgaben, zum Beispiel dienen Calciumsalze als Baustoffbestandteil bei Knochen ▷ S. 41. Vitamine und Mineralstoffe werden als Mikronährstoffe bezeichnet.

Lebensmittel	Energie in kJ	Kohlenhydrate in g	Fett in g	Proteine in g
Laugenbreze, 1 Stück, 50 g	630	28	2	5
Semmel, 1 Stück, 45 g	512	25	1	4
Toastbrot, 1 Scheibe, 30 g	298	15	0	2
Butter, 1 Portion, 20 g	630	0	17	0
Salami, 1 Portion, 25 g	420	0	9	5
Emmentaler, 1 Portion, 45 g	475	0	9	8
Spaghetti mit Hackfleischsoße, 1 Portion, 250 g	1470	53	8	15
Kopfsalat, 1 Portion, 50 g	25	1	0	1
Sonnenblumenöl, 1 Esslöffel, 12 g	453	0	12	0
Essig, 1 Esslöffel, 15 g	4	0	0	0
Banane, 1 Stück, 125 g	462	25	0	1
Apfel, 1 Stück, 125 g	286	14	1	0
Vanilleeis, 1 Portion, 75 g	790	9	17	2
Vollmilch, 1 Glas, 200 ml	546	10	8	6
Orangensaft, 1 Glas, 200 ml	370	18	0	2
Cola, 1 kleine Flasche, 330 ml	609	36	0	0

Tab. 3 Brennwert und Nährstoffgehalt verschiedener Lebensmittel

Ballaststoffe

Unsere Nahrung enthält auch unverwertbare **Ballaststoffe**. Sie gelangen unverändert durch die Verdauungsorgane und werden dann wieder ausgeschieden. Eine ausreichende Menge in der Nahrung ist wichtig, damit die Darmmuskulatur richtig arbeiten kann und der Nahrungsbrei immer weitertransportiert wird.

Ausgewogene Ernährung

Besonders für Kinder und Jugendliche ▷ Abb. 2 ist eine ausgewogene Ernährung wichtig, um optimale körperliche Bedingungen für Wachstum und geistige Entwicklung zu schaffen.

Beim Essen kommt es auf die ausgewogene Zusammensetzung und die richtige Menge an. Wer mehr Nährstoffe zu sich nimmt, als er als Baustoffe und Betriebsstoffe braucht, wandelt den Überschuss in Reservestoffe um und legt Fettspeicher im Körper an. Zu große Fettspeicher führen zu Übergewicht. Hungert der Mensch, so werden die Fettspeicher abgebaut. Lang andauerndes Hungern führt zu Untergewicht. Sowohl Über- als auch Untergewicht haben negative gesundheitliche Auswirkungen. Nimmt man zu wenig Vitamine und Mineralstoffe zu sich, kommt es zu Mangelerscheinungen und Fehlfunktionen des Stoffwechsels. Die richtige Mischung und Menge hängt von der Körpergröße, vom Geschlecht, vom Lebensalter ▷ Tab. 4 und von der Lebenssituation ab. Die Ernährung sollte an die Bedürfnisse des Einzelnen angepasst sein: Kinder, die noch wachsen, brauchen mehr Eiweiß als Erwachsene. Personen, die in ihrem Beruf schwere körperliche Arbeit leisten oder Sport treiben, brauchen mehr Kohlenhydrate als Personen, die eine sitzende Tätigkeit ausüben. Bei uns ist oft der Zucker- und Fettanteil in der Nahrung zu hoch, dafür fehlen Vitamine und Mineralstoffe.

Mithilfe von Nährstofftabellen ▷ Tab. 1 und 3 kann man die Zusammensetzung der täglichen Nahrung berechnen und mit den von Wissenschaftlern empfohlenen Werten ▷ Tab. 4 vergleichen. Da aber Menschen sehr verschieden sind – vor allem bei Kindern und Jugendlichen läuft die Entwicklung sehr unterschiedlich – sind diese Empfehlungen nur grobe Anhaltspunkte. Außerdem sind das ständige Rechnen und Buchführen sehr aufwändig. Leichter und erfolgversprechender ist es, durch das Beachten von einfach verständlichen und leicht merkbaren Ernährungsregeln automatisch eine ausgewogene Ernährung einzuhalten ▷ A 6.

Abb. 2 Kind isst Melone

A 4 Recherchiere zum Beispiel mithilfe der Angaben auf Lebensmittelverpackungen die Zusammensetzung von weiteren Nahrungsmitteln und erstelle unter Beachtung der Tabelle 4 einen Essensplan für einen Tag, der die angegebenen Empfehlungen erfüllt.

A 5 Begründe, warum die empfohlenen Werte in Tabelle 4 für die meisten Schüler in deiner Klasse nicht genau zutreffen.

A 6 Recherchiere zum Beispiel im Internet die aktuellen Empfehlungen für eine ausgewogene Ernährung (etwa bei der Deutschen Gesellschaft für Ernährung oder bei einer Krankenkasse).

A 7 Führe eine Woche lang ein Ernährungstagebuch (Menge, Energiegehalt, Nährstoffgehalt). und schätze ab, ob deine Ernährung ausgewogen ist.

A 8 Schätze ein, welche Auswirkungen sich für den Jungen in Abbildung 2 ergeben könnten, wenn er sich mehrere Wochen lang ausschließlich von Wassermelonen ernähren würde.
Hinweis: Wassermelonen bestehen zu 96 Prozent aus Wasser, enthalten viele Vitamine und kaum Fette, Proteine und Kohlenhydrate.

empfohlen pro Tag	Junge	Mädchen
Energiezufuhr gesamt in kJ	9 240	8 400
Proteine in g	37	38
Fett in g	71–83	64–75
Kohlenhydrate in g	217–290	197–272
Zucker in g	maximal 54	maximal 49
Wasserzufuhr durch Getränke in ml	1 170	
Wasserzufuhr durch feste Nahrung in ml	710	
Vitamin C in mg	65	
Vitamin B_1 in mg	1,0	0,9
Calcium in mg	1 100	250
Iod in µg	180	

Tab. 4 Nährstoffzufuhr für 10- bis 13-jährige Kinder, Körpergröße, Körpergewicht und körperliche Aktivität durchschnittlich (DACH-Referenzwerte 2015, Liste der Mikronährstoffe unvollständig)

Verdauungsorgane und -vorgänge

Abb. 1 Nahrungsaufnahme

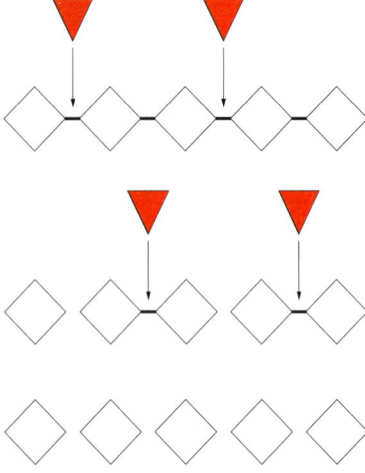

Abb. 2 Verdauung schematisch dargestellt

Weg der Nahrung durch den Körper

Nahrungsaufnahme ist notwendig, damit der Körper Baustoffe und Betriebsstoffe erhält. Unsere Nahrung gelangt aus dem **Mund** durch die **Speiseröhre** in den **Magen**, anschließend in den **Dünndarm** und den **Dickdarm**. Der Nahrungsbrei wird schließlich in den **Mastdarm** weitertransportiert, wo die Ausscheidungen zunächst gesammelt und dann durch den **After** ausgeschieden werden ▷ Abb. 3.

Verdauung

Die Inhaltsstoffe der Nahrung müssen aus dem Darminneren durch die Darmwand ins Blut gelangen. Vitamine, Mineralstoffe, Traubenzucker oder Wasser bestehen aus so kleinen Teilchen, dass diese unverändert durch die Darmwand treten können. Die meisten Kohlenhydrate, Fette und Eiweiße sind aber aus großen Teilchen aufgebaut, die nicht einfach so durch die Darmwand gelangen können. Sie müssen zunächst einmal in kleinere Teilchen zerlegt werden.

Es gibt bestimmte Wirkstoffe oder Stoffwechselwerkzeuge, die diese Aufgabe übernehmen, die **Verdauungsenzyme**. Sie werden von den Verdauungsorganen selbst oder von anderen Drüsen produziert und zum Nahrungsbrei zugegeben, wo sie die großen Teilchen in kleine zerlegen ▷ Abb. 2. Große Teilchen, für deren Zerlegung der Körper keine geeigneten Verdauungsenzyme herstellen kann, die Ballaststoffe, werden unverdaut wieder ausgeschieden.

A 1 Erstelle eine Legende für die in Abbildung 2 verwendeten Symbole. ▷ 📖

A 2 Benenne die in Abbildung 3 mit den Buchstaben a–f gekennzeichneten Teile des Verdauungsapparats mithilfe der Informationen im Text.

A 3 Stelle die Stationen, die die Nahrung bei der Verdauung durchläuft, und ihre Aufgaben beziehungsweise die in ihnen stattfindenden Vorgänge in einer Tabelle zusammen.

A 4 Bei manchen Menschen wird die Gallenblase aus Krankheitsgründen entfernt. Erkläre, was nach so einer Operation bei der Ernährung beachtet werden sollte.

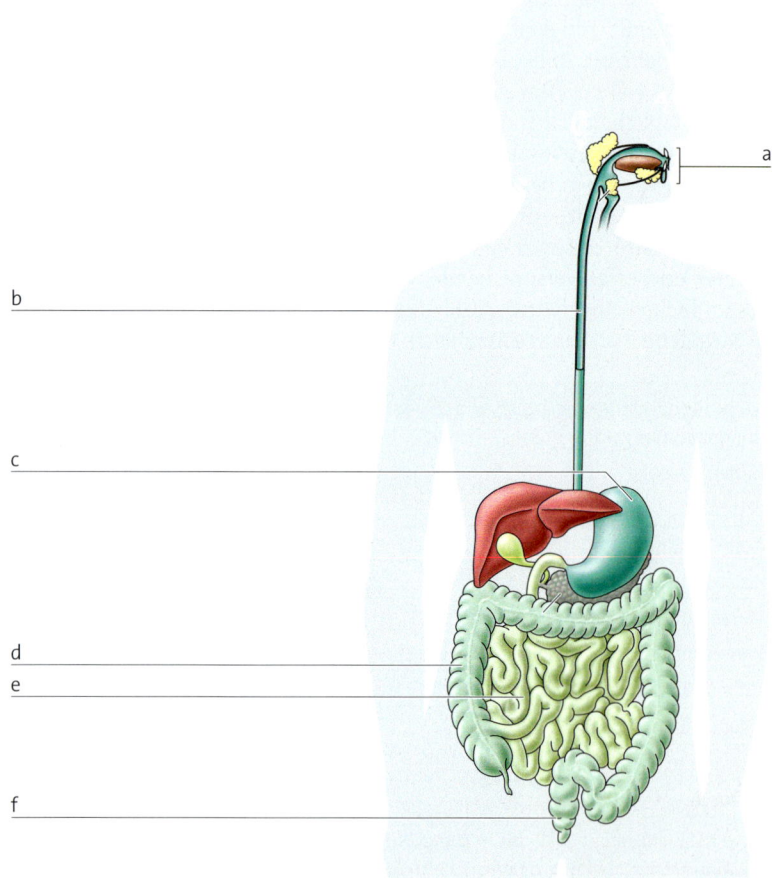

Abb. 3 Schematische Darstellung des Verdauungsapparats

Mund und Magen

Feste Nahrung wird im Mund mithilfe der Zähne zerkleinert. Auch gelangen dort schon die ersten Verdauungsenzyme zur Nahrung. Sie werden in den **Speicheldrüsen** erzeugt und mit dem Speichel in den Mundraum abgegeben. Diese Enzyme spalten Stärke, das wichtigste Kohlenhydrat in unserer Nahrung. Der Speichel sorgt außerdem dafür, dass der Nahrungsbrei gleitfähig ist, damit er nach dem Schlucken leichter durch die Speiseröhre zum Magen transportiert werden kann. Bei normaler Ernährung werden pro Tag 500 Milliliter Speichel produziert. Die Zunge durchmischt und formt den Speisebrei und löst den Schluckreflex aus.

Im dehnbaren Magen bleibt der Nahrungsbrei unterschiedlich lange, je nachdem, ob die Nahrung leicht oder schwer verdaulich ist. Die Magenschleimhaut produziert Magensaft. Dieser enthält Magensäure, die viele Krankheitserreger abtötet und bei der Verdauung von Proteinen hilft. Außerdem befinden sich im Magensaft Enzyme, die die Proteine weiter zerlegen.

Dünndarm

Der Nahrungsbrei gelangt dann in den Dünndarm. Sein erster Abschnitt ist der Zwölffingerdarm. Er hat seinen Namen daher, dass er ungefähr so lang ist, wie zwölf nebeneinander gelegte Finger. In ihn münden die Ausführgänge von **Leber** und **Bauchspeicheldrüse**. Die Leber hat viele verschiedene Aufgaben. Für die Verdauung ist wichtig, dass sie Gallenflüssigkeit herstellt, die in der Gallenblase gespeichert und bei Bedarf in den Darm abgegeben wird. Die Gallenflüssigkeit zerteilt Fett in winzig kleine Tröpfchen, damit sich viele Verdauungsenzyme anlagern können, um die großen Fettteilchen zu spalten. Große Mengen an unverdautem Fett führen zu Durchfall. Der Bauchspeichel enthält verschiedene Enzyme für den Abbau aller Nährstoffe. Auch der Dünndarm selbst stellt Verdauungsenzyme her.

Im Dünndarm werden alle Nährstoffe vollständig verdaut. Die hierbei entstandenen Teilchen sind damit so klein, dass sie durch die Membran der Dünndarmzellen hindurch in die Blutgefäße aufgenommen werden können. Diesen Vorgang nennt man **Resorption**. Die innere Oberfläche des Darms dient also als Austauschfläche für die Aufnahme von Stoffen. Je größer diese Fläche ist, umso höher ist die Geschwindigkeit des Stoffaustauschs. Durch einen speziellen Aufbau ▷ Abb. 4 besitzt die Dünndarmwand eine stark vergrößerte Oberfläche. Dieses **Prinzip der Oberflächenvergrößerung** bedeutet, dass durch eine größere Fläche in der selben Zeit mehr Nährstoffteilchen durchtreten und ins Blut aufgenommen werden, als bei einer kleinen Fläche. Die Struktur des Dünndarms hängt also unmittelbar mit seiner Funktion zusammen.

Dickdarm

An der Einmündung des Dünndarms in den Dickdarm besitzen Menschen einen kurzen Blinddarm mit Wurmfortsatz, der der Abwehr von Krankheitserregern dient. Im Dickdarm wird vor allem Wasser aus den Nahrungsresten in den Körper zurückgeholt. Der Stuhl wird dadurch eingedickt. Darmbakterien, die für eine gesunde Verdauung notwendig sind, zersetzen einen Teil der für den Menschen unverdaulichen Stoffe und setzen so manche Vitamine frei. Die unverdaulichen Reste werden über den After ausgeschieden. Sind wir gesund, so ist der Stuhl dunkel und geformt. Bei Durchfall ist die Dickdarmschleimhaut nicht mehr fähig, genügend Wasser zurückzugewinnen. Daher bleiben die Ausscheidungen flüssig.

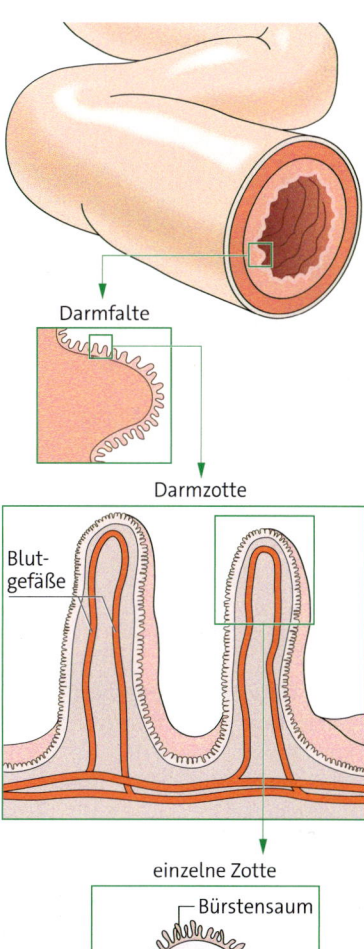

Darmfalte

Darmzotte

Blutgefäße

einzelne Zotte

Bürstensaum

Abb. 4 Dünndarmzotten mit Bürstensaum

A 5 Bei einem Dünndarm mit knapp drei Meter Länge und vier Zentimeter Durchmesser ist die Oberfläche durch Faltenbildung auf einen Quadratmeter vergrößert. Die Zotten bringen eine Vergrößerung auf zehn Quadratmeter. Der Bürstensaum der Zellen vergrößert die Gesamtfläche des Dünndarms auf 200 Quadratmeter, das entspricht der Größe eines Tennisplatzes.
Zeichne die angegebenen Flächen verkleinert, aber im richtigen Verhältnis auf ein kariertes DIN-A4-Blatt.

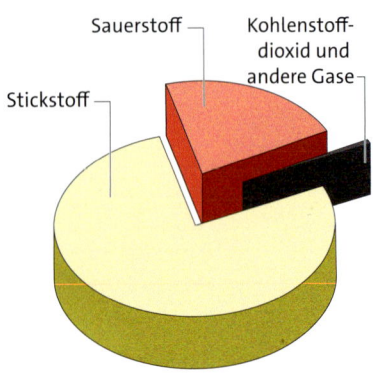

Abb. 1 Zusammensetzung der Luft

Luft

Die uns umgebende Luft ist eine Mischung verschiedener farbloser und durchsichtiger Gase. Den größten Anteil bildet Stickstoff, der bei der Atmung keine Rolle spielt. Etwa ein Fünftel der Luft macht der Sauerstoff aus, der für die Zellatmung benötigt wird. Kohlenstoffdioxid ist sehr wenig enthalten ▷ Abb. 1.

Weg der Atemluft und Atembewegungen

Beim Einatmen strömt die Luft zuerst durch die **Mundhöhle** oder die **Nasenhöhle**. Durch die Nase hindurch werden Staubteilchen aus der Luft gefiltert. Die Nasenschleimhaut erwärmt die kalte Luft und feuchtet sie an. Am **Rachen** vorbei gelangt die Luft durch den **Kehlkopf** in die **Luftröhre**. Der Kehlkopfdeckel kann die Luftröhre verschließen, damit beim Essen keine Nahrung in die Lunge gelangen kann. Der Kehlkopf enthält die Stimmbänder. Die Luftröhre gabelt sich in zwei Röhren, die **Bronchien**. Diese verzweigen sich in jedem **Lungenflügel** wie die Äste eines Baumes in immer dünnere Röhrchen ▷ Abb. 2. An deren Ende befinden sich winzige dünnwandige **Lungenbläschen** ▷ Abb. 3. Bis dorthin gelangt die Luft beim Einatmen. Beim Ausatmen nimmt sie den gleichen Weg zurück.

Die elastische Lunge besitzt keine Muskeln. Die Atemmuskulatur bewirkt Volumenveränderungen der Brusthöhle. Da sich zwischen Brusthöhle und Lunge ein dünner Flüssigkeitsfilm befindet, macht die Lunge jede Volumenveränderung mit. Bei der Bauchatmung ist das Zwerchfell abwechselnd flach oder nach oben gewölbt ▷ Abb. 2. Bei der Brustatmung arbeiten die Zwischenrippenmuskeln. Das Volumen der Brusthöhle wird durch Heben und Senken der Rippen verändert. Wenn sich die Brusthöhle erweitert, wird dadurch die Lunge auch auseinandergezogen und ihr Volumen vergrößert sich. Luft wird eingesaugt, das Einatmen erfolgt. Wenn sich die Brusthöhle verkleinert, wird Luft ausgepresst. Das ist das Ausatmen.

A1 Ordne mit Begründung folgende Angaben der Einatemluft und der Ausatemluft zu.
a) 21 % Sauerstoff, 0,04 % Kohlenstoffdioxid
b) 15 % Sauerstoff, 4,3 % Kohlenstoffdioxid

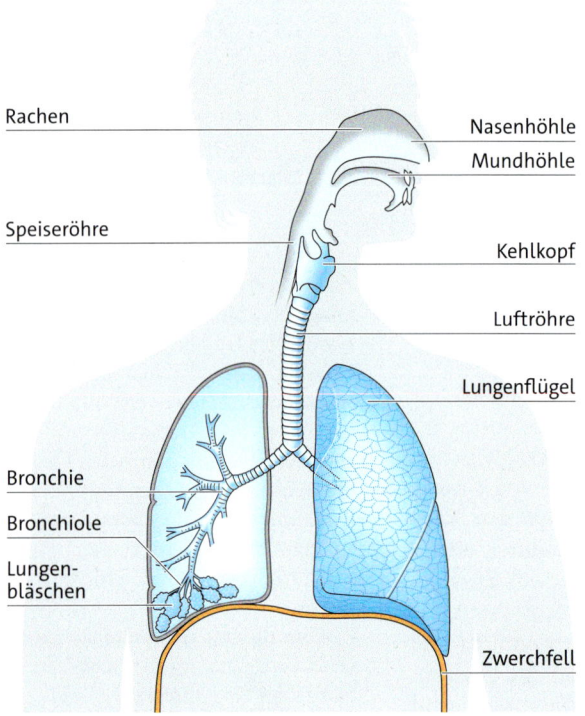

Abb. 2 Lage der Atmungsorgane

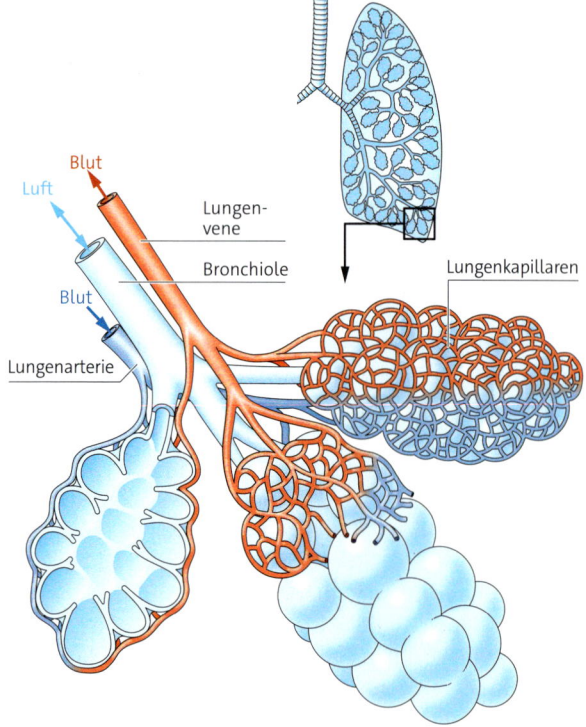

Abb. 3 Schematische Darstellung der Lungenbläschen

Gasaustausch zwischen Blut und Lungenbläschen

Jedes Lungenbläschen ist von einem dichten Netz sehr dünner Blutgefäße, den **Kapillaren**, umsponnen ▷ Abb. 3.
Sind die Lungenbläschen mit Einatemluft gefüllt, gelangen Sauerstoffteilchen durch die dünnen, feuchten Wände der Lungenbläschen und der Kapillaren aus der Luft in das Blut. Gleichzeitig treten Kohlenstoffdioxidteilchen aus dem Blut durch die Wände von Kapillaren und Lungenbläschen in die Luft im Lungenbläschen über ▷ Abb. 4. Dann wird ausgeatmet.

Durch den Gasaustausch zwischen Luft und Blut verändert sich der Anteil der Stoffe im Blut ▷ Abb. 4. Die zu den Lungenbläschen hinführenden Blutgefäße enthalten sauerstoffarmes, kohlenstoffdioxidreiches Blut. Üblicherweise wird Blut dieser Zusammensetzung blau gezeichnet. Die Blutgefäße, die von den Lungenbläschen wegführen, enthalten dagegen sauerstoffreiches, kohlenstoffdioxidarmes Blut. Dies wird vereinbarungsgemäß rot gezeichnet.

Gasaustausch zwischen Blut und Zellen

Mit dem Blut werden die Gase durch den ganzen Körper transportiert. Bei den Zellen erfolgt dann der Gasaustausch mit dem Blut in umgekehrter Richtung ▷ Abb. 5. Sauerstoffteilchen gelangen aus dem Blut durch die Wand der Kapillaren und die Zellmembran in die Zelle hinein. Kohlenstoffdioxidteilchen verlassen die Zelle durch die Zellmembran und die Wand der Kapillaren und gelangen ins Blut. Auch hier ändert sich also die Zusammensetzung des Blutes hinsichtlich des Anteils an Sauerstoff und Kohlenstoffdioxid. Aus sauerstoffreichem, kohlenstoffdioxidarmem Blut (rot gezeichnet) wird sauerstoffarmes, kohlenstoffdioxidreiches Blut (blau gezeichnet).

Oberflächenvergrößerung

Die äußere Oberfläche der Lungenflügel eines Erwachsenen beträgt weniger als einen Quadratmeter. In ihrem Inneren sind insgesamt etwa 300 Millionen Lungenbläschen enthalten. Könnte man alle Lungenbläschen flach nebeneinander ausbreiten, ergäbe das ungefähr eine Fläche von 100 Quadratmeter. Diese enorme innere Oberfläche ermöglicht es, dass Sauerstoffteilchen und Kohlenstoffdioxidteilchen schnell und in großer Anzahl zwischen Umgebung und Blut ausgetauscht werden können.
Wie bei der Darmwand ist bei der Lunge das **Prinzip der Oberflächenvergrößerung** verwirklicht.

Zusammenspiel von Organisationsebenen

In der Lunge gibt es verschiedene **Zellen**, die unterschiedliche Aufgaben erfüllen können. Die Lungenbläschenzellen sind zum Beispiel für den Gasaustausch zuständig. Zellen mit gleichem Aufbau und gleicher Aufgabe werden zusammengefasst als **Gewebe** bezeichnet. Alle Lungenbläschenzellen zusammen bilden also das Lungenbläschengewebe. Die Lunge enthält neben dem Lungenbläschengewebe unter anderem auch Bronchiengewebe, Blutgefäßgewebe und Bindegewebe, damit sie ihre Aufgabe als Atmungsorgan erfüllen kann. Ein **Organ** ist aus verschiedenen Geweben aufgebaut. Zusammen mit allen anderen Organen ist die Lunge Teil des **Organismus**.

Damit der Organismus Mensch die unterschiedlichsten Aufgaben bei der Bewältigung der Lebensanforderungen erfüllen kann, müssen also die verschiedenen **Organisationsebenen** in einem fein abgestimmten Zusammenspiel zusammenwirken.

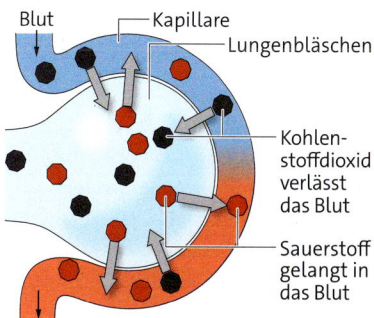

Abb. 4 Gasaustausch Blut – Lungenbläschen

Blut — Kapillare — Lungenbläschen
Kohlenstoffdioxid verlässt das Blut
Sauerstoff gelangt in das Blut

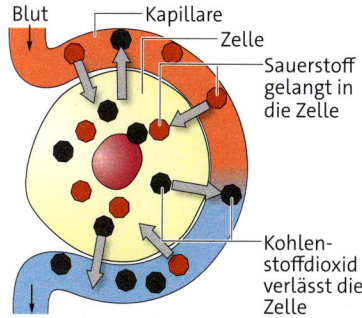

Abb. 5 Gasaustausch Blut – Zellen

Blut — Kapillare — Zelle
Sauerstoff gelangt in die Zelle
Kohlenstoffdioxid verlässt die Zelle

Abb. 6 Bauklotzwürfel

A 2 Baue einen Würfel aus Bauklötzen ▷ Abb. 6. Bedecke seine obere Fläche mit lauter gleichen Münzen. Berechne, wie viele Münzen auf die gesamte Oberfläche des Würfels passen. Lege dann alle Bauklötze einzeln nebeneinander und stelle fest, wie viele Münzen jetzt auf die Gesamtoberfläche aller Klötze passen. Mithilfe dieses Modellversuchs wird die Bedeutung der Oberflächenvergrößerung beim Gasaustausch in der Lunge dargestellt. Vergleiche das Modell mit der Wirklichkeit.

Untersuchungen von Atemgasen und Lebensmitteln

Kalkwasser
Gefahr

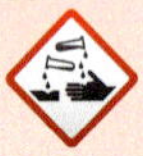

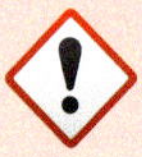

H315
H318
H335
P280
P301 + P310
P302 + P352
P305 P351
P310 P261
P304 + P340

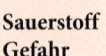

Kohlenstoffdioxid
Gefahr

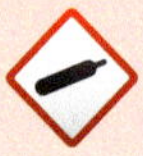

H280
P403

Sauerstoff
Gefahr

H270 H280
P244 P220
P370 + 376
P403

Lugolsche
Lösung
Achtung

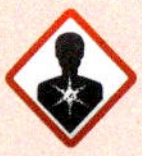

H373
P260
P314

Abb. 1 Gefahrstoffhinweise

Einfacher Kohlenstoffdioxidnachweis – Kalkwasserprobe

(Demonstrationsversuch durch die Lehrkraft)
Material: Erlenmeyerkolben, Kalkwasser, Kohlenstoffdioxid, Sauerstoff, Schutzbrille, Gefahrstoffhinweise ▷ Abb. 1

Methode:
1. Kalkwasser wird etwa zwei Zentimeter hoch in zwei Erlenmeyerkolben gefüllt.
2. Im ersten Kolben wird gasförmiges Kohlenstoffdioxid in die Flüssigkeit eingeleitet, im zweiten Kolben gasförmiger Sauerstoff.
3. Notiere deine Beobachtungen ▷ Abb. 2.

Kohlenstoffdioxid in der Ein- und Ausatemluft

Material: Erlenmeyerkolben, Strohhalm, Luftpumpe, Kalkwasser, Schutzbrille, Gefahrstoffhinweise ▷ Abb. 1

Methode:
1. Fülle Kalkwasser etwa zwei Zentimeter hoch in zwei Erlenmeyerkolben.
2. Blase im ersten Gefäß mit einem Strohhalm Ausatemluft durch das Kalkwasser. Achte darauf, dass du nur ausatmest. Kalkwasser darf nicht in den Mund gelangen. Blase im zweiten Gefäß mit einer Luftpumpe Einatemluft durch das Kalkwasser ▷ Abb. 3. Stelle vor der Durchführung begründete Hypothesen zu den zu erwartenden Beobachtungen auf.
3. Notiere die Beobachtungen und formuliere eine Erklärung.

Einfacher Fettnachweis – Fettfleckprobe

Material: Papier, Wasser, Sonnenblumenöl

Methode:
1. Trage auf ein Blatt Papier getrennte Flecken von Wasser und Sonnenblumenöl auf.
2. Lasse den Fettfleck und den Wasserfleck trocknen.
3. Halte das Papier gegen das Licht.
4. Notiere deine Beobachtungen ▷ Abb. 4.

Abb. 2 Kalkwasserprobe

Abb. 3 Einatemluft und Ausatemluft

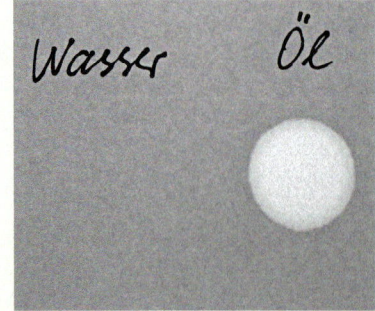

Abb. 4 Fettfleckprobe

Fettnachweis bei verschiedenen Lebensmitteln

Material: Papier, verschiedene flüssige oder feste Lebensmittel, zum Beispiel Olivenöl, Butter, Margarine, Wurst, Nusskerne, Milch, Käse, Brot …

Methode:
1. Führe mit jedem Lebensmittel die Fettfleckprobe durch (Flüssigkeiten auf das Papier tropfen, feste Lebensmittel aufdrücken, Nüsse halbieren und aufdrücken, Zitronenschale mit Außenseite fest aufdrücken). Beschrifte jeden Fleck mit dem Namen des Lebensmittels.
2. Fertige zur Auswertung eine Tabelle an ▷ Tab. 1.

Getestetes Lebens-mittel	Beobach-tung	Erklärung
Wasser	kein durch-scheinen-der Fleck	kein Fett enthalten
Sonnen-blumenöl	stark durch-scheinen-der Fleck	viel Fett enthalten
Milch	durch-scheinen-der Fleck	

Tab. 1 Auswertungstabelle Fettnachweis

Einfacher Stärkenachweis – Iodprobe

Material: Reagenzgläser, Pipette, Wasser, Speisestärke oder Mehl, Iod-Kaliumiodid-Lösung (Lugolsche Lösung), Schutzbrille, Gefahrstoffhinweise ▷ Abb. 1

Methode:
1. Fülle zwei Reagenzgläser zu einem Drittel mit Wasser.
2. Gib bei einem Reagenzglas etwas Stärke dazu und schüttele: Es entsteht eine weißlich trübe Flüssigkeit.
3. Tropfe in beide Reagenzgläser etwas Iod-Kaliumiodid-Lösung ▷ Abb. 5.
4. Notiere deine Beobachtungen.

Stärkenachweis bei verschiedenen Lebensmitteln

Material: Reagenzgläser, Petrischalen, Iod-Kaliumiodid-Lösung (Lugolsche Lösung), verschiedene flüssige oder feste Lebensmittel, zum Beispiel Brot, Toast, Zwiebel, Kartoffel, Banane, Zitrone, Limonade, Öl …, Schutzbrille, Gefahrstoffhinweise ▷ Abb. 1

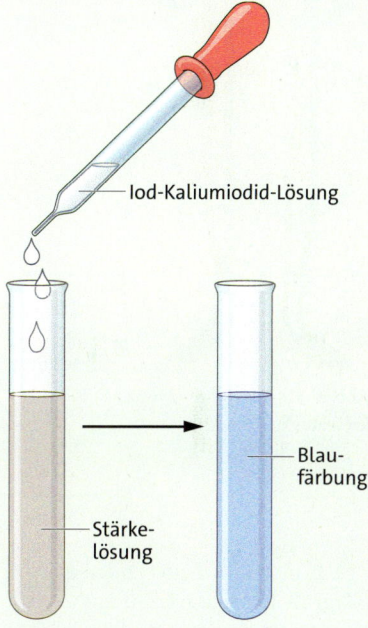

Iod-Kaliumiodid-Lösung

Blau-färbung

Stärke-lösung

Abb. 5 Iodprobe

Methode:
1. Führe mit jedem Lebensmittel die Iodprobe durch (Flüssigkeiten in ein Reagenzglas geben und Iod-Kaliumiodid-Lösung zutropfen, feste Lebensmittel in eine Petrischale legen und Iod-Kaliumiodid-Lösung darauf tropfen, Lebensmittel mit Schale vorher aufschneiden).
2. Notiere deine Beobachtungen. Fertige zur Auswertung eine Tabelle an.

Stärkekörner unter dem Mikroskop

Material: Mikroskop, Objektträger, Deckgläschen, Messer, Iod-Kaliumiodid-Lösung (Lugolsche Lösung), Wasser, Kartoffel, Schutzbrille, Gefahrstoffhinweise ▷ Abb. 1

Methode:
1. Schneide die Kartoffel durch. Schabe mit dem Messer Kartoffelmasse ab.
2. Gib etwas davon auf einen Objektträger, setze einen Tropfen Wasser zu, decke die Mischung mit einem Deckglas ab. Fertige ein zweites Präparat mit Iod-Kaliumiodid-Lösung statt Wasser an.
3. Mikroskopiere die Präparate bei verschiedenen Vergrößerungen.
4. Zeichne ein Stärkekorn bei möglichst starker Vergrößerung ▷ Abb. 6.

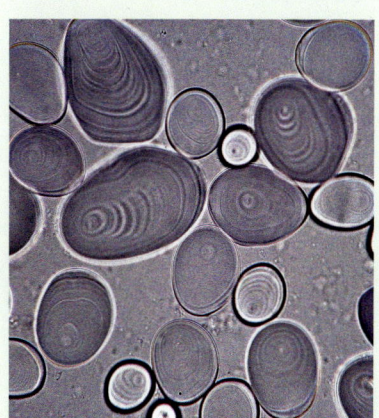

Abb. 6 Stärkekörner einer Kartoffel

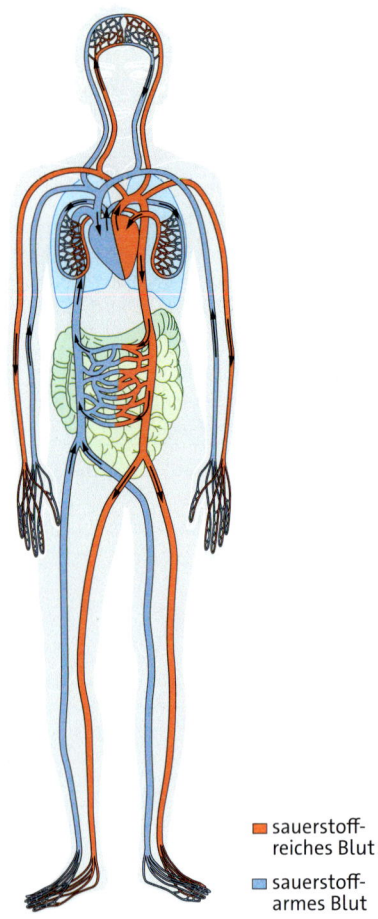

sauerstoff-
reiches Blut

sauerstoff-
armes Blut

Abb. 1 Schema des geschlossenen Blut-
kreislaufs

Entdeckung des Blutkreislaufs

Die Menschen im Mittelalter glaubten, das Blut würde auf seiner Wande-
rung durch die Adern an deren Enden versickern. Die Leber sollte neues
Blut angeblich immer wieder nachbilden.

Vor 400 Jahren entdeckte der englische Arzt William Harvey mithilfe des
damals neu erfundenen Lichtmikroskops, dass die Adern nicht einfach bei
den Geweben, die sie mit Blut versorgen, enden. Er erkannte stattdessen,
dass sie sich dort in sehr feine Blutgefäße verzweigen und sich anschließend
wieder zu größeren Blutgefäßen vereinigen.

Die Adern bilden also einen **geschlossenen Blutkreislauf**, in dem das Blut
durch den Körper kreist und den es nie verlässt ▷ Abb. 1.

Blutgefäße

Arterien sind Blutgefäße, in denen das Blut vom Herzen wegströmt. Das
Herz pumpt das Blut schubweise in die Arterien. Diese Druckwellen kann
man als Pulsschlag fühlen.

Venen sind Adern, in denen das Blut zum Herzen zurückfließt. Sie liegen
oft dicht unter der Haut und zeichnen sich bläulich ab.

Kapillaren sind sehr feine Blutgefäße. Ihr Durchmesser beträgt zum Teil
nur 0,01 Millimeter, das heißt, sie sind zehnmal dünner als ein menschli-
ches Haar. Die Kapillaren verzweigen sich in den Geweben zu einem dichten Netz, um das Blut zu allen Zellen zu bringen ▷ Abb. 1, 2. Ihre Wände
sind extrem dünn, sodass aus den Kapillaren Substanzen wie Sauerstoff und
Nährstoffe zu den Zellen entweichen können. Durch sie gelangen aber auch
Stoffe wie Kohlenstoffdioxid von den Zellen wieder ins Blut.

In den meisten Organen liegen die Kapillaren zwischen den Arterien und
Venen und verbinden diese letztendlich.

A 1 In der Medizin werden die
Begriffe Lungenkreislauf und
Körperkreislauf verwendet.
Beurteile, ob man von einem ech-
ten Lungen- beziehungsweise Kör-
perkreislauf sprechen kann. ▷ 📖

A 2 „In den Arterien fließt immer
sauerstoffreiches, in den Venen
immer sauerstoffarmes Blut."
Nimm zu dieser Aussage begründet
Stellung.

A 3 Informiere dich, was man
unter einer Schlagader versteht.

A 4 Erkläre, was durch den
Wechsel der Zeichenfarbe von rot
nach blau in den Kapillaren dargestellt werden soll. ▷ Abb. 1, 2

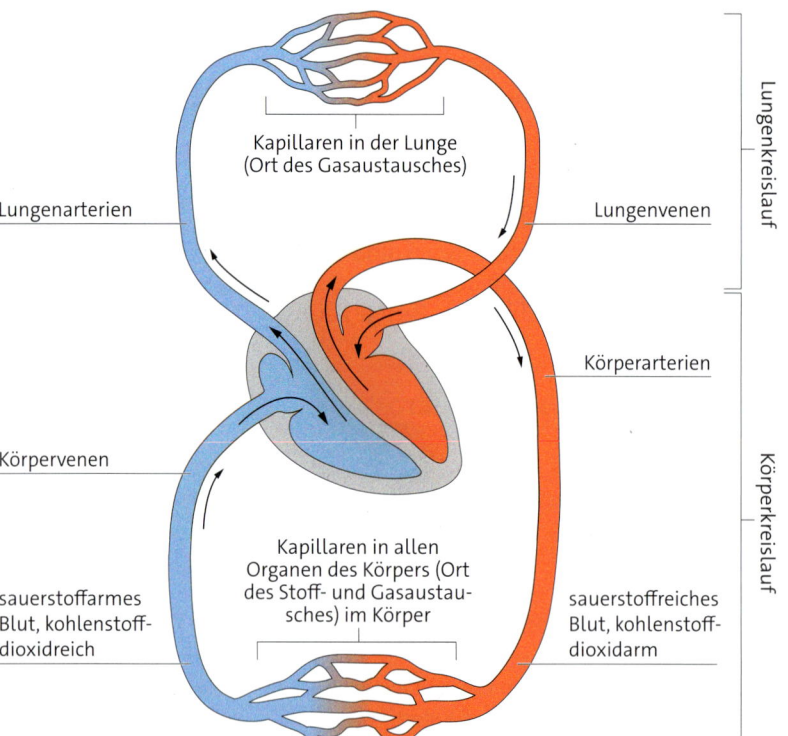

Abb. 2 Arterien, Venen und Kapillaren im Blutkreislauf, schematische Darstellung

Herz

Unser Herz sorgt dafür, dass das Blut in den Gefäßen ständig in Bewegung ist. Es pumpt das Blut in die Arterien und saugt Blut aus den zuführenden Venen an. Das Herz wird durch die Herzscheidewand in eine rechte und eine linke Herzhälfte unterteilt. Jede Herzhälfte besteht aus einer kleineren Kammer, dem Vorhof, und einer größeren Herzkammer. Sie sind von Muskelgewebe umgeben und mit Blut gefüllt. Die Herzklappen sorgen als Ventile dafür, dass das Blut nur in eine Richtung fließen kann ▷ Abb. 3.

Der Herzmuskel zieht sich etwa 70-mal pro Minute rhythmisch zusammen. Dadurch wird das Volumen der Herzkammern verringert und das Blut aus den Herzkammern in die Arterien gedrückt. Wenn sich der Herzmuskel anschließend entspannt und sich die Kammern wieder erweitern, wird neues Blut aus den Venen in die Herzhälften gesaugt.

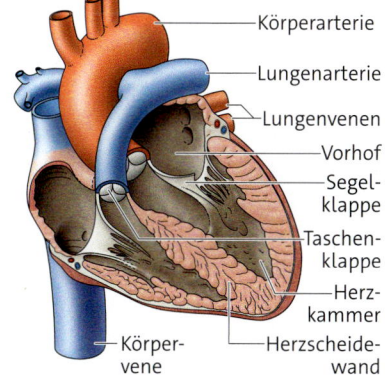

Körperarterie

Lungenarterie

Lungenvenen

Vorhof

Segelklappe

Taschenklappe

Herzkammer

Körpervene

Herzscheidewand

Abb. 3 Schematischer Bau des Herzens

Blutkreislauf

Aus der Lungenvene strömt das Blut über den linken Vorhof in die linke Herzkammer. Der Muskel der linken Herzhälfte pumpt es in die große Körperarterie, die Aorta, und deren Abzweigungen. So gelangt das Blut in alle Teile des Körpers. In den Organen verzweigen sich die Arterien in immer dünnere Blutgefäße, die Kapillaren. Sie umgeben die Körperzellen und versorgen diese mit Sauerstoff und Nährstoffen. An den Körperzellen findet ein Gasaustausch statt. Sauerstoff gelangt in die Zellen und Kohlenstoffdioxid in das Blut. Das Abgeben des Sauerstoffs bewirkt eine Farbänderung des Blutes. Es wird dunkler.

Das dunkelrote Blut sammelt sich in den Venen, die sich zu den großen Körpervenen vereinen, und strömt zur rechten Herzhälfte. Über den rechten Vorhof gelangt es in die rechte Herzkammer. Zieht sich diese zusammen, wird das Blut in die Lungenarterie gepresst. In der Lunge wird das Kohlenstoffdioxid aus dem Blut in die Lungenbläschen abgegeben und ausgeatmet. Der eingeatmete Sauerstoff bindet sich nach dem Gasaustausch an den Farbstoff Hämoglobin in den roten Blutkörperchen, die für seinen Transport zuständig sind. Dabei wird das Blut hellrot. Die Lungenvene transportiert es in die linke Herzhälfte zurück.
Damit ist eine Runde im Kreislauf vollendet ▷ Abb. 2.

A 5 Ausdauersportler haben oft ein vergrößertes Herz. Erkläre diesen Befund.

A 6 Der Muskel, der die linke Herzkammer umgibt, ist deutlich dicker und stärker, als der der rechten Herzhälfte. Erkläre diese Beobachtung. ▷ 📖

A 7 Berechne, wie viele Schläge dein Herz am Tag (24 Stunden) macht, wenn es durchschnittlich 70-mal in der Minute schlägt. ▷ 📖

A 8 Vergleiche die Schemazeichnung ▷ Abb. 3, das Kunststoffmodell ▷ Abb. 5 und das Foto des präparierten Herzens ▷ Abb. 4 bezüglich der zu entnehmenden Informationen.

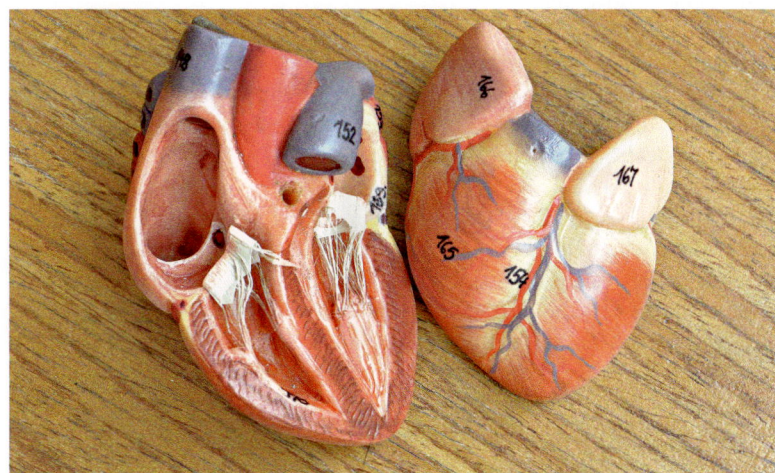

Abb. 5 Kunststoffmodell des Herzens

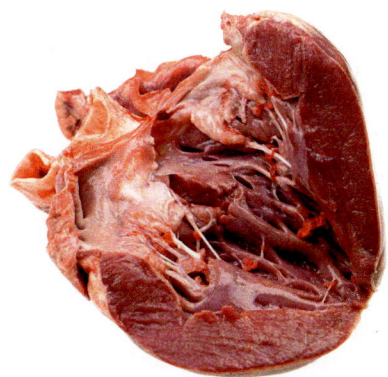

Abb. 4 Präpariertes Schweineherz

Abb. 1 Ruhen

Abb. 2 Körperliche Aktivität

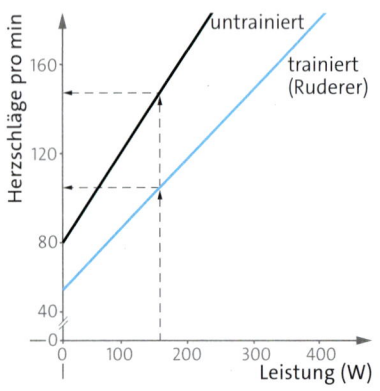

Abb. 3 Vergleich der Herzfrequenz zwischen einem trainierten und untrainierten Menschen

A1 Fasse die wesentliche Aussage des in Abbildung 3 dargestellten Diagramms zusammen.

A2 Stelle Vermutungen (Hypothesen) auf, warum es zu diesen Unterschieden in der Herzfrequenz zwischen einem trainierten und einem untrainiertem Erwachsenen kommt.
Verwende dazu auch die Abbildung 3.

Herzschlag und Atemfrequenz

Der Atem geht ruhig, wenn man entspannt im Sessel sitzt ▷ Abb. 1. Ganz anders ist es beim Sport ▷ Abb. 2: Arbeiten die Muskeln auf vollen Touren, so erhöht sich neben der Atemfrequenz auch der Pulsschlag. Das Herz klopft spürbar schneller und man muss auch öfter tief atmen.

Ruhezustand und Grundumsatz

Lebewesen benötigen ständig Energie, da die Organe selbst im Schlaf aktiv sind. Allerdings ist der Energiebedarf in Ruhe deutlich geringer als bei körperlicher Belastung. Als Grundumsatz ist die Energiemenge definiert, die der Körper pro Tag bei völliger Ruhe und einer Umgebungstemperatur von etwa 28 °C benötigt. Frauen benötigen dabei mit etwa 5 800 Kilojoule pro Tag etwas weniger Energie als Männer mit etwa 7 300 Kilojoule pro Tag.

Körperliche Aktivität und Leistungsumsatz

Strengt man sich körperlich an, so muss in den Muskeln durch Zellatmung mehr Energie für die Bewegung bereitgestellt werden. Dazu brauchen sie mehr Sauerstoff und Nährstoffe als im Ruhezustand. Die Lunge kann sich an die erhöhte Sauerstoffnachfrage anpassen, indem die Bronchien weiter und die Atemzüge tiefer werden, sodass pro Atemzug mehr Luft in die Lunge gelangt. Außerdem atmet man bei Belastung häufiger. Überschüssiger Zucker wird nach dem Essen in Muskeln und Leber zwischengespeichert. Von dort gelangt er bei erhöhtem Bedarf ins Blut. Sind diese Speicher leer, greift der Körper auf die Fettreserven zurück, um daraus die benötigte Energie zu gewinnen. Das Blut, das die Muskeln mit Sauerstoff und Nährstoffen versorgt, fließt bei Belastung in den Blutgefäßen schneller, damit mehr dieser Stoffe pro Zeit zu den Organen transportiert werden. Dazu pumpt das Herz öfter und mit jedem Schlag mehr Blut als im Ruhezustand.

Als Leistungsumsatz wird die Energiemenge bezeichnet, die der Körper innerhalb eines Tages über den Grundumsatz hinaus benötigt. Diese zusätzliche Energiemenge wird vor allem für Muskelarbeit verwendet. Wenn man zum Beispiel eine halbe Stunde Klavier spielt, verbraucht der Körper zusätzlich etwa 160 Kilojoule. Eine Stunde leichte Gymnastik benötigt schon über 300 Kilojoule und bei körperlich anstrengenden sportlichen Tätigkeiten verbraucht man etwa doppelt so viel Energie wie in Ruhe.

Sportliche Betätigung

Um die Kondition, das heißt Kraft, Ausdauer, Schnelligkeit und Beweglichkeit, zu verbessern, sollte man regelmäßig Sport treiben. Ein spürbarer Trainingseffekt für das Herz-Kreislauf-System entsteht schon, wenn der Körper mindestens drei mal pro Woche mehr als 20 Minuten belastet wird. Besonders geeignete Sportarten sind Joggen, Radfahren, Inlineskaten, Walken und Schwimmen.

Ausgewogene Ernährung

Mangelnde Bewegung und falsche Ernährung können zu Übergewicht führen und das Herz-Kreislauf-System gerade älterer Menschen belasten, wenn sich mit den Jahren Ablagerungen, zum Beispiel aus Fett, in den Blutgefäßen bilden und diese dann verengen. Als Folge können Bluthochdruck oder sogar ein Herzinfarkt oder Schlaganfall entstehen. Um dem vorzubeugen, ist es wichtig, sich möglichst ausgewogen zu ernähren ▷ S. 55.

Untersuchungen zu Herzschlag- und Atemfrequenz

Herzfrequenz messen – Pulsschlag fühlen

Möchte man die Anzahl seiner Herzschläge pro Minute ermitteln, so misst man in der Regel seinen Pulsschlag. Wenn sich die Herzkammern bei einem Herzschlag zusammenziehen, pumpen sie das in ihnen enthaltene Blut mit einer großen Druckwelle in die Arterien. Diese Blutwelle wandert durch die Arterie und dehnt deren Wand für Sekundenbruchteile aus. Diese Ausdehnung kann man durch die Haut wahrnehmen und als Pulsschlag, zum Beispiel in der Nähe des Handgelenks oder am Hals, spüren ▷ Abb. 4, 5. Die Anzahl unserer Pulsschläge entspricht also der Anzahl unserer Herzschläge.

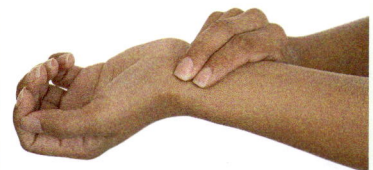

Abb. 4 Pulsmessung am Handgelenk

Ruhepulsbestimmung

Material: Stoppuhr

Methode:
Miss, wie oft dein Herz in einer Minute schlägt, wenn du ruhig auf deinem Stuhl sitzt, indem du deinen Pulsschlag zählst.

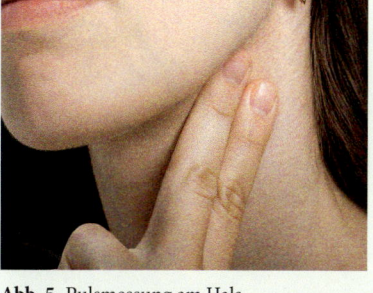

Abb. 5 Pulsmessung am Hals

Pulsbestimmung bei körperlicher Aktivität

Material: Stoppuhr

Methode:
1. Führe zehn Kniebeugen hintereinander durch und miss gleich danach deinen Puls eine Minute lang.
2. Vergleiche deinen Puls bei körperlicher Aktivität mit deinem Ruhepuls und erkläre die Ursache für den Unterschied ▷ S. 64.
3. Führe erneut zehn Kniebeugen durch und miss dann, wie lange es dauert, bis du nach der körperlichen Aktivität wieder deinen Ruhepuls erreichst.
4. Vergleicht eure Messwerte innerhalb der Klasse.

Hinweis: Die Fähigkeit des Herzens, mehr Blut pro Schlag auszustoßen, kann durch regelmäßige sportliche Aktivität verbessert werden. Bei trainierten Menschen schlägt deshalb das Herz bei Belastung deutlich langsamer als bei untrainierten ▷ Abb. 3.

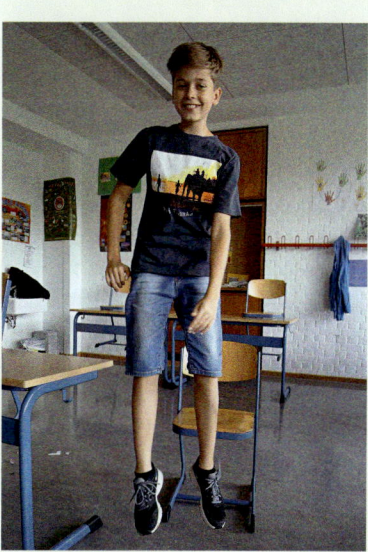

Abb. 6 Atmung nach Bewegung

Atemfrequenzmessung

Material: Stoppuhr

Methode:
1. Sitze ruhig auf deinem Stuhl und bestimme die Anzahl deiner Atemzüge in einer halben Minute.
2. Hüpfe dann auf der Stelle zehn mal hintereinander in die Luft ▷ Abb. 7 und zähle erneut die Anzahl deiner Atemzüge.
3. Vergleiche die Anzahl deiner Atemzüge bei Ruhe und bei körperlicher Aktivität und erkläre die Ursache für den Unterschied.
4. Hüpfe erneut ein paarmal und beschreibe – unabhängig von der Häufigkeit der Atemzüge – was sich an der Art und Weise deiner Atmung im Vergleich zur Ruheatmung verändert.

Abb. 7 Hüpfendes Kind

Abb. 1 Florian und Marie im Gespräch

Abb. 2 Florian und Marie beim Sport

Leistungsfähig beim Sport und im Alltag

Florian und Marie sind seit Kurzem Mitglieder in einem Fußballverein. Natürlich wollen sie möglichst bald und sooft es geht bei Punktspielen auf dem Spielfeld stehen. Deshalb bitten sie ihren Trainer, Herrn Meier, um Tipps ▷ Abb. 1.

Florian: Worauf sollen wir denn achten, um im Fußball erfolgreich und gut zu sein?

Marie: Ja, wobei sollen wir uns denn besonders Mühe geben? Wir wollen möglichst bald Stammspieler sein.

Herr Meier: Natürlich müsst ihr regelmäßig am Training teilnehmen, das ist ja klar. Hier erkläre ich euch, wie ihr eure Schusstechnik verbessern könnt. Wir üben Spielzüge ein und ihr lernt etwas über Taktik und Regeln beim Fußball.

Wichtig ist aber zusätzlich, dass ihr körperlich und geistig leistungsfähig seid, um im Spiel genügend Kondition zu haben und auf neue Spielsituationen schnell und richtig zu reagieren. Dafür seid ihr im Großen und Ganzen selbst verantwortlich. Ihr müsst euren Alltag möglichst gesund gestalten.

Am besten überlegt ihr euch, welche Körperteile und Organe beim Sport besonders wichtig sind. Dann findet ihr schnell heraus, worauf ihr im Speziellen achten müsst, damit Reaktionsfähigkeit und körperliche Voraussetzungen optimal sind. Nächstes Mal habe ich dann ein bisschen mehr Zeit, dann könnt ihr mir erzählen, was ihr herausgefunden habt.

Maries und Florians Liste

Marie fängt gleich zu überlegen an und im Laufe der Woche stellt sie gemeinsam mit Florian eine umfangreiche Liste mit sinnvollen Gesundheitstipps zusammen.

1. Iss nicht zu viel und nicht zu wenig.
2. Iss wenig Zucker und Fett.
3. Iss Milchprodukte, damit du ausreichend Calcium zu dir nimmst.
4. Nimm ausreichend Eiweiß mit der Nahrung auf.
5. Trinke Wasser, wenn du Durst hast.
6. Treibe täglich 20 Minuten leichten Sport.
7. Schlafe zehn Stunden pro Tag.
8. Höre über Kopfhörer nur leise Musik.
9. Verbringe nicht zu viel Zeit am Computerbildschirm.
10. Plane möglichst wenige Termine, habe möglichst viel freie Zeit.

Herr Meier ist richtig begeistert, als sie ihm die Liste beim nächsten Training zeigen. Er freut sich, dass Marie und Florian so viele passende Ideen hatten. Wenn sie ihre eigenen Tipps selber befolgen, meint er, sollten sie mit ihrer körperlichen und geistigen Leistungsfähigkeit eigentlich keine Probleme haben.

Marie und Florian freuen sich riesig über das Lob und nehmen sich vor, die Tipps zu befolgen und auch fleißig zu trainieren, damit es mit dem Stammplatz bald klappt ▷ Abb. 2.

A 1 Nenne die Körperteile und Organe, die beim Fußball besonders wichtig sind. ▷

A 2 Erläutere, warum die einzelnen Gesundheitstipps von Florian und Marie sinnvoll sind. Ergänze Florians und Maries Liste.

Florians Entscheidung

Die Hausaufgaben sind erledigt. Das Wetter ist schön. Florian schnappt sich seinen Fußball und macht sich auf den Weg zum Bolzplatz. „Hoffentlich sind Oliver und seine Clique heute nicht da!", denkt er sich.

Seit Oliver vor drei Wochen zum ersten Mal eine Schachtel Zigaretten mitgebracht hat, kommt öfter kein richtiges Spiel mehr in Gang. Oliver sagt meist: „Ich brauch' erst mal eine Kippe!" Und fünf oder sechs Jungs und Mädchen bleiben stehen und rauchen, statt Fußball zu spielen. Oliver hat erzählt, dass er die Zigaretten von seiner Mutter klaut, sie hat immer einen Vorrat zu Hause und hat bis jetzt nichts davon bemerkt. Florians Freund Max hat das Rauchen auch einige Male ausprobiert. Wenn Oliver da ist, steht er oft lieber bei den scheinbar coolen Typen herum, als mit Florian zu kicken.

Am Bolzplatz angekommen, sieht Florian, dass es leider auch heute wieder so ist ▷ Abb. 3. Als er an der Rauchergruppe vorbeigeht, ruft er: „Hey, Max! Kommst du?" Aber Max winkt ab. „Ich rauch' erst noch eine. Probier doch auch mal! Du kannst eine von Oliver haben." Auch die anderen versuchen Florian zu überreden: „Ja, komm. Sei kein Baby!" „Kicken kannst du auch später noch." „Hast du Angst, dass deine Mami was erfährt?" „Ach, lasst ihn, der ist doch eh zu feig."

Auf dem Rasen kicken schon Martin, Franz und Marie, Florians Klassenkameraden. Sie rufen: „Hi, Florian! Super, dass du endlich da bist! Wir haben schon gehofft, dass du noch kommst." „Lass doch die Idioten qualmen und sich ihre Gesundheit alleine ruinieren!"

Florian gehen eine Menge Gedanken durch den Kopf ▷ Abb. 4. Soll er eine Zigarette probieren oder soll er nicht?

Abb. 3 Florian muss sich entscheiden

Abb. 4 Florian gehen viele Gedanken durch den Kopf

A 3 Formuliere für die leeren Denkblasen in Abbildung 4 weitere Gedanken, die Florian durch den Kopf gehen könnten.

Teile die Gedanken in zwei Gruppen ein: Gründe, die dafür sprechen, und Gründe, die dagegen sprechen, dass Florian eine Zigarette probieren soll.

A 4 Stell dir vor, du bist in einer ähnlichen Situation wie Florian. Du hast dich aber schon entschieden: Du möchtest keine Zigarette rauchen. Lass dir Antworten einfallen, die du den Rauchern auf ihre Bemerkungen und verächtlichen Sprüche im Vorbeigehen gibst. Vielleicht spielt ihr die Situation in der Klasse mit verteilten Rollen durch?

Suche dir aus allen Antwortvorschlägen deiner Klasse einige aus, die dir gefallen und gut zu dir passen.

Gefährdungen durch das Rauchen

Abb. 1 Rauchen – nein danke

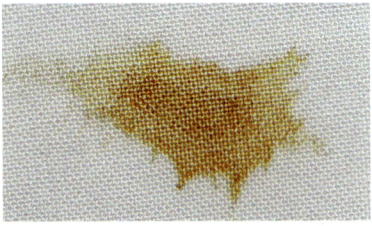

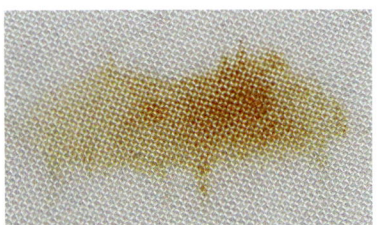

Abb. 2 Teergehalt des Tabakrauchs vor (oben) und nach (unten) einem Lungenzug

Suchtgefahr und Schädigungen des Körpers

Mit dem Tabakrauch werden ungefähr 4 000 gesundheitsgefährdende Stoffe eingeatmet.

Das süchtig machende Nikotin dockt an Nervenzellen im Gehirn an und täuscht dadurch das Nervensystem. So werden die Aufmerksamkeits- und Gedächtnisleistungen zunächst vermeintlich gesteigert. Außerdem wird vom „Belohnungssystem" des Gehirns fälschlicherweise signalisiert, dass man etwas Gutes getan hat, das man öfter machen soll.

Kohlenstoffmonoxid blockiert die roten Blutkörperchen, Teer verklebt die Atemwege und Nikotin verengt die Blutgefäße. So wird die Sauerstoffversorgung des gesamten Körpers vermindert. Die Leistungsfähigkeit nimmt ab, man ist müde und unkonzentriert.

Längerfristige Auswirkungen des Rauchens sind unschöne, gelblich verfärbte „Nikotinfinger" und „Raucherzähne". Raucher haben häufiger Zahnfleischentzündung und Zahnausfall als Nichtraucher. Durchblutungsstörungen und Bluthochdruck treten auf. Die Gefahr eines Gefäßverschlusses erhöht sich. Das Risiko für Herzinfarkt und Schlaganfall wird größer.

Tabakteer ist außerdem stark krebserregend. Die Wahrscheinlichkeit, an Lungenkrebs zu erkranken, ist bei Rauchern wesentlich höher als bei Nichtrauchern.

Nichtraucher, die regelmäßig passiv rauchen, also die gefährlichen Stoffe mit dem Rauch eines anderen einatmen, sind fast ebenso gefährdet wie der Raucher selbst.

Abhängigkeit

Von seelischer Abhängigkeit spricht man, wenn der Gebrauch eines Suchtmittels zu einem Zustand der Zufriedenheit führt und ein starkes seelisches Bedürfnis auftritt, es immer wieder oder ständig zu verwenden. Körperliche Abhängigkeit zeigt sich daran, dass sich der Körper an das Suchtmittel gewöhnt und deshalb immer höhere Mengen für die gleiche Wirkung nötig sind. Nach seinem Absetzen treten dann Entzugserscheinungen auf.

Ein Abhängiger kann nur schlecht kontrollieren, wann und wie oft er das Suchtmittel verwendet. Andere Interessen werden vernachlässigt. Das Suchtverhalten wird fortgeführt, obwohl seine Schädlichkeit eindeutig nachgewiesen ist ▷ Tab. 1.

A 1 Tabakteer ist ein dickes und klebriges Stoffgemisch. Er wird mit dem Tabakrauch in Form von winzigen Tröpfchen eingeatmet. Wird Tabakrauch vor und nach einem Lungenzug durch ein weißes Stofftuch geblasen, ergibt sich ein Unterschied ▷ Abb. 2. Beschreibe und erkläre diesen Unterschied mithilfe von Abbildung 3.

A 2 Erkläre, warum Rauchen die Aufmerksamkeits- und Gedächtnisleistungen nur „vermeintlich" steigert.

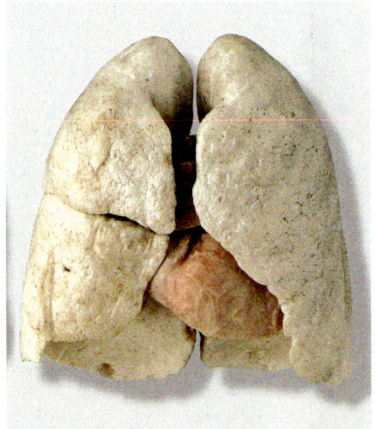

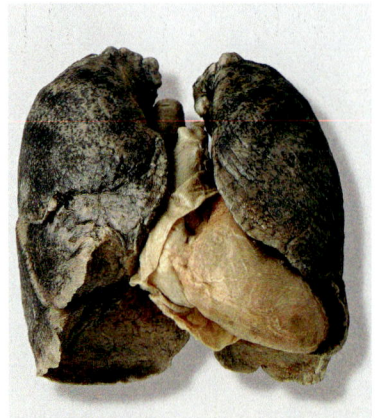

Abb. 3 Nichtraucherlunge – Raucherlunge

Nichtraucher bleiben

Die meisten Menschen in Deutschland sind Nichtraucher. Nicht mit dem Rauchen anfangen ist dabei das beste Mittel, um Nichtraucher zu bleiben ▷ Abb. 1. Wer stark genug ist, um der Neugierde, den Verführungsversuchen und dem Druck durch andere zu widerstehen, setzt sich nicht der Gefahr aus, eine Abhängigkeit zu entwickeln. Das „Nein!" sagen zu können zu anderen und auch zu sich selbst ist dabei die wichtigste Fähigkeit, die man trainieren und entwickeln muss.

In vielen Schulen gibt es eine Lehrkraft als Ansprechpartner für die Suchtprävention und es werden Präventionsveranstaltungen für Schüler angeboten. Diese Angebote tragen dazu bei, die Gefahren bewusst zu machen. Die verstärkte Aufklärung hat mit dazu beigetragen, dass immer weniger Jugendliche rauchen und abhängig werden.

Kinder und Jugendliche mit rauchenden Eltern und rauchenden, gleichaltrigen Freunden sind stärker gefährdet, das Rauchen auszuprobieren. Sie müssen besonders stark und selbstbewusst sein, um sich gegen das schlechte Vorbild und den Gruppendruck zu wehren.

Die Gesellschaft sagt „Nein!"

Gesundheitsbewusste Nichtraucher wollen sich nicht länger klaglos von der rauchenden Minderheit einnebeln lassen, da auch Passivrauchen gefährlich ist. An vielen Orten herrscht gesetzliches Rauchverbot. Auf Zigarettenschachteln müssen vom Hersteller Warnhinweise gedruckt werden, Zigarettenwerbung ist nur eingeschränkt erlaubt.

Das Jugendschutzgesetz verbietet es, Tabakwaren an Kinder oder Jugendliche, also alle Personen unter 18 Jahre, abzugeben. Auch darf ihnen das Rauchen in der Öffentlichkeit nicht gestattet werden.

Für Raucher, die ihre Sucht überwinden möchten ▷ Abb. 4, gibt es viele Unterstützungsmöglichkeiten auch von staatlicher Seite. Krankenkassen, Gesundheitsämter und Gesundheitsministerien sowie auch die Bundeszentrale für gesundheitliche Aufklärung bieten Beratungsmöglichkeiten und gutes Informationsmaterial häufig kostenlos und auch online an.

Wer mit dem Rauchen wieder aufhört, belohnt sich selbst durch viele positive Auswirkungen: Die Gesundheit verbessert sich, die Leistungsfähigkeit nimmt zu und man hat wieder mehr Zeit und mehr Geld für andere Unternehmungen.

Abb. 4 Aufhören lohnt sich

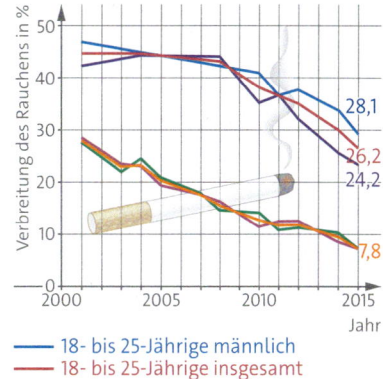

- 18- bis 25-Jährige männlich
- 18- bis 25-Jährige insgesamt
- 18- bis 25-Jährige weiblich
- 12- bis 17-Jährige männlich
- 12- bis 17-Jährige insgesamt
- 12- bis 17-Jährige weiblich

Abb. 5 Verbreitung des Rauchens nach Alter und Geschlecht

A 3 Stelle negative Auswirkungen und Gefahren sowie positive Auswirkungen des
a Rauchens
b Nichtrauchens
zusammen.

A 4 Jedes Jahr am 31. Mai ist Weltnichtrauchertag. Entwirf ein Motto und ein Plakat dafür. Plakate früherer Jahre findest du im Internet.

A 5 Fasse die Aussagen des Diagramms in Abbildung 5 zusammen.

1.	Anhaltend starker Wunsch oder eine Art Zwang zu rauchen
2.	Verminderte Kontrollfähigkeit in Bezug auf den Tabakkonsum
3.	Auftreten von körperlichen Entzugserscheinungen, wenn der Tabakkonsum verringert oder beendet wird, beziehungsweise fortgesetztes Rauchen, um das Auftreten von Entzugserscheinungen zu vermeiden
4.	Toleranzbildung: Um die erwünschte Wirkung hervorzurufen, sind zunehmend höhere Mengen Tabak erforderlich, das heißt, die Zahl der täglich gerauchten Zigaretten erhöht sich.
5.	Fortschreitende Vernachlässigung anderer Interessen zugunsten des Rauchens
6.	Fortgesetztes Rauchen trotz des Nachweises eindeutig gesundheitsschädlicher Folgen
	Wenn drei dieser Merkmale gegeben sind, liegt laut Weltgesundheitsorganisation eine Tabakabhängigkeit vor.

Tab. 1 Merkmale einer Tabakabhängigkeit

Ausflug in Nachbarreviere

Blut

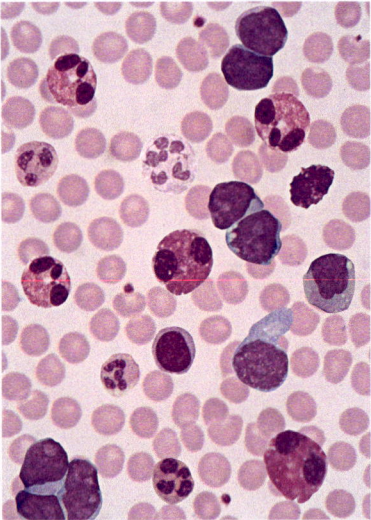

Abb. 1 Angefärbtes Blut im Lichtmikroskop

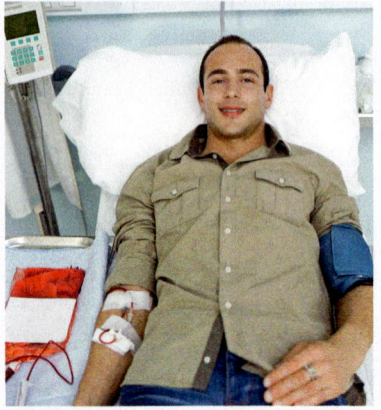

Abb. 2 Blutspenden

A1 Ordne die Namen der Blutbestandteile den in Abbildung 1 sichtbaren Strukturen zu.

A2 Recherchiere, was man unter der Bluterkrankheit versteht.

A3 Informiere dich über die Voraussetzungen, die man mitbringen muss, um Blut spenden zu dürfen.

A4 Recherchiere die Menge an gespendetem Blut, die täglich in Deutschland benötigt wird.

A5 Stelle die Informationen aus Tabelle 1 zur Verwendung von Blut und Blutbestandteilen in einem geeigneten Diagramm dar.

Zusammensetzung des Blutes

Unser Blut besteht vor allem aus Blutplasma, das neben Wasser auch viele darin gelöste Stoffe wie Traubenzucker enthält. Im Blutplasma treiben drei Sorten von festen Blutbestandteilen, die man unter dem Lichtmikroskop gut erkennen kann ▷ Abb. 1. Der erwachsene Körper enthält etwa fünf Liter Blut.

Die Hauptmenge der festen Blutbestandteile machen die roten Blutkörperchen aus, die für den Sauerstofftransport zuständig sind. Daneben gibt es noch die größeren weißen Blutkörperchen, die für den Kampf gegen eindringende Krankheitserreger zuständig sind. Sobald mit dem Schmutz auch Bakterien in eine Wunde eindringen, sammeln sich weiße Blutkörperchen am Ort der Verletzung und „fressen" die Bakterien auf. Den kleinen Blutplättchen verdankt man es, dass kleine Wunden schnell zu bluten aufhören und sich eine Kruste bildet. Die Blutplättchen sammeln sich an der verletzten Stelle einer Ader und heften sich an der Blutgefäßwand an. Sie lösen dort während der Blutgerinnung auch die Bildung von fadenförmigen Blutbestandteilen aus, die ein „Netz" bilden, das ebenfalls dem Wundverschluss dient.

Blutspenden

Wer zum Beispiel bei einem Unfall oder einer Operation viel Blut verliert, der kann mit Spenderblut gerettet werden.

Deshalb ist es sehr wichtig, dass möglichst viele Erwachsene regelmäßig zum Blutspenden gehen, wobei an einem Termin 500 Milliliter Blut abgenommen werden ▷ Abb. 2. Diese Menge kann der gesunde Körper schnell wieder regenerieren.

Das gespendete Blut wird anschließend untersucht, denn in roten und weißen Blutzellen können sich gefährliche Krankheitserreger, zum Beispiel Malaria-Erreger oder HIV, einnisten. Diese Erreger können über das Blut weitergegeben werden. Daher ist beim Umgang mit dem Blut eines anderen Menschen Vorsicht geboten.

Das getestete Blut wird konserviert und in zentralen „Blutbanken" gelagert. Innerhalb weniger Stunden kann jedes Krankenhaus von seiner Blutbank versorgt werden. Dabei können verschiedene Blutbestandteile, wie ein Konzentrat aus roten Blutkörperchen oder Blutplättchen, aber auch nur Blutplasma bestellt werden.

Der größte Teil der Blutkonserven wird nicht, wie vielleicht vermutet, zum Ausgleich von Blutverlust bei Unfällen verwendet, sondern vor allem im Rahmen regulär geplanter Operationen.

Verwendung von gespendetem Blut und Blutbestandteilen zur Behandlung von:	
Krebserkrankungen	26 %
Herzerkrankungen	20 %
Magen- und Darmerkrankungen	19 %
Unfallverletzungen	15 %
Leber-, Nierenerkrankungen	7 %
Blutarmut, Bluterkrankungen	5 %
Geburtskomplikationen	4 %
Knochen-, Gelenkserkrankungen	4 %

Tab. 1 Verwendung von gespendetem Blut und Blutbestandteilen

Verdauung

Chemische Zerlegung der Nahrung: Große Nährstoffteilchen werden durch Enzyme in kleine Teilchen zerlegt, damit sie über die Dünndarmwand ins Blut aufgenommen werden können.

Zellatmung

Sauerstoff + Traubenzucker $\xrightarrow{\text{Enzyme}}$ Kohlenstoffdioxid + Wasser
Bei dieser Stoffwechselreaktion in den Zellen wird chemische Energie in für den Körper nutzbare Energie umgewandelt.

Bestandteile der Nahrung

Makronährstoffe: Kohlenhydrate, Fette, Proteine
Mikronährstoffe: Vitamine, Mineralsalze
Wasser, Ballaststoffe

Gasaustausch

Gasaustausch in der Lunge: Sauerstoff gelangt aus den Lungenbläschen in das Blut, Kohlenstoffdioxid gelangt aus dem Blut in die Lungenbläschen.
Gasaustausch bei den Zellen: Sauerstoff gelangt aus dem Blut in die Zelle, Kohlenstoffdioxid gelangt aus der Zelle in das Blut.

Aktive Gesundheitsvorsorge

regelmäßige Bewegung
ausgewogene Ernährung

Lunge — re — li — Herz — Körperzellen

Blutkreislauf

Lungenkreislauf:
Rechte Herzhälfte $\rightarrow$ Lungenarterie $\rightarrow$ Lungenkapillaren $\rightarrow$ Lungenvene $\rightarrow$ linke Herzhälfte

Körperkreislauf:
Linke Herzhälfte $\rightarrow$ Körperarterie $\rightarrow$ Kapillaren $\rightarrow$ Körpervene $\rightarrow$ rechte Herzhälfte

Prinzip der Oberflächenvergrößerung

Bauprinzip in der Natur und auch in der Technik:
Vergrößerung der Oberfläche, zum Beispiel durch Falten, Bläschen oder Kammern ...
Dient die Oberfläche als Austauschfläche, gilt:
Je größer die Fläche ist, desto schneller und in größerer Menge gelangen Teilchen hindurch.
Je größer die Austauschfläche ist, desto höher ist die Geschwindigkeit des Stoffaustauschs.

Blutgefäße

Arterien: transportieren Blut vom Herzen weg
Venen: transportieren Blut zum Herzen hin
Kapillaren: haarfeine Blutgefäße, meistens zwischen Arterien und Venen

Überprüfe deine Fähigkeiten
Stoffwechsel: Stoff- und Energieumwandlung

circa 1/100 der Teilchen sind
- Kohlenstoffdioxid
- Edelgase
- andere Gase

circa 1/5 der Teilchen ist
- Sauerstoff

circa 4/5 der Teilchen ist
- Stickstoff

Abb. 1 Die Zusammensetzung der Luft

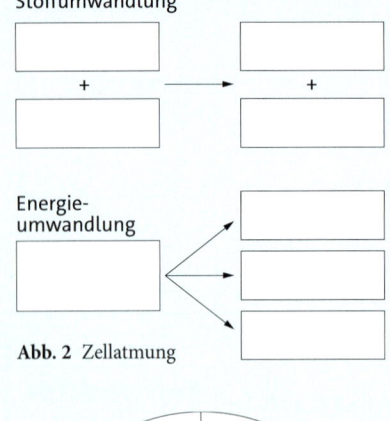

Stoffumwandlung

Abb. 2 Zellatmung

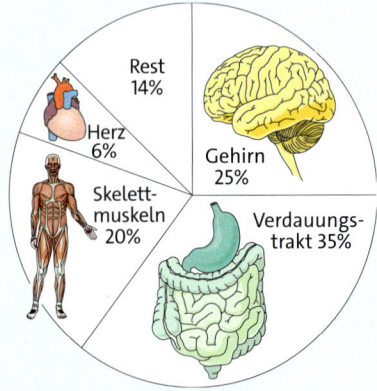

Rest 14%
Herz 6%
Gehirn 25%
Skelettmuskeln 20%
Verdauungstrakt 35%

Abb. 3 Anteil der Organe am Grundumsatz im Überblick

1. Ein gesunder Erwachsener atmet pro Tag etwa 10 000 Liter Luft ein und aus. Berechne mithilfe der Abbildung 1, wie viel Sauerstoff darin ungefähr enthalten ist. Außerdem verbraucht er am Tag etwa 500 Liter reinen Sauerstoff bei der Zellatmung.
Gib an, wie viel Sauerstoff ungenutzt wieder ausgeatmet wird. ▷

2. Nenne die Stationen des Sauerstoffs auf dem Weg im menschlichen Körper bis zu einer Zelle in der richtigen Reihenfolge. ▷

3. Zeichne das Schema von Abbildung 2 vergrößert ab und setze in die leeren Felder die Fachbegriffe zu den bei der Zellatmung stattfindenden Umwandlungen ein.

4. Die Energiemenge, die der Körper bei völliger Ruhe zur Aufrechterhaltung der Lebensfunktionen benötigt, heißt Grundumsatz. Stelle den Anteil der Organe am Grundumsatz ▷ Abb. 3 mithilfe eines Säulendiagramms dar.

5. Hier sind einige Buchstaben durcheinandergeraten. Ordne, sodass sich sinnvolle Sätze ergeben.
Sauerstoff wechselt vom LBULGENNÄSCHEN ins Blut. Das Blut transportiert ihn zu den LEZELN. Dort wird er bei der MUTGELLANZ verbraucht, wobei IDXIKODTOFFSOHLEN entsteht. Dieses wird im Blut zur GLUEN transportiert und ausgeatmet. Eine große SCHLAUSFÄTAUCHE sorgt dafür, dass der Austauschvorgang schnell und in großem Umfang stattfinden kann. (Prinzip der VRÖßURENGENGÄBELFORRCH). ▷

6. Bei Bränden sterben die meisten Menschen durch Rauchvergiftung und nicht durch die Hitze des Feuers. Im Rauch ist Kohlenstoffmonoxid enthalten. Atmet man das Kohlenstoffmonoxid ein, dann tritt es von den Lungenbläschen ins Blut über und bindet etwa 200-mal fester an die roten Blutkörperchen als Sauerstoff.
Erkläre, warum das Einatmen von Rauch zum Tod führen kann.

7. Bei einem Lungenemphysem ▷ Abb. 4 kommt es zu Abbauvorgängen in der Lunge. Dadurch werden die Trennwände der Lungenbläschen unwiederbringlich zerstört. Aus den kleinen Lungenbläschen werden große Blasen. Die Patienten haben im Blut einen niedrigen Sauerstoffgehalt und weisen eine verminderte Leistungsfähigkeit auf.
Erläutere den Zusammenhang zwischen den baulichen Veränderungen der Lunge und den auftretenden Symptomen.

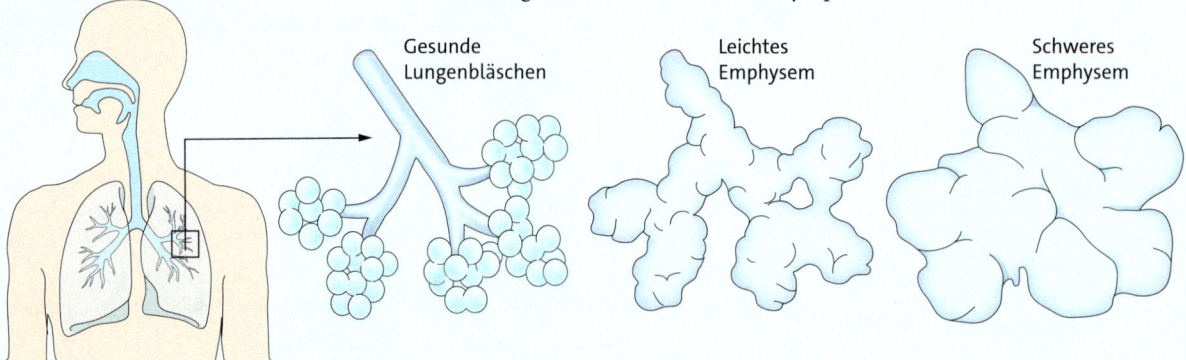

Gesunde Lungenbläschen

Leichtes Emphysem

Schweres Emphysem

Abb. 4 Lungenemphysem, schematische Darstellung

8. Durch regelmäßigen Sport verändert sich das menschliche Herz. Vergleiche die Merkmale des Herzens eines trainierten und eines untrainierten Erwachsenen ▷ Abb. 5 in einer Tabelle. Gib dabei die Gemeinsamkeiten und die Unterschiede an.

9. Benenne die Teile des Verdauungsapparats in Abbildung 6. Ein wichtiges Organ wurde vergessen. Gib dessen Namen und Lage an.

10. Misst man den Luftdruck in Meereshöhe und geht dann in die Berge, so stellt man fest, dass der Luftdruck mit der Höhe abnimmt. Je niedriger der Luftdruck ist, desto weniger Sauerstoff ist in einem Atemzug enthalten.
Übertrage die Werte der Tabelle 1 in ein Säulendiagramm und vergleiche diese Werte untereinander. Finde eine Erklärung, warum die verschiedenen Hämoglobinwerte jeweils sinnvoll sind.

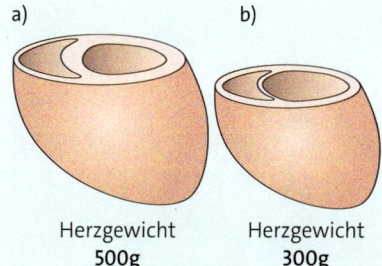

a)   b)

Herzgewicht **500g**   Herzgewicht **300g**

Abb. 5 Querschnitt durch die beiden Herzkammern bei einem trainierten (a) und einem untrainierten (b) Erwachsenen

	Hämoglobin pro Liter Blut
Untrainierter Erwachsener, der 0 m über NN lebt	10,2 g
Untrainierter Erwachsener, der mehr als 2 600 m über NN lebt	13,4 g
Trainierter Radrennfahrer, der 0 m über NN lebt	15,4 g
Trainierter Radrennfahrer, der mehr als 2 600 m über NN lebt	17,1 g

Tab. 1 Hämoglobingehalt im Blut bei Erwachsenen

11. Biologen unterscheiden bei der Betrachtung von Lebewesen verschiedene Organisationsebenen. Die unterste Organisationsebene, die du kennst, ist die Zelle. Bei vielzelligen Lebewesen, zum Beispiel den Tieren, schließen sich gleichartige Zellen zu einem Gewebe, der nächsthöheren Organisationsebene, zusammen. Mehrere verschiedene Gewebe bilden ein Organ. Arbeiten mehrere Organe bei einer gemeinsamen Aufgabe zusammen, spricht man von einem Organsystem. Ein Organismus besteht aus mehreren verschiedenen Organen und Organsystemen. Ordne die Abbildungen A bis E ▷ Abb. 7 aufsteigend nach ihrer Organisationsebene und nenne den Fachbegriff jeder Ebene. ▷ 📖

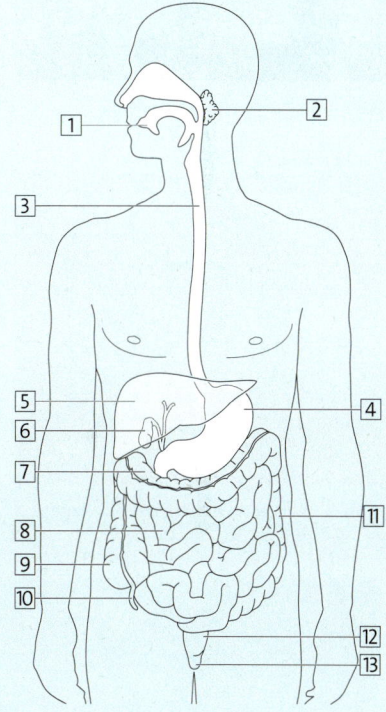

Abb. 6 Verdauungsapparat

A   B   C   D   E

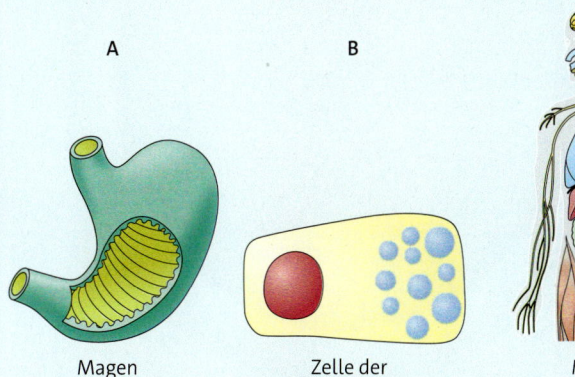
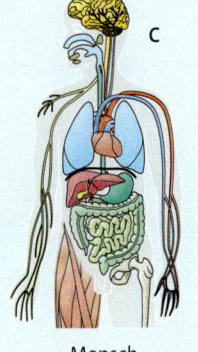
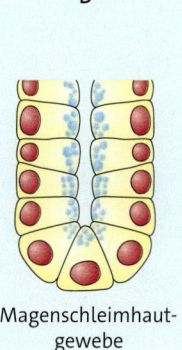
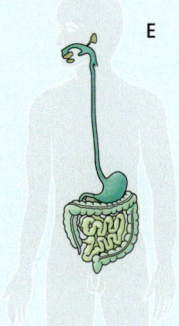

Magen   Zelle der Magenschleimhaut   Mensch   Magenschleimhautgewebe   Verdauungssystem

Abb. 7 Beispiele für Vertreter aus unterschiedlichen Organisationsebenen

Fortpflanzung, Wachstum und Individualentwicklung

Geschlechtliche Fortpflanzung

Abb. 1 Jeder Mensch ist einmalig

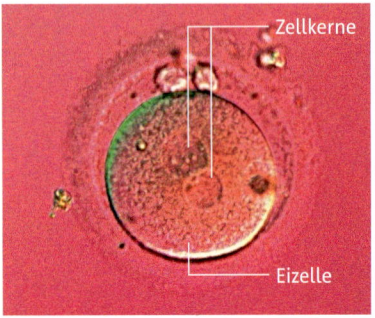

Abb. 2 Befruchtung (Kernverschmelzung)

Biologische Bedeutung von Sexualität

Bei der geschlechtlichen Fortpflanzung kommt es zu einer Verschmelzung zweier unterschiedlicher Zellen, die von einem männlichen und einem weiblichen Partner stammen. Durch diese Neukombination entsteht eine Zelle, die sich von beiden Elternzellen unterscheidet. Das daraus entstehende Lebewesen besitzt ähnliche Eigenschaften wie seine Eltern, aber auch einige neue. In einer Welt, in der sich äußere Faktoren wie das Klima oder der Lebensraum ständig verändern, kann es vorteilhaft für das Überleben sein, wenn das Lebewesen durch diese neuen Eigenschaften besser an seine Umwelt angepasst ist.

Die geschlechtliche oder sexuelle Fortpflanzung ist der Grund, weshalb von den Milliarden Menschen auf der Welt keiner mit dem anderen identisch ist ▷ Abb. 1 mit Ausnahme eineiiger Zwillinge.

Keimzellen

Die Zellen, die der geschlechtlichen Fortpflanzung dienen, nennt man Keimzellen. Es gibt zwei verschiedene Typen – männliche und weibliche. Die weiblichen Keimzellen, die **Eizellen**, sind größer und besitzen Nährstoffvorräte. Die männlichen Keimzellen, die **Spermien**, sind klein und können sich bewegen. So ist es ihnen möglich, die Strecke bis zur Eizelle aktiv zurückzulegen.

Befruchtung

Trifft eine männliche Keimzelle auf eine weibliche ▷ Abb. 3, dringt der Teil des Spermiums, der den Zellkern enthält, in die Eizelle ein. Sofort verändert sich ihre Oberfläche und verhindert so die Befruchtung durch weitere Spermien. Im Inneren der Eizelle verschmelzen die Kerne von Ei- und Spermienzelle zu einem neuen Zellkern ▷ Abb. 2. Diesen Vorgang bezeichnet man als Befruchtung. Die befruchtete Eizelle beginnt sich in gleiche Tochterzellen zu teilen und damit zu wachsen. Sie entwickelt sich zu einem neuen Mensch.

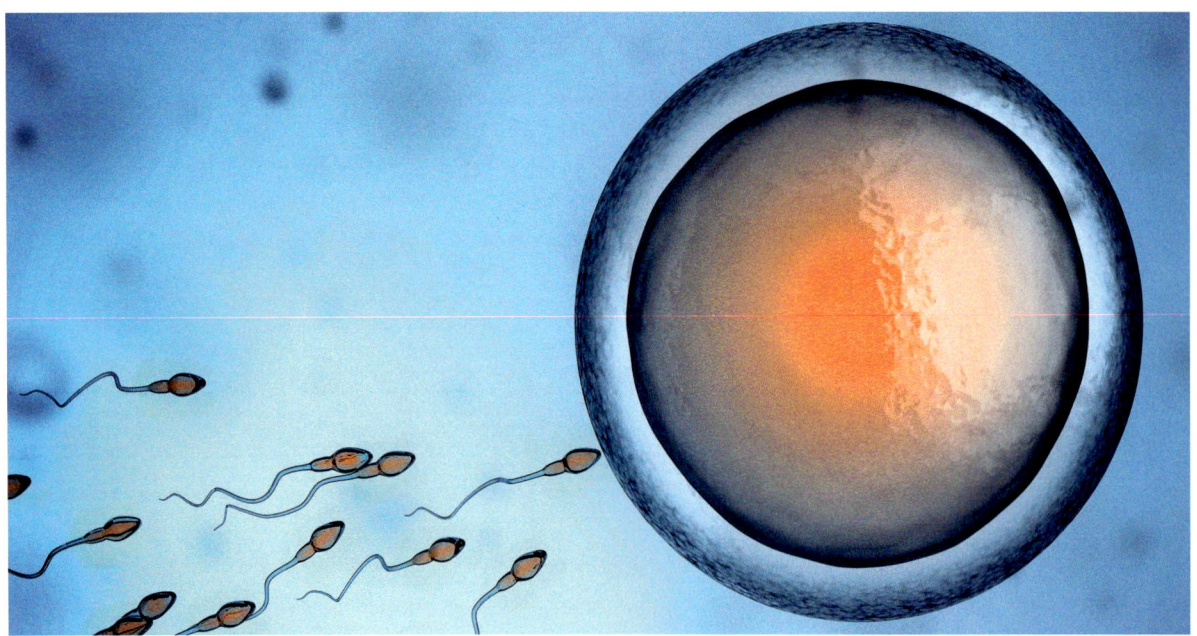

Abb. 3 Eizelle und Spermien

Bau und Funktion der Geschlechtsorgane

Männliche Geschlechtsorgane

Jungen und Mädchen unterscheiden sich offensichtlich im Bau der Organe, die für die Fortpflanzung gebraucht werden. Diese **primären Geschlechtsmerkmale** sind schon bei der Geburt ausgebildet.

Äußerlich sichtbare männliche Geschlechtsorgane sind der **Penis** (das **Glied**) und der **Hodensack**, in dem sich die beiden **Hoden** befinden. Die Hoden sind die Keimdrüsen, in denen die Spermien ▷ Abb. 4 gebildet werden. In den **Nebenhoden** werden die Spermien gespeichert. Sie gelangen von dort über die beiden **Spermienleiter** in die **Harn-Sperma-Röhre** ▷ Abb. 5.

Der Penis enthält drei blutgefäßreiche Schwellkörper. Bei sexueller Erregung füllen sie sich mit Blut, vergrößern dadurch den Penis und richten ihn auf. Der vordere Teil des Penis, die besonders berührungsempfindliche **Eichel**, liegt unter der verschiebbaren **Vorhaut**. Bei der Versteifung (Erektion) des Penis rutscht die Vorhaut zurück und gibt die Eichel frei. Sie zu berühren kann Lustgefühle erzeugen. Ist der Höhepunkt der Lust erreicht, zieht sich die gesamte Muskulatur im Bereich der Geschlechtsorgane ruckartig zusammen. Das **Sperma**, eine weißliche Flüssigkeit, wird durch die Harn-Sperma-Röhre ausgestoßen. Es besteht aus den Sekreten der **Bläschendrüsen** und der **Prostata** und etwa 300 Millionen beweglichen Spermien.

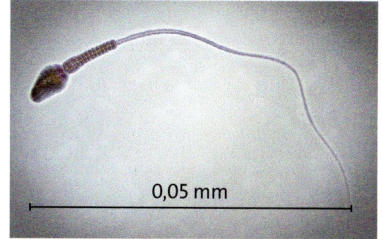

Abb. 4 Spermium

A 1 Gesunde Spermien legen eine Strecke von einem Millimeter in circa 8,5 Sekunden zurück. Berechne wie viel Zeit die Spermien brauchen um im Körper der Frau die Strecke von circa 20 Zentimeter bis zur befruchtungsfähigen Eizelle zurückzulegen. ▷ 📖

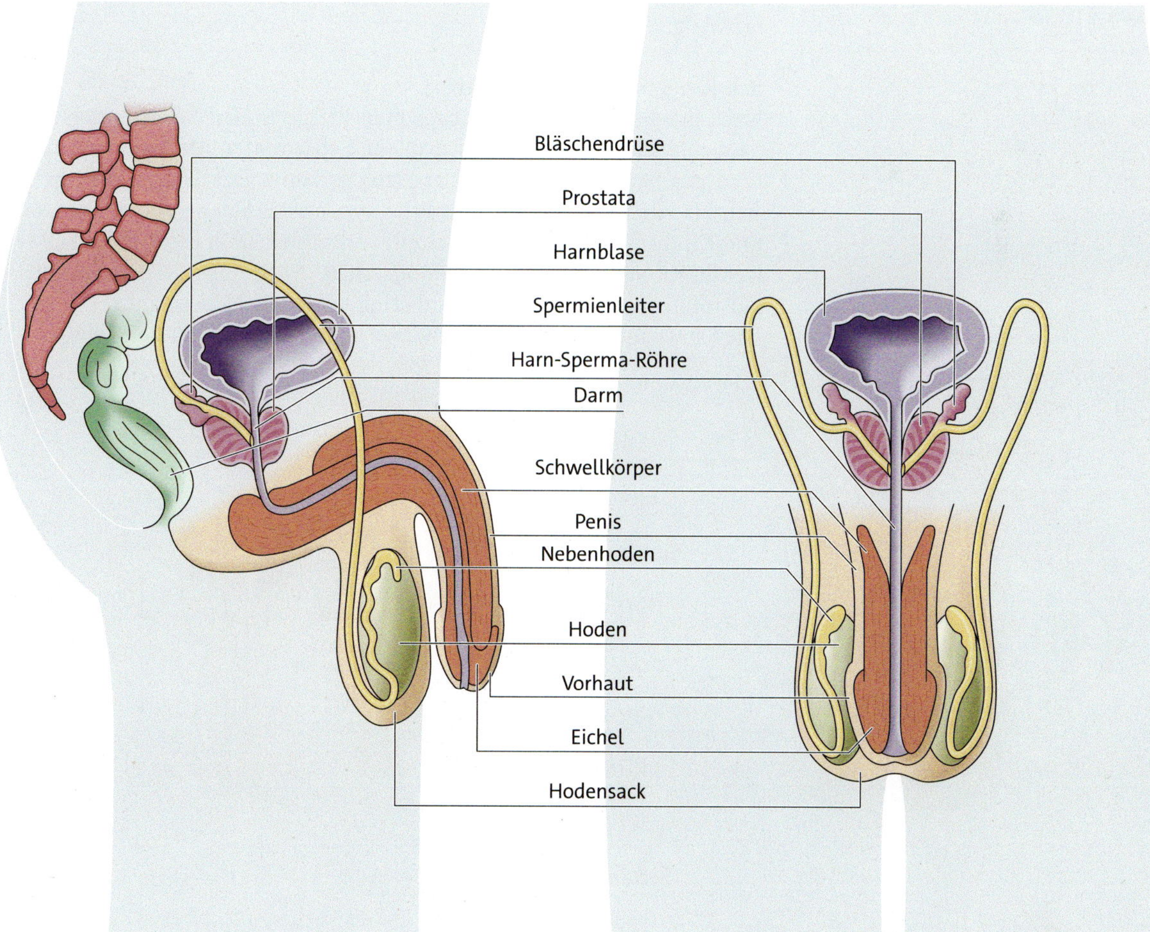

Bläschendrüse
Prostata
Harnblase
Spermienleiter
Harn-Sperma-Röhre
Darm
Schwellkörper
Penis
Nebenhoden
Hoden
Vorhaut
Eichel
Hodensack

Abb. 5 Schematische Darstellung der männlichen Geschlechtsorgane; links: Seitenansicht, rechts: Vorderansicht

Bau und Funktion der Geschlechtsorgane

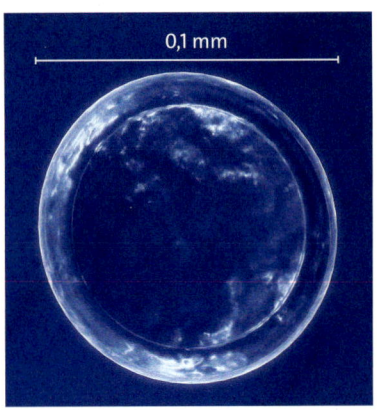

Abb. 1 Menschliche Eizelle

0,1 mm

A 1 Eizellen sind deshalb so groß, weil sie einen Nährstoffvorrat enthalten. Erkläre, wofür dieser Nährstoffvorrat notwendig ist.

A 2 Berechne, wie viele Eizellen im Leben einer Frau etwa heranreifen. ▷

Weibliche Geschlechtsorgane

Der größte Teil der weiblichen Geschlechtsorgane ▷ Abb. 2 befindet sich im Bauchraum. Äußerlich sieht man zwei Paar **Schamlippen**, die den Ausgang der **Scheide** (Vagina), die Harnröhrenmündung und die **Klitoris** umschließen. Im Unterschied zum Mann hat die Frau sowohl eine Öffnung zum Ablassen des Urins als auch eine separate Geschlechtsöffnung. Sie wird größtenteils vom Jungfernhäutchen verschlossen, das beim ersten Geschlechtsverkehr einreißen kann. Die muskulöse Scheide ist sehr elastisch und mit einer Schleimhaut ausgekleidet, die Krankheitserreger fernhält. An ihrem Ende befindet sich die **Gebärmutter**, ein etwa faustgroßer Hohlmuskel, in der bei einer Schwangerschaft das Baby heranwächst.

Einmal im Monat reift ab der Pubertät bis zu den Wechseljahren im rechten oder linken **Eierstock** eine Eizelle heran ▷ Abb. 1, die im **Eileiter** zur Gebärmutter transportiert wird.

Zeugung

Die Berührung der Klitoris kann angenehme Gefühle erzeugen. Drüsen der Scheide erzeugen eine gleitfähige Flüssigkeit, welche die Aufnahme des steifen Penis in die Scheide erleichtert. Bei der sexuellen Vereinigung von Mann und Frau kann Sperma in die Scheide gelangen. Einige Spermien gelangen durch Schlagen des Schwanzes und rhythmisches Zusammenziehen der Gebärmutter bis in die Eileiter hinein. Im Eileiter kann es zur Befruchtung der Eizelle durch ein Spermium kommen. Das ist die Voraussetzung für eine Schwangerschaft.

Schwangerschaft und Geburt

Nach der Einnistung der befruchteten Eizelle in der Gebärmutterschleimhaut entwickelt sich der Embryo in der Gebärmutter. Ab dem vierten Monat wird der heranreifende Mensch Fetus genannt. Das Ungeborene befindet sich bis zur Geburt in der mit Fruchtwasser gefüllten Fruchtblase. Mutter und Kind sind über die Nabelschnur verbunden, über die das Kind alle notwendigen Nähstoffe und Sauerstoff erhält. Auch der Abtransport von Abfallstoffen und Kohlenstoffdioxid erfolgt über die Nabelschnur.

Die Schwangerschaft endet nach etwa neun Monaten mit der Geburt.

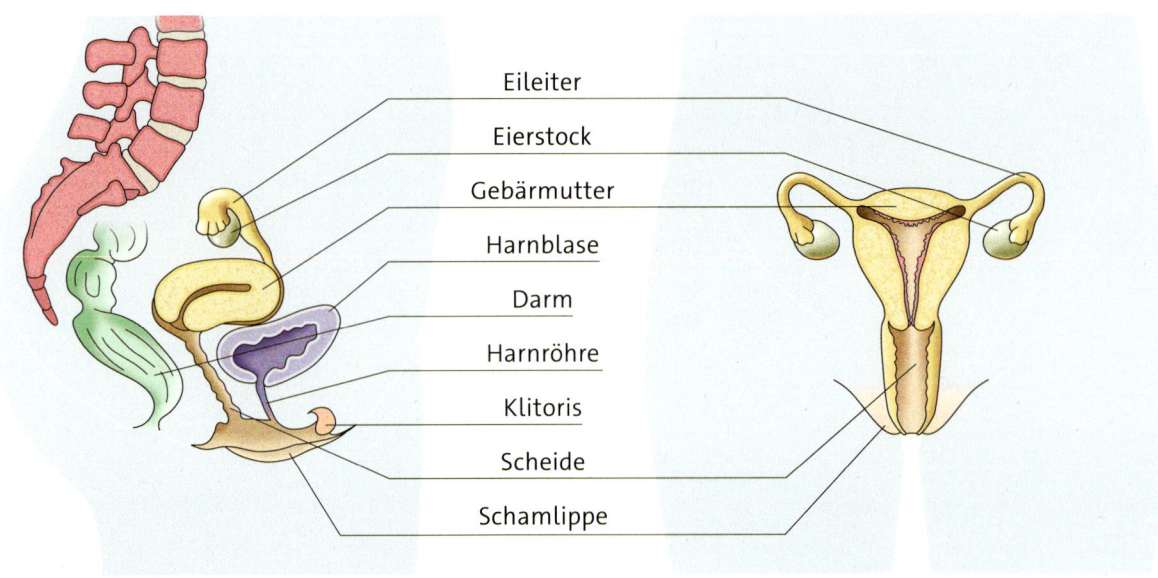

Eileiter
Eierstock
Gebärmutter
Harnblase
Darm
Harnröhre
Klitoris
Scheide
Schamlippe

Abb. 2 Schematische Darstellung der weiblichen Geschlechtsorgane; links: Seitenansicht, rechts: Vorderansicht

Weiblicher Zyklus

Der weibliche Zyklus wird von Hormonen beeinflusst. Das sind Botenstoffe im Körper, die oft lang andauernde Prozesse, beispielsweise das Wachstum und die Entwicklung, steuern. Verschiedene Hormone bewirken, dass etwa 13 bis 19 Tage lang eine Eizelle im Eierstock heranreift. Während dieser Zeit baut sich in der Gebärmutter eine dicke Schleimhaut auf. Die reife Eizelle verlässt beim **Eisprung** den Eierstock und gelangt in den Eileiter. Dort kann sie auf ihrem Weg in die Gebärmutter von einem Spermium befruchtet werden. Hat eine Befruchtung stattgefunden, nistet sich die befruchtete Eizelle in der aufgebauten Gebärmutterschleimhaut ein und entwickelt sich zum Baby ▷ Abb. 3, 4.

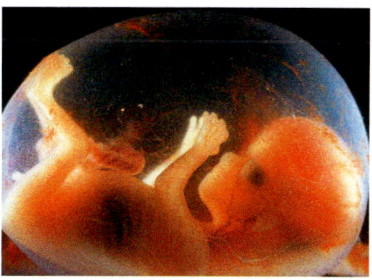

Abb. 3 Baby im Mutterleib, 3. Monat

Unterbleibt die Befruchtung der Eizelle, stirbt sie ab und wird bei der **Menstruation** zusammen mit der nicht benötigten Gebärmutterschleimhaut und etwas Blut ausgestoßen. Anschließend beginnt die Reifung der nächsten Eizelle, während sich die Gebärmutterschleimhaut neu aufbaut.

Diesen Kreislauf aus Eizellreifung, Aufbau der Gebärmutterschleimhaut und Blutung nennt man weiblichen Zyklus oder **Menstruationszyklus**. Zu Beginn ist er oft unregelmäßig, später pendelt er sich meist auf eine Dauer zwischen 23 und 36 Tagen ein. Der Beginn der Menstruationsblutung ist manchmal mit Bauchschmerzen verbunden.

Wenn bei Frauen ab einem Alter von etwa 50 Jahren keine Eizellen mehr heranreifen, hört auch die Menstruation auf. Damit endet auch die Fruchtbarkeit der Frau.

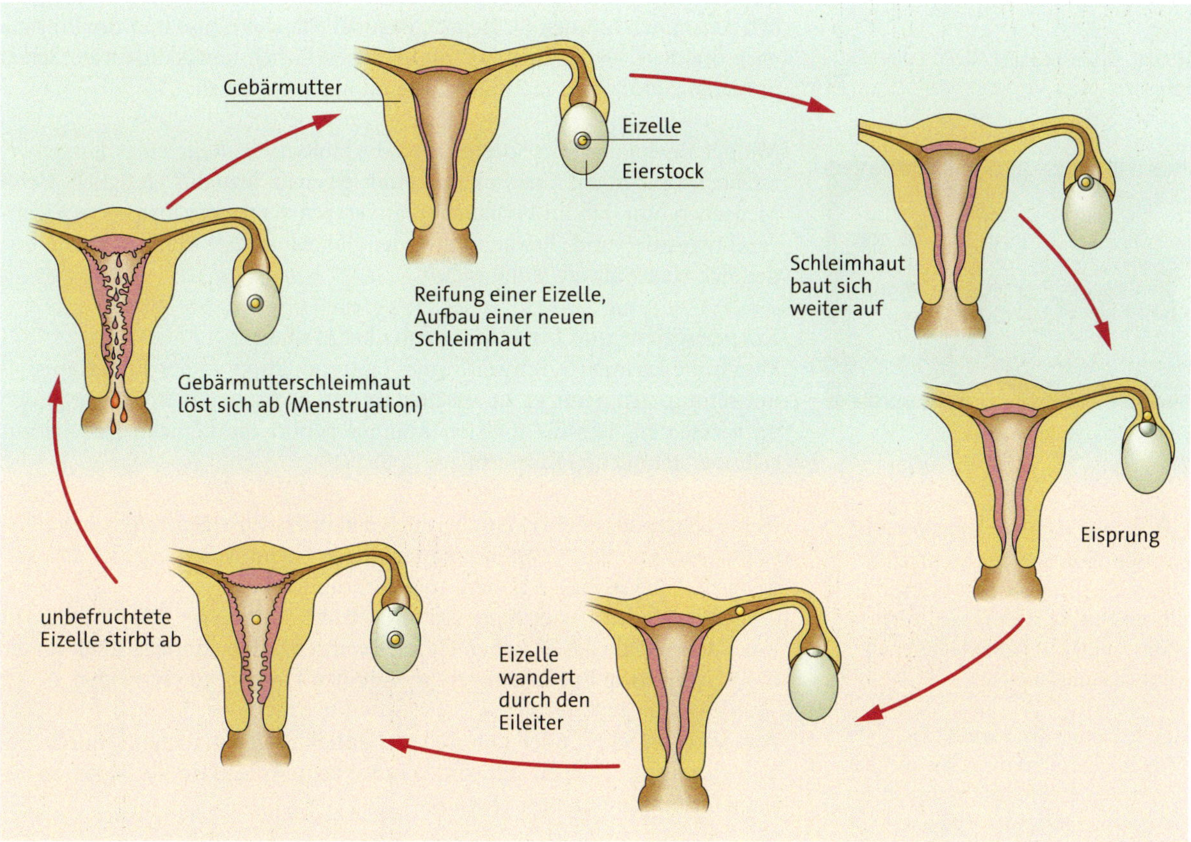

Abb. 4 Baby im Mutterleib, 5. Monat

Gebärmutter

Eizelle

Eierstock

Reifung einer Eizelle, Aufbau einer neuen Schleimhaut

Schleimhaut baut sich weiter auf

Gebärmutterschleimhaut löst sich ab (Menstruation)

Eisprung

unbefruchtete Eizelle stirbt ab

Eizelle wandert durch den Eileiter

Abb. 5 Schematische Darstellung des Menstruationszyklus

Pubertät bei Jungen und Mädchen

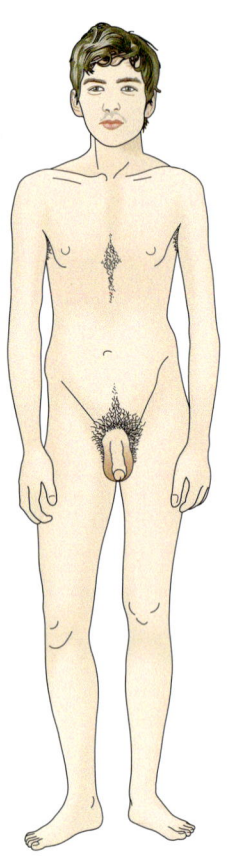

Abb. 1 Äußere Merkmale des männlichen Körpers

Abb. 2 Morgendliche Rasur

A1 Der Mensch durchläuft im Vergleich zu anderen Arten eine besonders lange Kindheit und Jugend. Stelle Hypothesen zur Notwendigkeit dieser langsamen Entwicklung auf.

A2 Nenne die sekundären Geschlechtsmerkmale, die sich bei Mädchen und Jungen während der Pubertät entwickeln ▷ Abb. 1, ▷ Abb. 3

Pubertät

Die Zeit des Umbruchs zwischen Kindheit und Erwachsenwerden nennt man Pubertät. Diese Entwicklung vollzieht sich nicht immer harmonisch. Stimmungsschwankungen und seelische Probleme sind häufige Begleiterscheinungen. Botenstoffe, die Hormone, sorgen für körperliches Wachstum, Reifung der Keimdrüsen und die Ausprägung der typischen männlichen oder weiblichen sekundären Geschlechtsmerkmale.

Vom Jungen zum Mann

Die Pubertät beginnt bei Jungen meist zwischen dem elften und 15. Lebensjahr. Die Hoden fangen an, Spermien zu bilden, was die Geschlechtsreife signalisiert.

Auch männliche Geschlechtshormone werden in den Hoden gebildet. Sie sorgen dafür, dass der Körper kantiger und die Stimme tiefer wird, die Geschlechtsorgane sich vergrößern und die Achsel-, Scham- und Barthaare wachsen ▷ Abb. 1.

Gelegentliches Rasieren gehört für die meisten Jungen ab jetzt zur Körperpflege ▷ Abb. 2. Die männlichen Hormone fördern die Aktivität der Talgdrüsen in der Haut, was häufig zu Pickeln führt. Die Schweißproduktion wird vermehrt. Die Hormone haben auch Einfluss auf Verhalten und Denkweise. In dieser Entwicklungsphase erfolgt ein großer Wachstumsschub.

Spermien werden nun regelmäßig im Hoden erzeugt und in den Nebenhoden gespeichert. Die mit Spermien gefüllten Nebenhoden entleeren sich gelegentlich zusammen mit den Drüsensekreten der Bläschendrüse und der Prostata nach draußen. Dieser Erguss kann bei Jugendlichen unwillkürlich im Schlaf passieren. Später ist er meist mit Lustempfinden gekoppelt.

Mit der Erzeugung von Spermien ist die biologische Reife eines Jungen erreicht. Damit ist die Entwicklung einer eigenen Sexualität möglich. Beim Menschen führt ein im Vergleich zu anderen Arten langer Prozess zu Eigenverantwortung und Erwachsenwerden. Diese soziale Reife kommt erst deutlich später als die biologische.

Körperhygiene und Infektionsschutz bei Männern

Durch die vermehrte Schweiß- und Talgproduktion ab der Pubertät ist es notwendig, sich häufiger zu waschen und so unangenehmen Körpergeruch zu vermeiden. Für die meisten Männer gehört die tägliche Dusche zur selbstverständlichen Körperpflege.

Milde Shampoos entfernen dabei auch den überschüssigen Talg von der Gesichtshaut, was die Pickelbildung verringern kann. Allerdings ist die Neigung zu Akne zu einem hohen Anteil ererbt.
Zwischen Vorhaut und Eichel kann sich ein weißlicher Belag bilden. Er muss durch tägliches Waschen entfernt werden, um bakterielle Infektionen, die schmerzhafte Entzündungen hervorrufen können, zu vermeiden.

Aus medizinischen oder kulturellen Gründen wird manchmal durch Beschneidung die Vorhaut entfernt. Dies hat keine Folgen für die Funktion des Penis, erleichtert aber die Hygiene.

Vom Mädchen zur Frau

Bei Mädchen beginnt die Pubertät in der Regel etwas früher als bei den Jungen. Mädchen wachsen ebenfalls verstärkt und bekommen Haare unter den Achseln und im Schambereich ▷ Abb. 3. Akne und Schweißbildung sind auch bei Mädchen häufig lästige Begleiterscheinungen.

Die Ursache für diese Veränderungen des Körpers ist die Produktion weiblicher Geschlechtshormone durch die jetzt aktiven Eierstöcke. Diese Hormone lassen dort in regelmäßigen Abständen Eizellen reifen und bewirken das Wachstum der Brust. Außerdem wirken sie auf die Gebärmutter- und Scheidenschleimhaut. Etwa zwischen dem zehnten und 16. Lebensjahr kommt es zur ersten Monatsblutung. Dieser Vorgang wird Regelblutung, Periode oder **Menstruation** genannt, weil sich von nun an in etwa monatlichen Abständen wiederholt. Das ist der Beginn der Geschlechtsreife.

Auch bei den meisten Mädchen wird in der Pubertät körperliches Lustempfinden bedeutend.

Wie bei den Jungen kommt die biologische Reife bei Mädchen lange vor dem Erwachsensein. Ab der ersten Menstruation werden reife Eizellen gebildet. Das Mädchen ist jetzt geschlechtsreif. Es kann ab diesem Zeitpunkt schwanger werden, wenn es mit einem Jungen sexuell verkehrt. Eine Schwangerschaft erfordert von den Eltern ein hohes Maß an Verantwortung.

Körperhygiene und Infektionsschutz bei Frauen

Tägliches Waschen ist auch für Mädchen notwendig, um störenden Körpergeruch, der sich bei der bakteriellen Zersetzung von Schweiß und Talg bildet, zu verhindern. Sanfte Reinigungsmittel befreien die Haut von überschüssigem Fett und können so der Pickelbildung entgegenwirken.

Ab der Pubertät sondert die Scheide einer Frau in gewissen Phasen des Zyklus durchsichtigen Schleim ab. Dieser Ausfluss erhält die natürliche Feuchtigkeit der Scheide aufrecht und reinigt sie ständig von eventuell eindringenden Krankheitserregern. Diese Flüssigkeit erleichtert außerdem den Spermien die Fortbewegung in der Scheide und versorgt sie mit Nährstoffen. Tägliches Wechseln der Unterwäsche ist jetzt natürlich Pflicht. Viele Mädchen benutzen zum Auffangen der Ausflussflüssigkeit auch Slipeinlagen, die die Wäsche schonen.

Gerade während der Menstruation ist tägliche Hygiene für Mädchen und Frauen besonders wichtig. Das Menstruationsblut wird schnell von Bakterien zersetzt, was zu unangenehmen Gerüchen führen kann. Um das zu verhindern, wird das Menstruationsblut mit Binden und Tampons aufgefangen ▷ Abb. 4. Sie müssen regelmäßig alle paar Stunden gewechselt werden. Tampons, die zu viele Stunden in der Scheide verbleiben, können zu ernsthaften Infektionen führen.

Seit 2006 gibt es eine Impfung gegen humane Papillomviren (HPV), die etwa 70 % aller Gebärmutterhalskrebserkrankungen auslösen. Die ständige Impfkommission empfiehlt die HPV-Impfung für alle Mädchen zwischen neun und 14 Jahren. Die Impfung ▷ Abb. 5 ist als vorbeugende Maßnahme zu sehen und sollte vor dem ersten Geschlechtsverkehr erfolgen. Die Kosten werden von den gesetzlichen Krankenkassen übernommen.

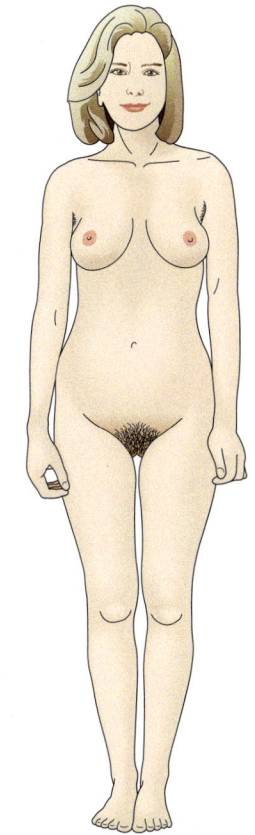

Abb. 3 Äußere Merkmale des weiblichen Körpers

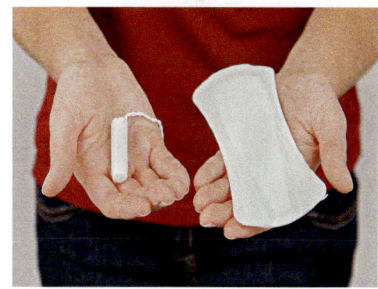

Abb. 4 Hygieneartikel für die Menstruationstage

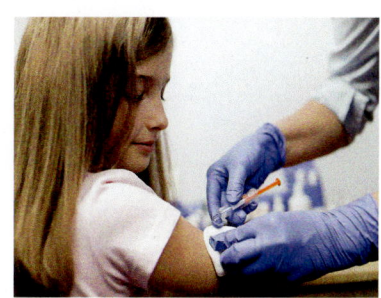

Abb. 5 HPV-Impfung

Abb. 1 Beste Freundinnen

Veränderungen

Kathrin und Eva sind beste Freundinnen ▷ Abb. 1. Sie gehen in dieselbe Klasse und haben die gleichen Hobbys. Sie haben so viel Vertrauen zueinander, dass sie sich gegenseitig alles erzählen, Lustiges und Trauriges, wenn ihnen etwas Kummer bereitet, oder auch Sachen, die ihnen vor anderen peinlich wären.

So erzählt Kathrin eines Tages, dass sie ihre erste Regelblutung bekommen hat. „Gut, dass ich schon Bescheid wusste, dass das nichts Schlimmes ist, sondern die Periode", sagt sie. „Ich habe es meiner Mama gesagt und die hat mir erst einmal eine Slipeinlage gegeben. Dann sind wir in den Drogeriemarkt gefahren und haben Binden und Tampons für Mädchen gekauft. Ob ich die Tampons ausprobiere, weiß ich aber noch nicht, mal schaun."

Eva meint: „Bei mir ist es zwar noch nicht so weit, aber ich fühle mich trotzdem schon anders als früher, nicht mehr so wie ein kleines Kind. Zum Beispiel mag ich es nicht mehr, wenn dauernd jemand ins Bad kommt, wenn ich dusche und mich umziehe."

„Das geht mir genauso", sagt Kathrin. „Aber weil mein Bruder und meine Schwester älter sind als ich, ist das bei uns schon länger so geregelt, dass man das Badezimmer absperren kann, wenn man nicht gestört werden will" ▷ Abb. 2. „Am Morgen haben wir eine Art Zeitplan, wer wann ins Bad kann. Und an meinem Zimmer wird immer angeklopft, bevor jemand reinkommt. Meine Mama hat gesagt, jeder Mensch hat ein Recht auf seine Intimsphäre."

„Ach, das ist eine gute Idee", antwortet Eva. „Ich frage zuhause mal, ob wir das so ähnlich machen können."

Abb. 2 Bitte nicht stören

Intimsphäre und Individualdistanz

Auf einem Internet-Jugendportal der Bundeszentrale für gesundheitliche Aufklärung findet man folgende Erklärung: „Die **Intimsphäre** ist der persönlichste Bereich eines Menschen, der für die Umwelt tabu ist. Manche gehen nur alleine auf die Toilette oder ziehen sich nicht vor anderen aus. Wiederum gibt es Menschen, die brauchen kaum eine Intimsphäre. Allgemeingültige Regeln, wie viel Intimsphäre jemand benötigt, gibt es nicht. Jeder Mensch hat vielmehr das Recht, seine Grenzen selbst zu setzen und einen Anspruch darauf, dass diese Grenzen von den anderen akzeptiert werden."

Viele Menschen mögen es auch nicht, wenn andere keinen ausreichenden Abstand halten und den persönlichen Mindestabstand, die **Individualdistanz**, unterschreiten. Auch hier gibt es keine allgemeingültigen Regeln, wie nahe jemand kommen darf und ob es dabei zum körperlichen Kontakt kommt. Wenn man sich dabei wohl fühlt, ist die Situation in Ordnung. Wenn aber dadurch unangenehme Gefühle hervorgerufen werden, hat die andere Person eine persönliche Grenze überschritten.

Zum Beispiel ist es manchen Kindern unangenehm, wenn die Großeltern bei der Begrüßung immer auf eine Umarmung und einen Kuss bestehen. Dann darf und sollte man nach Möglichkeiten suchen, wie man es schaffen kann, dass die Großeltern die persönlichen Grenzen in Zukunft respektieren.

Wenn es um körperliche Nähe, um Körperkontakt oder um die Wahrung der Intimsphäre geht, hat jeder Mensch das Recht auf **Selbstbestimmung** ▷ Abb. 3.

Abb. 3 Selbstbestimmung

Verhinderung von sexuellem Missbrauch

Selbstbestimmte Sexualität

Auch wenn es um Sexualität geht, hat jeder Mensch das Recht auf Selbstbestimmung. Jeder entscheidet selbst, was er will und was ihm gut tut.

Sexualität ist ein Begriff für alles menschliche Denken, Fühlen und Handeln in Zusammenhang mit dem Geschlecht eines Menschen. Der Geschlechtsverkehr, andere Bezeichnungen dafür sind „miteinander schlafen" oder „Sex haben", ist also nicht die einzige sexuelle Verhaltensweise, sondern dazu gehören auch sich intime Dinge sagen, sich berühren, Zärtlichkeiten austauschen, küssen, romantische Gefühle haben, über diese Dinge reden oder nachdenken.

Sexualität kann schön sein, wenn man sich gut dabei fühlt und nur tut, was man will und wozu man bereit ist. Sexuelles Denken und Fühlen entwickeln sich im Laufe der Pubertät ganz langsam. Selbstbestimmtes sexuelles Handeln benötigt eine seelische Reife, die erst bei älteren Jugendlichen und Erwachsenen vorhanden ist.

Erkennen von sexuellem Missbrauch

Weil bei Kindern und Jugendlichen die sexuelle Reife noch nicht ausreichend entwickelt ist und junge Menschen unerfahren sind, ist die Gefahr, dass sie sexuell missbraucht werden, größer als bei Erwachsenen. Sexueller Missbrauch ist gesetzlich verboten.

Sexueller Missbrauch liegt dann vor, wenn die sexuelle Selbstbestimmung eines Menschen nicht respektiert wird und persönliche Grenzen überschritten werden. Dazu kann zum Beispiel gehören, dass der Täter in unangemessener Weise über Sexualität spricht, das Opfer unangemessen berührt, an sich selbst vor den Augen des Opfers sexuelle Handlungen vornimmt oder das Opfer dazu bringt, sexuelle Handlungen vorzunehmen, die es nicht machen will. Das kann auch über das Internet und über Handys passieren. Opfer können sowohl Jungen als auch Mädchen sein.

Täter sind Männer und Frauen und es gibt sie überall, in allen gesellschaftlichen Bereichen und Berufen, in allen Altersstufen. Die allermeisten Täter kennen die Kinder. Sie besitzen das Vertrauen der Kinder und der Eltern. Dieses Vertrauen wird missbraucht.

Am einfachsten erkennt man sexuellen Missbrauch, wenn man seinen eigenen Gefühlen vertraut. Die innere „Gefühlsampel" ▷ Abb. 4 signalisiert recht zuverlässig, ob Grenzen überschritten werden.

Hilfe bei sexuellem Missbrauch

Wenn man selbstbewusst ist, kann man laut und deutlich „Nein" zum Täter sagen oder versuchen, aus der Situation zu entkommen.

Wenn man unsicher ist, Angst hat oder sich schämt, kann man sich vielleicht nicht selber helfen. Manchmal redet einem der Täter auch ein, dass man selber Schuld hat und nimmt einem das Versprechen ab, das gemeinsame Geheimnis zu bewahren.

Es ist aber dein Recht, zu reden und dir Hilfe zu holen! Wende dich an eine Person deines Vertrauens, am besten an einen Erwachsenen ▷ Abb. 5. Du kannst zum Beispiel eine Lehrkraft deiner Schule oder deine Eltern um Hilfe bitten.

Hilfe erhält man beispielsweise auch beim Jugendamt, beim Kinder- und Jugendtelefon des Kinderschutzbundes „Nummer gegen Kummer" oder der Telefonseelsorge.

Stopp!	Vorsicht!	Los!
Nein!	Nein!	Ja!
Ich fühle mich unwohl!	Ich weiß nicht. Ich fühle mich unsicher!	Ich fühle mich wohl!
Grenze überschritten	Grenze wahrscheinlich überschritten	Grenze respektiert

Abb. 4 Gefühlsampel

Abb. 5 Gespräch mit einer vertrauenswürdigen Person

A 1 Schätze ein, welche Farbe die Gefühlsampel der Personen in Abbildung 1 und 5 zeigt. Analysiere weitere Situationen im Alltag von Kindern und Jugendlichen mit Bezug zur Gefühlsampel.

A 2 Stelle eine Liste vertrauenswürdiger Personen zusammen, an die du dich wenden würdest, wenn dir ein anderes Kind anvertraut, dass es sexuell belästigt worden ist.

A 3 Recherchiere die „Nummer gegen Kummer" und die Kontaktmöglichkeiten zu einem Jugendamt in der Nähe.

Abb. 1 Abendmahl bei der Konfirmation

Abb. 2 Bar-Mitzwa

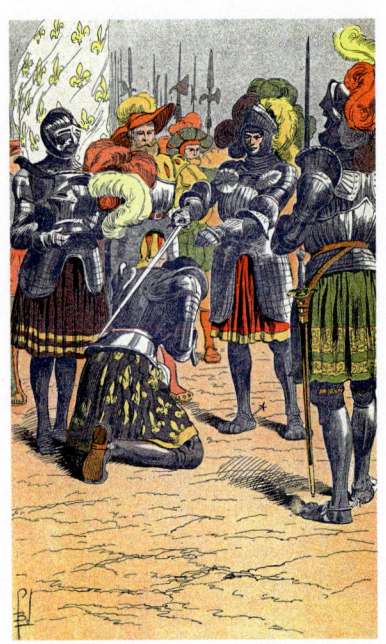

Abb. 3 Schwertleite im Mittelalter

Christentum

In fast jeder Gesellschaft, Kultur oder Religion wird der Übergang vom Kind zum Erwachsenen auf besondere Weise wahrgenommen und oft mit einem Fest gefeiert.

Im katholischen Glauben wird Firmung gefeiert. Dadurch bekennt sich ein junger Mensch selber zu seinem Glauben, das heißt, er tut etwas, was bei der Taufe noch die Eltern und Paten für ihn übernommen haben. Durch die Firmung wird man in die Gemeinschaft der Kirche fest aufgenommen und Katholik mit allen Rechten und Pflichten. Man darf in seiner Gemeinde Verantwortung übernehmen und sich zum Beispiel zum Pfarrgemeinderat wählen lassen.

Im evangelischen Glauben tritt an die Stelle der Firmung die Konfirmation ▷ Abb. 1. Mit ihr bestätigt der junge Mensch ebenfalls persönlich seine Taufe und gibt ein Bekenntnis zum evangelischen Glauben und zur Kirchenzugehörigkeit ab. Durch die Konfirmation erwirbt man Rechte wie die Teilnahme am Abendmahl oder an Wahlen in der Gemeinde.
Firmung oder Konfirmation wird meistens im Alter von 14 Jahren gefeiert.

Judentum

Im Judentum sind die Jungen mit 13 Jahren, die Mädchen im Alter von zwölf Jahren selbstständig für die Einhaltung und Beachtung der religiösen Regeln verantwortlich.

Das Fest, mit dem dieser Schritt in die religiöse Mündigkeit gefeiert wird, heißt bei den Jungen Bar-Mitzwa, bei den Mädchen Bat-Mitzwa. Ab diesem Tag sollen die Jugendlichen in ihrer Gemeinde alle religiösen Aufgaben erfüllen, so zum Beispiel das Vorlesen aus der Tora während des Gottesdienstes ▷ Abb. 2.

Schwertleite und Ritterschlag

Die Schwertleite war im Mittelalter ein Ritual, mit dem ein junger Mann vom Knappen zum Ritter wurde und damit in den Kreis der wehr- und waffenfähigen Männer eintrat ▷ Abb. 3.

Meist bestand die Feier darin, dass dem jungen Mann der Schwertgurt umgelegt wurde und er seine Sporen erhielt. Manchmal kam auch der „Ritterschlag" dazu, bei dem der Knappe einen Schlag mit dem Schwert oder der flachen Hand erhielt. Das war der letzte Schlag, den der junge Ritter ohne Gegenwehr zu ertragen hatte.

In der Regel wurde man mit 16 Jahren Knappe und im Alter von 21 Jahren Ritter.

Stammesriten

Bei Naturvölkern gab und gibt es viele Rituale, mit denen ein junger Mensch in den Kreis der Erwachsenen aufgenommen wird. Meist werden dabei Mutproben auferlegt und in besondere Glaubensvorstellungen eingeweiht. Die Prüfungen, die die jungen Menschen bestehen müssen, haben auch oft mit überlebenswichtigen Aufgaben des Stammes wie der Jagd zu tun. Oft bestand die Mutprobe auch darin, sich alleine einige Tage in der Wildnis zu behaupten und so zu zeigen, dass man den Herausforderungen der Erwachsenenwelt gewachsen ist.

Pubertät

Zeit der Entwicklung vom Kind zum ausgewachsenen und geschlechtsreifen Erwachsenen

Befruchtung

– Verschmelzung des Zellkerns der Eizelle mit dem Zellkern des Spermiums
– Beginn des neuen Lebens

Menstruation

– regelmäßige Blutung (etwa alle vier Wochen) der geschlechtsreifen Frau
– dient dem Abstoßen der unbefruchteten Eizelle – zusammen mit überflüssiger Gebärmutterschleimhaut
– unterbleibt während einer Schwangerschaft

Geschlechtsorgane (primäre Geschlechtsmerkmale)

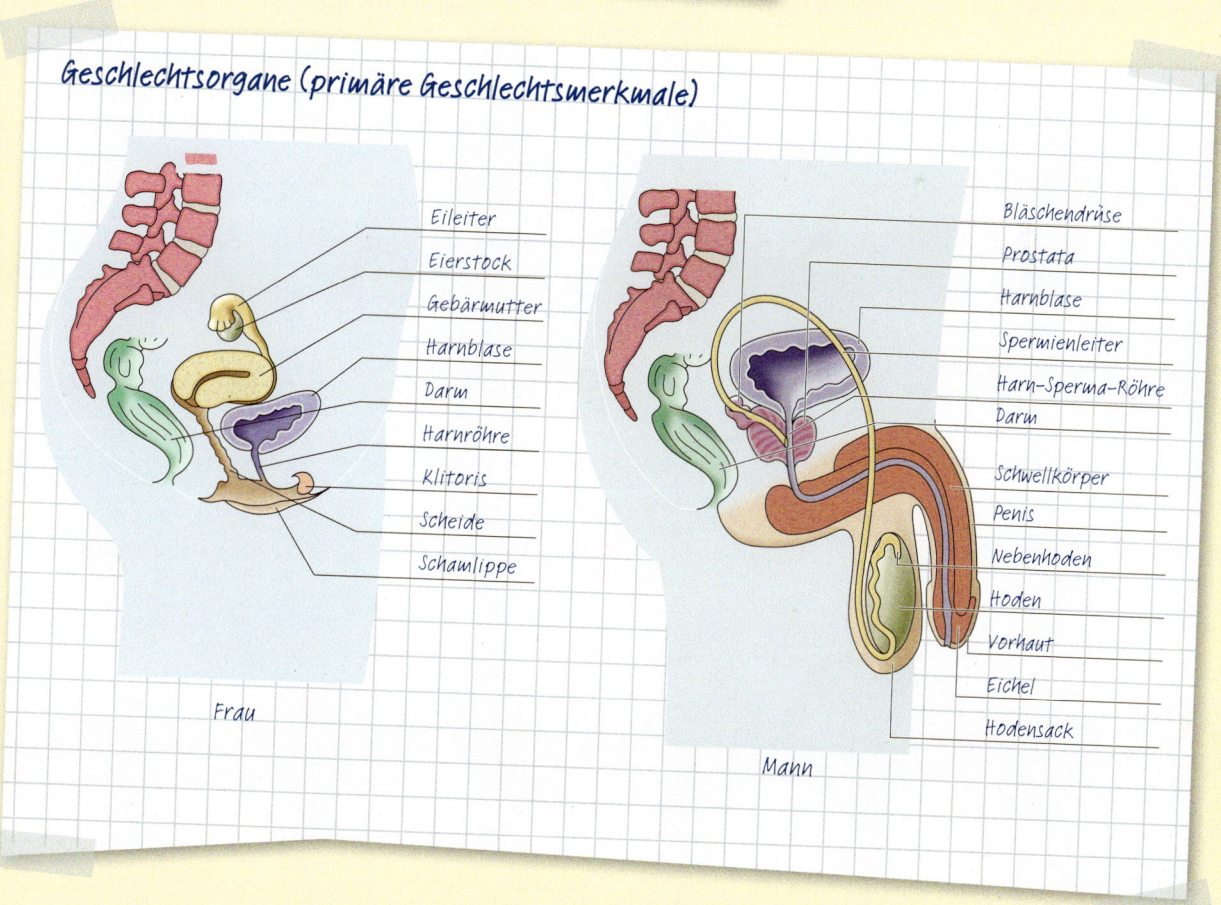

Frau: Eileiter, Eierstock, Gebärmutter, Harnblase, Darm, Harnröhre, Klitoris, Scheide, Schamlippe

Mann: Bläschendrüse, Prostata, Harnblase, Spermienleiter, Harn-Sperma-Röhre, Darm, Schwellkörper, Penis, Nebenhoden, Hoden, Vorhaut, Eichel, Hodensack

Fortpflanzung, Wachstum und Individualentwicklung

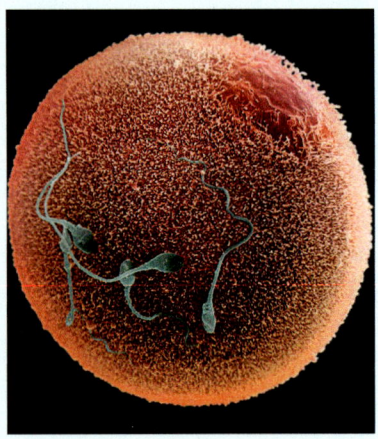

Abb. 1 Eizelle und Spermien

1. Sperma besteht nur zu etwa zehn Prozent aus Spermien. Der Rest ist eine Flüssigkeit, die unter anderem auch Zucker enthält.
   Erstelle eine Hypothese zur Bedeutung dieses Zuckers.
   Tipp: Die Spermien brauchen für ihre Bewegung Energie.

2. Hier sind einige Buchstaben durcheinandergeraten. Ordne, sodass sich sinnvolle Sätze ergeben.
   Die Entstehung eines neuen Menschen beginnt mit der SCHMELVERZUNG zweier winziger LENZELMIEK ▷ Abb. 1. Diese LENEIMZELK entstehen in den NENAGROSTSCHELCHEG. In den paarigen DEHON, die außerhalb des Körpers liegen, werden die MIPERSEN gebildet. Beim SCHLECHGETS-REVKEHR werden sie durch den NISPE in die IDESCHE der Frau abgegeben. Die beweglichen Spermien wandern bis in die LEIEREIT. Alle vier Wochen bildet sich in einem der beiden ÖCKEREISTE eine ZEILELE. Diese wandert nach dem PREISUNG durch den LEIEIRET zur ÄRMBEGTUTER. In dieser Zeit kann sie von einem Spermium TUCHREFBET werden. Wird die Eizelle nicht befruchtet, kommt es zur STRUTIOANNEM. ▷ 📖

3. Die Abbildungen zum Menstruationszyklus sind etwas durcheinander gekommen ▷ Abb. 2. Ordne die Abbildungen in der richtigen Reihenfolge und beschreibe den Weg der Eizelle.

4. Ein Mädchen führt einen Menstruationskalender und streicht die Tage mit Blutungen an ▷ Abb. 3.
   Errechne die Tage in den Monaten September und Oktober, an denen der Eisprung jeweils am wahrscheinlichsten stattgefunden hat. Gib an, welche Tage das Mädchen voraussichtlich im November durchstreichen wird.

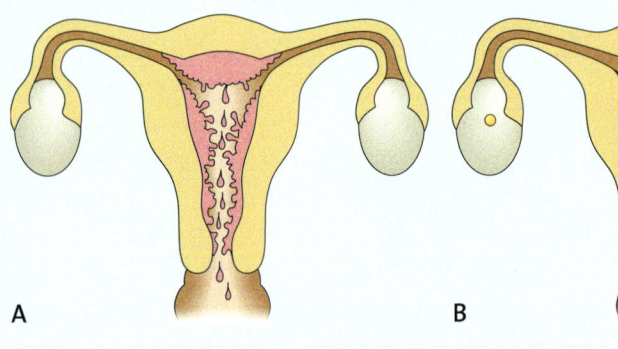

A   B   C   D

Abb. 2 Menstruationszyklus, schematisch

September

Mo	Di	Mi	Do	Fr	Sa	So
					1	2
3	4	5	6	7	8	9
10	11	12	13	14	~~15~~	~~16~~
~~17~~	~~18~~	~~19~~	~~20~~	21	22	23
24	25	26	27	28	29	30

Oktober

Mo	Di	Mi	Do	Fr	Sa	So
1	2	3	4	5	6	7
8	9	10	11	~~12~~	~~13~~	~~14~~
~~15~~	~~16~~	17	18	19	20	21
22	23	24	25	26	27	28
29	30	31				

November

Mo	Di	Mi	Do	Fr	Sa	So
			1	2	3	4
5	6	7	8	9	10	11
12	13	14	15	16	17	18
19	20	21	22	23	24	25
26	27	28	29	30		

Abb. 3 Menstruationskalender

5. Vergleiche ein Spermium mit einer Eizelle ▷ Abb. 1. Übertrage dazu die Tabelle 1 in dein Heft und ergänze die leeren Felder. Dazu kannst du natürlich auch noch einmal auf den geeigneten Seiten in diesem Buch nachschlagen.

6. Leon und Tim spielen im selben Verein Fußball. Seit kurzer Zeit haben sie einen neuen Trainer.
   6.1 Erzähle die dargestellte Geschichte in eigenen Worten ▷ Abb. 4.
   6.2 Stelle Vermutungen an, auf welcher Farbe Leons „innere Gefühlsampel" in Bild 2 steht ▷ vgl. S. 81.
   6.3 Überlege mögliche Reaktionen von Leon im Auto (Bild 2), die die Situation verändern könnten.
       Wäge Vor- und Nachteile seiner möglichen Handlungen ab.
   6.4 Tim, der ja nicht weiß, was Leon passiert ist, könnte auf Leons unfreundliche Antwort (Bild 4) unterschiedlich reagieren. Beschreibe verschiedene Reaktionsmöglichkeiten für Tim.
   6.5 Finde Sätze, die Leon im Anschluss an Bild 4 zu Tim sagen könnte, damit Tim merkt, dass sich Leon nicht nur über Tims Hänselei in Bild 3 ärgert, sondern dass wirklich etwas Schlimmes passiert ist.
   6.6 Überlege Handlungsstrategien für die beiden Jungen, die eine erneute Belästigung eines Teamkameraden durch den Trainer in Zukunft verhindern.

Merkmal	Eizelle	Spermium
Größe		
Form		
Vorrat an Nährstoffen		
Beweglichkeit		
Bildungsort		
Bildungshäufigkeit		

Tab. 1 Vergleich Eizelle und Spermium

Abb. 4 Erkennen von sexuellem Missbrauch

Samenpflanzen als Lebewesen

1

2

3

4

5

6

Fortpflanzung

Die Blüte als Fortpflanzungseinheit

Abb. 1 Vielfalt bei Tulpen

Abb. 2 Hahnenfußblüte

Abb. 3 Tulpenblüte

Biologische Bedeutung der geschlechtlichen Fortpflanzung

So wie sich alle Menschen voneinander unterscheiden, so unterscheiden sich auch Pflanzen innerhalb jeder Art geringfügig voneinander. Dies liegt in der geschlechtlichen Fortpflanzung begründet. Dabei werden die Erbinformationen beider Eltern zufällig miteinander vermischt und es entstehen verschiedene Nachkommen mit neuen Eigenschaften oder Kennzeichen ▷ Abb. 1. Grundlage dafür ist die Bildung von männlichen und weiblichen Keimzellen.

Wie beim Menschen sind männliche und weibliche Organe vorhanden, die bei Pflanzen in der Blüte zu finden sind. Häufig sind beide Organe in einer einzigen Blüte enthalten. Man spricht deshalb bei diesem zusammengesetzten Organ von zweigeschlechtlichen Blüten oder **Zwitterblüten.**

Aufbau der Blütenhülle

Betrachtet man eine Blüte, fällt zuerst die **Blütenhülle** auf. Sie schützt die inneren Bestandteile vor Verletzung, Kälte und Nässe und dient der Anlockung von Tieren, zum Beispiel Insekten. Deshalb ist sie meist auch sehr auffällig und bunt gestaltet. Entfernt man die einzelnen Blütenhüllblätter vorsichtig mit dem Finger oder einer Pinzette, stellt man fest, dass es beim Hahnenfuß zwei Typen von Blütenhüllblättern gibt: die äußeren, grünen **Kelchblätter** und die inneren, gelb glänzenden **Kronblätter** ▷ Abb. 2, 4. Man spricht deshalb beim Hahnenfuß von einer **doppelten Blütenhülle**. Die fünf Kronblätter sowie die fünf Kelchblätter sind gleichmäßig im Kreis angeordnet. Sie stehen zueinander immer auf Lücke. Das heißt, dass zwischen zwei Kronblättern außen ein Kelchblatt steht und umgekehrt natürlich auch. Am Grunde der Kronblätter und somit oft tief im Inneren der Blüte versteckt, wird **Nektar** produziert. Dieser ist eine zuckerreiche und oft duftende Flüssigkeit, die ebenfalls Tiere anlockt.

Bei der Tulpe besteht die Blütenhülle aus lauter gleich gestalteten farbigen Blütenblättern. Man kann also nicht zwischen Kelchblättern und Kronblättern unterscheiden. Solche Blütenhüllen werden als **Perigon** bezeichnet ▷ Abb. 3, 5.

A 1 Vergleiche die Fortpflanzungssysteme von Pflanzen und Menschen miteinander. Verwende dazu die folgende Tabelle: ▷

	Pflanze	Mensch
männliche Keimzelle		
weibliche Keimzelle		
männl. Geschlechtsorgan(e)		
weibl. Geschlechtsorgan(e)		

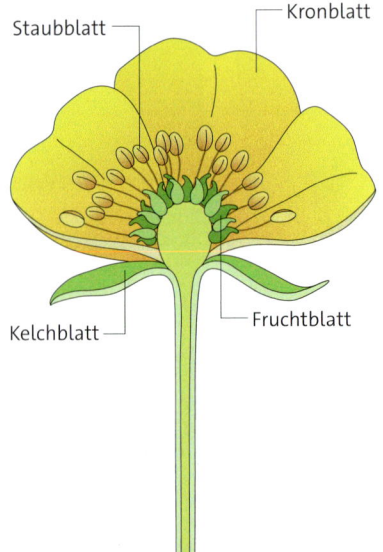

Abb. 4 Hahnenfußblüte, Längsschnitt

(Beschriftungen: Staubblatt, Kronblatt, Kelchblatt, Fruchtblatt)

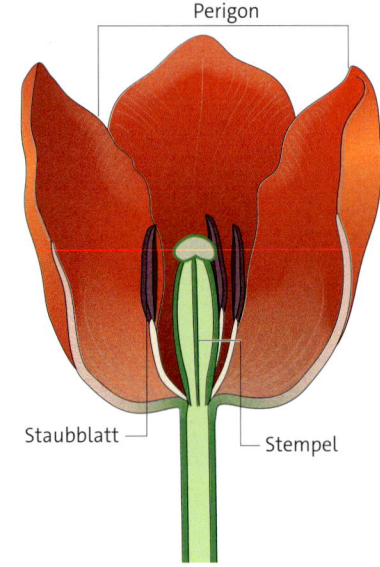

Abb. 5 Tulpenblüte, Längsschnitt

(Beschriftungen: Perigon, Staubblatt, Stempel)

Männliche Blütenorgane

Bei genauer Betrachtung der Blüte mit der Lupe sind weiter innen die **Staubblätter** zu erkennen. Dies können nur sechs wie bei der Tulpe sein, oder zahlreiche, wie bei der Hahnenfußblüte. Jedes Staubblatt besteht aus dem **Staubbeutel** und dem dünnen **Staubfaden** ▷ Abb. 6. In den Staubbeuteln wird der **Blütenstaub** oder **Pollen** gebildet. Betupft man mit dem Finger die reifen Staubbeutel einer Blüte, so öffnen sie sich und der gelbe Blütenstaub bleibt am Finger haften. Pollen besteht aus winzigen **Pollenkörnern**. In ihnen können sich die männlichen Geschlechtszellen, die sogenannten **Spermazellen** entwickeln. Die Staubblätter stellen deshalb die **männlichen Blütenorgane** dar.

Weibliche Blütenorgane

In der Mitte der Blüte des Hahnenfußes kann man die zahlreichen **Fruchtblätter** auf dem hochgewölbten Blütenboden entdecken. Sie bestehen aus dem rundlichen **Fruchtknoten** und einem hakenförmigen **Griffel** mit kleiner **Narbe**. Jeder Fruchtknoten birgt nur eine einzige **Samenanlage** mit einer **Eizelle** ▷ Abb. 8, 9.

Bei der Tulpe sind die Fruchtblätter zu einem **Stempel** verwachsen ▷ Abb. 7. Dieser setzt sich aus der dreilappigen Narbe, dem kurzen Griffel und dem dreiteiligen Fruchtknoten mit den darin liegenden Samenanlagen zusammen. In den Samenanlagen befinden sich die Eizellen. Die Fruchtblätter sind also das **weibliche Blütenorgan** der Tulpe. Die Dreiteiligkeit des Stempels zeigt, dass er aus drei verwachsenen Fruchtblättern zusammengesetzt ist.

Einhäusige und zweihäusige Pflanzen

Hahnenfuß und Tulpe besitzen Zwitterblüten. Sie enthalten sowohl die männlichen als auch die weiblichen Organe. Daneben gibt es Pflanzenarten, bei denen die eingeschlechtigen Blüten entweder nur Staubblätter oder nur Fruchtblätter besitzen. Kommen diese Blüten wie bei der Hasel an einer einzigen Pflanze vor, spricht man von einhäusigen Pflanzen. Sind die männlichen und weiblichen Blüten jeweils auf unterschiedlichen Pflanzen verteilt, sind diese zweihäusig, beispielsweise bei der Eibe.

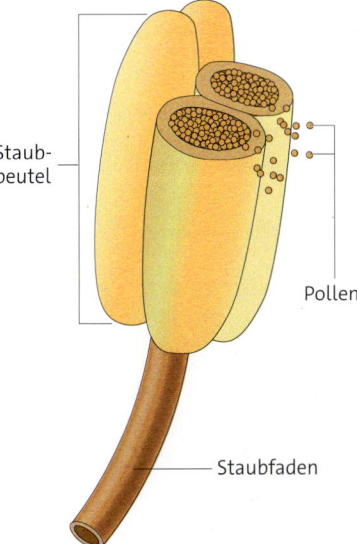

Staubbeutel

Pollen

Staubfaden

Abb. 6 Staubblatt

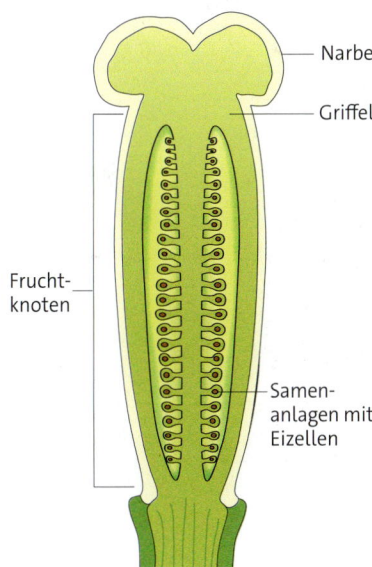

Narbe

Griffel

Fruchtknoten

Samenanlagen mit Eizellen

Abb. 7 Stempel der Tulpe, „Längsschnitt"

Abb. 8 Fruchtblätter des Hahnenfußes

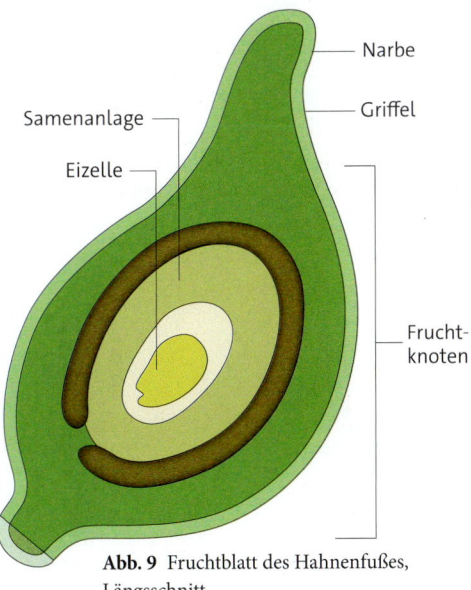

Narbe

Griffel

Samenanlage

Eizelle

Fruchtknoten

Abb. 9 Fruchtblatt des Hahnenfußes, Längsschnitt

A2 Recherchiere weitere Beispiele für einhäusige und zweihäusige Pflanzenarten.

A3 Überlege und begründe, ob es Pflanzen mit zwittrigen Blüten geben kann, die zweihäusig sind. ▷

Abb. 1 Sicherheitshinweise

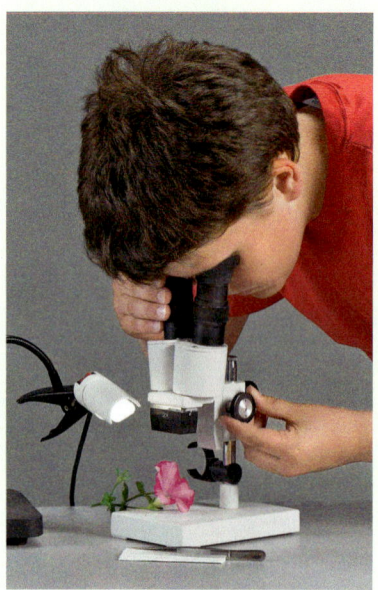

Abb. 2 Arbeiten mit dem Binokular

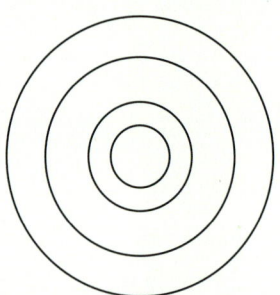

Abb. 3 Vier Kreise

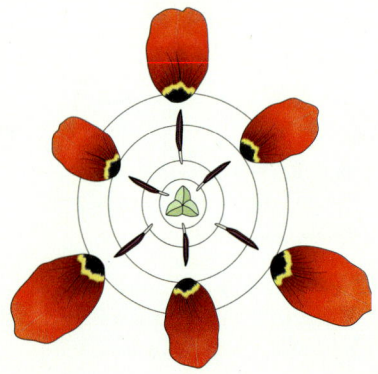

Abb. 4 Legebild einer Tulpenblüte

Legebilder

Material: Blüte einer Pflanze, zum Beispiel Tulpe, Raps, Hahnenfuß, Storchschnabel, Geranie, Rose, Kirsche, Apfel, Erdbeere und so weiter, Zirkel, DIN-A4-Blätter, Klebstoff, Schere oder Messer, Pinzette, Lupe oder Binokular Anmerkung: Tulpen sind in Gärtnereien das ganze Jahr erhältlich.

Methode:
1. Betrachte eine Blüte von oben. Eine Lupe oder ein Binokular ist dabei hilfreich ▷ Abb. 2.
2. Zähle jeweils die gleich gestalteten Blätter der Blüte.
3. Benenne die einzelnen Blättertypen der Blüte.
4. Betrachte die genaue Anordnung der Blätter der Blüte. Du erkennst, dass die Blütenbestandteile kreisförmig angeordnet sind und immer „auf Lücke" stehen.
5. Zeichne mit dem Zirkel vier ineinander liegende Kreise im Abstand von einigen Zentimetern ▷ Abb. 3.
6. Entferne vorsichtig mit der Pinzette die verschiedenen Blätter der Blüte von außen nach innen. Ordne jedes Blatt gleich auf deinen gezeichneten Kreisen so an, wie die Blätter auch in der Blüte liegen.
7. Klebe die Blätter der Blüten an die einzelnen Kreise. Achte auf die Winkelabstände in und zwischen den Kreisen. In Abbildung 4 siehst du das Ergebnis bei einer Tulpenblüte. In den inneren Kreis kannst du den Fruchtknoten kleben. Bei manchen Pflanzen wie bei der Tulpe ist dieser sehr groß. Schneide deshalb vorsichtig eine dünne Scheibe heraus und klebe diese auf.
8. Lege mehrere Lagen saugfähiges Papier über die Legebilder und beschwere sie mit einem Buch. So werden sie trocken und haltbar. Du kannst sie jetzt mit einem Stück Klebefolie fixieren.

Versteckter Fruchtknoten

Material: Blüten, zum Beispiel von Tulpe, Raps, Apfel, Rose, Geranie, Glockenblume oder Taubnessel, Messer oder Rasierklinge, Lupe

Methode:
1. Schneide die Blüten längs durch, sodass zwei Hälften entstehen.
2. Betrachte die einzelnen Pflanzenteile und suche den Fruchtknoten.
3. Vergleiche die Lage des Fruchtknotens deiner Blüten mit der Lage der Fruchtknoten in Abbildung 5.
4. Gib die Lage des Fruchtknotens als „oberständig", „mittelständig" oder „unterständig" an.

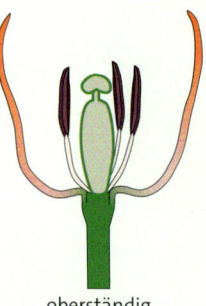
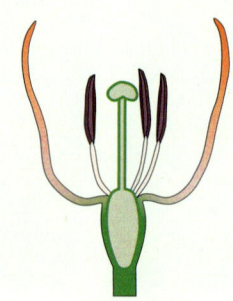

oberständig   mittelständig   unterständig

Abb. 5 Lage des Fruchtknotens

Blütendiagramm

Ein Blütendiagramm ist der schematisierte, modellhafte Grundriss einer Blüte. Es stellt vereinfacht und übersichtlich die wirklichen Verhältnisse in einer Blüte dar. Eine solche Modellskizze erfasst nur bestimmte Anteile der Wirklichkeit. Weniger wichtige Anteile wie Größe der Blätter, genaue Form und so weiter werden dabei nicht beachtet.

Vielleicht habt ihr sogar ein Modell einer Blüte, zum Beispiel von einer Tulpe, in eurer Biologiesammlung.

Stell dir vor, dass du von oben auf eine quer geschnittene Blüte schaust ▷ Abb. 6, 8. Nun trägst du die Symbole für die verschiedenen Blätter einer Blüte entsprechend ihrer Lage auf Kreisen ein.
Die Blütendiagramme von Tulpe und Hahnenfuß findest du in den Abbildungen 7 und 9. Zum Vergleich mit der Wirklichkeit kannst du die Fotos der Blüten auf der vorherigen Doppelseite betrachten.

Material: Blüten verschiedener Pflanzen, zum Beispiel Geranie, Rose, Kirsche, Apfel, Taubnessel, Erdbeere und so weiter, Zirkel, Papier, eventuell Lupe, Binokular und Rasierklinge

Methode:
1. Zeichne mit einem Zirkel vier ineinander liegende Kreise (vergleiche Aufgabe „Legebilder" sowie Abbildung 3).
2. Betrachte die Blüte mit der Lupe oder dem Binokular von oben.
3. Zähle die gleich gestalteten Blätter der Blüte.
4. Zeichne auf den äußeren Kreis die Kelchblätter ein. Diese sind gleichmäßig verteilt. Man zeichnet sie wie eine Klammer, oft mit einer kleinen Spitze in der Mitte.
5. Zeichne auf den darunter liegenden Kreis in gleicher Weise die Kronblätter ein. Sie befinden sich zu den Kelchblättern auf Lücke. Betrachte dazu die Blüte noch einmal genau.
   Hat deine Blüte ein Perigon, das heißt, Kelch- und Kronblätter sind gleich gestaltet, so sind die Blätter des Perigons ebenfalls in zwei Kreisen auf Lücke angeordnet.
6. Auf den beiden restlichen Kreisen werden die Staubblätter eingetragen. Man zeichnet sie wie eine kleine Erdnuss.
   Um diese besser erkennen zu können, musst du vielleicht die Blüte vorher quer durchschneiden.
   Die Staubblätter können wieder auf den beiden Kreisen auf Lücke stehen, wie bei der Tulpe, oder sehr zahlreich sein, wie bei der Hahnenfußblüte. Bei Letzterer musst du die Anzahl nicht exakt eintragen. Es sollten aber viele sein.
7. In den inneren Kreis zeichnest du die Form des Fruchtknotens. Bei der Tulpe ist er aus drei Fruchtblättern verwachsen. Wenn du den Fruchtknoten quer durchschneidest, kannst du das erkennen. So ähnlich sollte es auch im Blütendiagramm aussehen.
   Bei der Hahnenfußblüte sind viele, nicht verwachsene Fruchtblätter zu erkennen. Diese kannst du sehr leicht einzeichnen. Auch hier musst du nicht auf die genaue Anzahl achten.

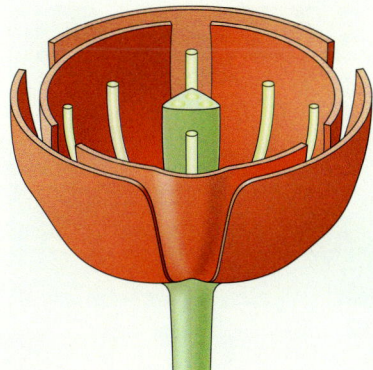

Abb. 6 Querschnitt einer Tulpenblüte

Abb. 7 Blütendiagramm einer Tulpe

Abb. 8 Querschnitt einer Hahnenfußblüte

Abb. 9 Blütendiagramm einer Hahnenfußblüte

Abb. 1 Biene mit „Pollenhöschen"

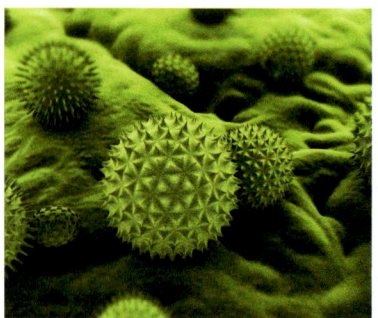

Abb. 2 Mikroskopisches Bild von Pollenkörnern

Ablauf der Bestäubung

Es ist ein wunderschöner Maitag. Um einen Kirschbaum herum summen die Bienen. Eine lässt sich gerade auf einer Blüte nieder, um mit ihrem Rüssel den Nektar unten am Fruchtknoten aufzusaugen. Ihr haariger Körper wird dabei vom Pollen der reifen Staubblätter gelb eingepudert. Mit den Hinterbeinen kämmt sie einen Teil des Pollens heraus und verknetet ihn zu „Pollenhöschen" ▷ Abb. 1. Diese bestehen aus bis zu 500 000 Pollenkörnern ▷ Abb. 2. Dann fliegt die Biene zur nächsten Blüte. Hier sind die Staubblätter noch unreif und geschlossen, doch die Narbe ist schon reif und klebrig. Auch diesmal nimmt sie den Nektar vom Blütengrund auf. Dabei bleiben Pollenkörner von der vorher besuchten Blüte an der Narbe haften.

Die Biene hat so nebenbei eine wichtige Aufgabe für den Kirschbaum erfüllt: Sie hat den Pollen der einen Blüte auf die Narbe einer anderen Blüte derselben Art übertragen ▷ Abb. 3. Dies nennt man **Bestäubung**. Geschieht die Bestäubung durch Tiere, spricht man von **Tierbestäubung** oder auch, da es sich häufig um Insekten handelt, von Insektenbestäubung. Bei manchen Pflanzen kann auch der Wind die Pollen von der einen zu einer anderen Pflanze übertragen. Der Vorgang wird deshalb **Windbestäubung** genannt.

Fremdbestäubung

Wenn der Pollen der Blüte eines Kirschbaums auf die Narbe einer Blüte eines anderen, „fremden" Kirschbaums übertragen wird, hat damit eine **Fremdbestäubung** stattgefunden. Eigentlich könnte sich die Kirschblüte auch selbst bestäuben, denn sie trägt männliche und weibliche Blütenorgane, sie ist also eine Zwitterblüte. Bei anderen Pflanzen reift aber oft die Narbe vor den Staubblättern heran. So können die eigenen Pollenkörner gar nicht auf die Narbe gelangen, da diese noch nicht ausgebildet sind. Viele Pflanzen verhindern auf diese Weise, dass eine Selbstbestäubung stattfindet. Die Fremdbestäubung hat gegenüber der Selbstbestäubung den Vorteil, dass eine größere Vielfalt an Nachkommen entsteht.

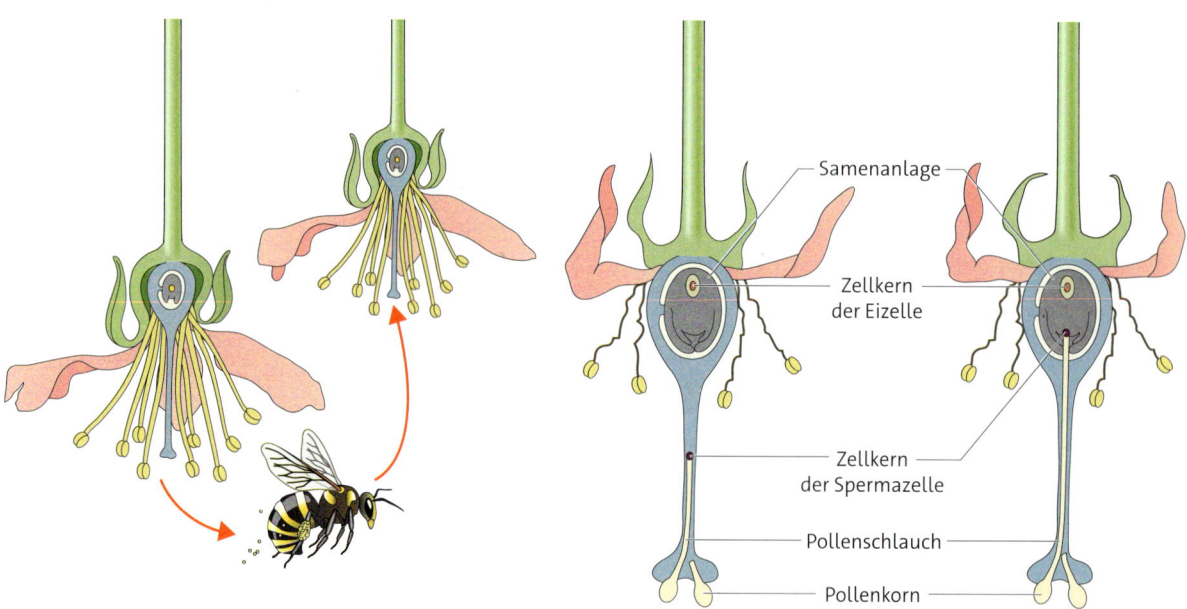

Abb. 3 Übertragung von Pollen und Auswachsen des Pollenkorns

Ablauf der Befruchtung

Bei der Bestäubung überträgt eine Biene Pollenkörner auf die klebrige Narbe einer Kirschblüte. Die Pollenkörner bilden anschließend mikroskopisch kleine schlauchförmige Gebilde, die **Pollenschläuche**, die durch Narbe und Griffel zur **Samenanlage** hin wachsen. Der am schnellsten wachsende Pollenschlauch dringt in die Samenanlage ein ▷ Abb. 6. In ihm befindet sich eine männliche Geschlechtszelle und die **Befruchtung** erfolgt: Die **männliche Geschlechtszelle**, auch **Spermazelle** genannt, verschmilzt mit der Eizelle. Auch ihre Kerne verschmelzen miteinander. Dadurch entsteht eine **befruchtete Eizelle**.

Pflanzen wie die Kirsche besitzen somit eine geschlechtliche Fortpflanzung. Ebenso wie beim Menschen gibt es weibliche und männliche Fortpflanzungsorgane. Auch der Vorgang der Befruchtung gleicht dem des Menschen, bei dem ebenfalls zwei Zellkerne miteinander verschmelzen.

Abb. 4 Unreife Kirsche

Entwicklung zur Frucht

Die befruchtete Eizelle beginnt sich zu teilen und der Fruchtknoten wächst stark heran. Die Kronblätter werden nicht mehr gebraucht, sie werden welk und fallen ab. Auch Griffel, Narbe und Staubblätter vertrocknen ▷ Abb. 4. Zusammen mit den Kelchblättern werden alle früher oder später abgeworfen. Die Wand des Fruchtknotens entwickelt sich zur Fruchtwand mit glatter Fruchtschale, saftigem Fruchtfleisch und steinharter Innenschale. Der Steinkern schützt den Samen im Innern. Deshalb wird diese Fruchtform Steinfrucht genannt.

Betrachtet man den Verlauf der Entwicklung zur Frucht, so wird klar, dass jede reife Kirsche ▷ Abb. 5 vorher eine einzelne Kirschblüte gewesen sein muss. Nur wenn diese bestäubt wurde, kann daraus auch eine Kirsche entstehen. Man kann gut nachvollziehen, welche Blütenbestandteile sich dabei umbilden: Der Fruchtknoten entwickelt sich zur Frucht. Die Samenanlage im Fruchtknoten wird zum Samen. Die in der Samenanlage eingeschlossene, befruchtete Eizelle wird nach vielen Teilungen stark heranwachsen und zur neuen Pflanze werden.

Abb. 5 Reife Kirschen

A1 Benenne alle in den Abbildungen 3 und 6 gezeichneten Bestandteile der Blüte beziehungsweise Frucht, die noch nicht beschriftet sind. ▷ 📖

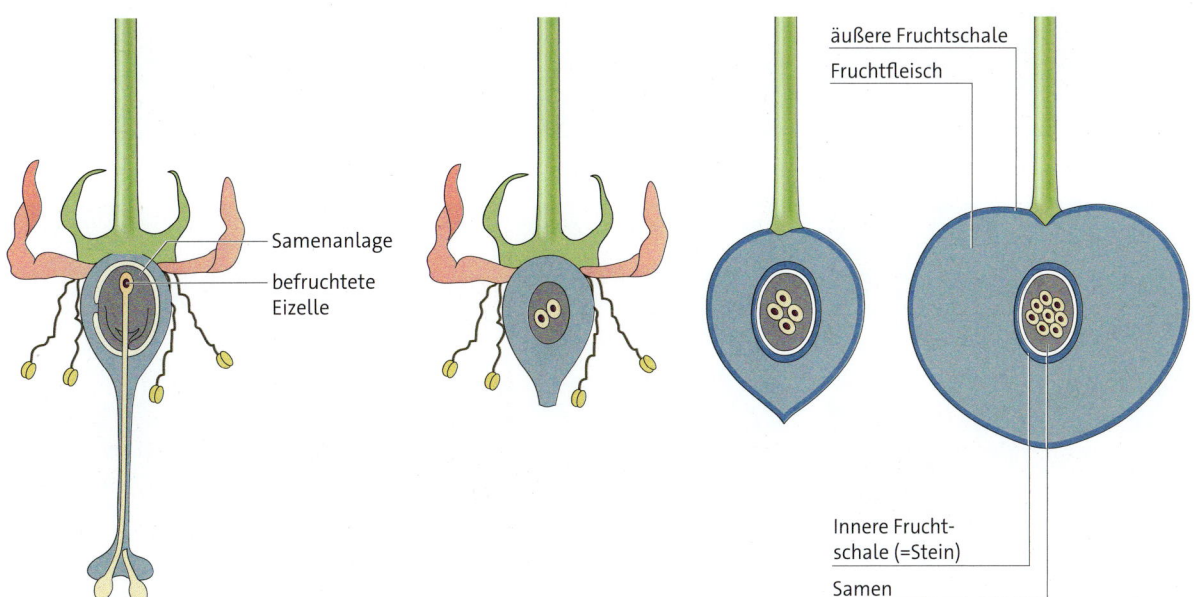

äußere Fruchtschale
Fruchtfleisch

Samenanlage
befruchtete Eizelle

Innere Fruchtschale (=Stein)
Samen

Abb. 6 Befruchtung und Entwicklung der Frucht

Fortpflanzung

Vergleich von Tier- und Windbestäubung

Abb. 1 Bestäubender Käfer

A 1 Informiere dich über den Unterschied zwischen Pollen, Nektar und Honig.

A 2 Erkläre, warum Pflanzen ihren Nektar tief in der Blüte verbergen.

A 3 Ordne die Blüten der Abbildungen 2 bis 7 der Tier- oder Windbestäubung begründet zu. ▷

Tierbestäubung

Blüten, die durch Insekten bestäubt werden, sind besonders auffällig. Im Innern der Blüte wird ein zuckerreicher Saft, der **Nektar**, abgegeben. Die Insekten nehmen ihn als Nahrung zu sich. Der Nektar ist die „Gegengabe" der Blüten an die Tiere, die ihnen Pollen bringen und damit für die Entwicklung keimfähiger Samen sorgen. Einer Hummel kann der Nektar einer Blüte beispielsweise die Energie für eine Flugminute liefern. Insekten leisten dem Menschen durch die Bestäubung von Nutzpflanzen große Dienste. Über 80 % unserer heimischen Wirtschaftspflanzen sind auf bestäubende Insekten angewiesen. Würde diese Aufgabe nicht mehr übernommen werden, so gäbe es auch deutlich weniger Nahrung.

Auch andere Insekten wie Käfer ▷ Abb. 1, Schmetterlinge oder Ameisen können Blüten bestäuben. Manche Pflanzen werden sogar durch Vögel oder durch Säugetiere wie der Fledermaus bestäubt.

Windbestäubung

Es gibt Pflanzen, die viele unscheinbare Blüten besitzen, die man oft gar nicht wahrnimmt. Getreidepflanzen und andere Gräser, Eiche, Buche, Hasel, Pappel und Nadelhölzer sind Beispiele hierfür. Sie haben ihre Staubbeutel an langen Staubfäden oder in herabhängenden Blüten, die im Wind hin und her schaukeln. Wenn die Staubbeutel aufplatzen, verweht der Wind den Pollen oft über viele Kilometer ▷ Abb. 8. Rein zufällig kann der Pollen auf einer klebrigen Narbe hängen bleiben ▷ Abb. 9. Gehören beide zur gleichen Art, kann der Pollen auswachsen.

Abb. 2 Rotbuche

Abb. 3 Heide-Nelke

Abb. 4 Brennnessel

Abb. 5 Scharbockskraut

Abb. 6 Wiesen-Glatthafer

Abb. 7 Wiesenglockenblume

Kosten-Nutzen-Analyse

Vergleicht man die beiden Strategien der Bestäubung miteinander, so fällt auf, dass bei der Tierbestäubung die Blüten oft groß und sehr auffällig sind. Sie besitzen bunte Farben, ausgefallene Formen und stellen Nektar her. All dies ist mit Energie kostenden Herstellungsprozessen verbunden. Die Baustoffe, Farbstoffe oder Duftstoffe müssen von der Pflanze hergestellt werden. Der hohe Aufwand ist dabei mit hohen Kosten verbunden. In einer Kosten-Nutzen-Analyse betrachtet man, ob diese Kosten auch einen Nutzen für die Pflanze haben, denn nur wenn der Nutzen höher ist als die Kosten, kann die Strategie, wie hier die Tierbestäubung, erfolgreich sein. Durch diese Kosten werden beispielsweise Insekten angelockt, die auf den großen Blüten landen können. Dabei nehmen diese Tiere oft ungewollt den Pollen mit. Auf diese Weise können sie ihn auf eine andere Blüte der gleichen Art übertragen. So ist auch nur eine geringe Menge Pollen nötig, um eine Fremdbestäubung sicherzustellen. Die Pflanze kann somit Samen bilden und sich vermehren und verbreiten. Dies ist der Nutzen, der die Kosten überwiegt.

Im frühen Erdmittelalter gab es nur die Windbestäubung. Hier scheinen die Kosten der Pflanze sehr gering zu sein, wenn man beispielsweise die unscheinbaren und duftlosen Blüten einer Hasel betrachtet ▷ Abb. 8, 9. Auch Nektar wird nicht gebildet. Da der Wind die Pollen jedoch nicht zielsicher zu einer anderen Pflanze transportiert, sind sehr große Mengen an Pollen nötig. Die kleinen und zahlreichen männlichen Blüten sind zu einem Blütenstand, dem **Kätzchen** vereint. Die weiblichen Blüten sind ebenfalls klein. Allein die Narben sind stark vergrößert und ragen aus der Pflanze heraus, um die Pollen aufzunehmen. Der Nutzen für die Pflanze besteht ebenfalls in der Fremdbestäubung. Allerdings ist hier der Erfolg eher zufällig. Dafür ist keine energieaufwendige Produktion von Nektar, Duftstoffen oder großen und farbigen Blütenblättern nötig.

Abb. 8 Hasel, männliche Blüten

Abb. 9 Hasel, weibliche Blüte

Gegenseitige Angepasstheit

Betrachtet man eine Blüte und das bestäubende Insekt ▷ Abb. 10, so erkennt man die **gegenseitige Angepasstheit**:

- Die Blüte besitzt bunte Farben und Formen, die das Insekt sehen kann.
- Große Kronblätter bieten dem Insekt Platz, darauf zu landen.
- Tief im Inneren der Blüte wird Nektar gebildet, den das Insekt mit seinem langen Saugrüssel aufnehmen kann.

Aufgrund dieser gegenseitigen Angepasstheit gibt es eine große Artenvielfalt von Insekten und Blütenpflanzen.

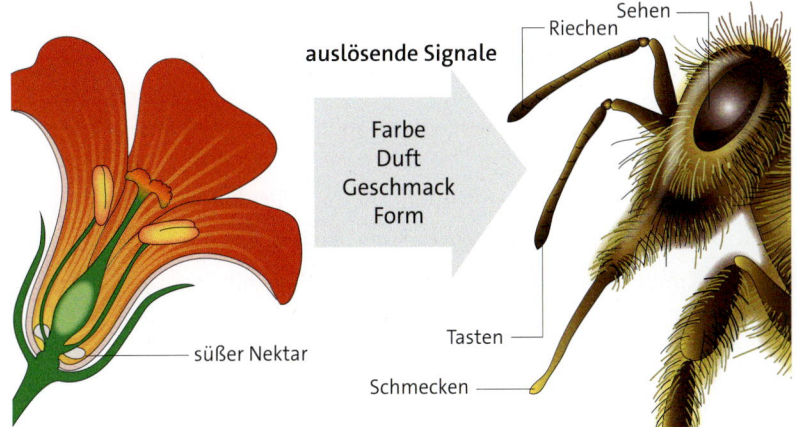

Abb. 10 Wie eine Blüte auf ein Insekt wirkt, schematische Darstellung

A4 Pflanzen müssen zur Anlockung von Insekten viel Nektar produzieren. Beschreibe Vor- sowie Nachteile der Nektarproduktion für die Pflanze.

A5 Eine Roggenpflanze produziert etwa vier Millionen Pollenkörner, Pflanzen mit farbigen Blüten jedoch oft nur mehrere tausend Pollenkörner. Erkläre diesen Unterschied.

A6 Stelle in einer Tabelle Kennzeichen von Blüten, die vom Wind beziehungsweise von Insekten bestäubt werden, gegenüber.

A7 In den letzten Jahren wird immer wieder von einem Rückgang der Bienenanzahl gesprochen. Stelle Hypothesen über die Folgen für Pflanzen und für den Menschen auf.

Vielfalt der Samenpflanzen

Abb. 1 Hundsrose

Abb. 2 Wiesensalbei

Abb. 3 Scharfer Hanhnenfuß

systematische Einheit	Einordnung
Familie	Hahnenfußgewächse
Gattung	Hahnenfuß
Art	Scharfer Hahnenfuß

Tab. 1 Systematische Einordnung des Scharfen Hahnenfußes

Systematik, Merkmale vergleichen – Ordnung schaffen

Pflanzen unterscheiden sich in vielen Merkmalen wie Bau, Größe und Farbe von Blüte, Same, Frucht, Blatt, Stängel und so weiter, aber auch im Bezug auf Standort, Blütezeit, Häufigkeit und Verbreitung.

Pflanzen werden nach gemeinsamen Merkmalen in die Systematik eingeordnet. Je mehr Merkmale zwei Pflanzen gemeinsam haben, als desto enger verwandt gelten sie. Stimmen viele Merkmale zum Beispiel im Blütenbau überein, werden sie zu einer Familie zusammengefasst. Sind alle Merkmale identisch, zählen die Pflanzen zur gleichen Art. Eine Familie umfasst somit viele verschiedene Arten. Als Beispiel zeigt Tabelle 1 die systematische Einordnung des Scharfen Hahnenfußes.

Pflanzen bestimmen

Zur Bestimmung der Art kann man **bebilderte Bestimmungsbücher** verwenden. Dort sind die Pflanzen oft nach ihrer Blütenfarbe oder der Zahl der Kronblätter geordnet. Oft sind darin nicht nur Fotos, sondern auch Zeichnungen und Beschreibungen zu finden. Eine Bestimmung erfordert genaues Vergleichen der Pflanzen mit dem Foto beziehungsweise mit der Zeichnung. Betrachtet man beispielsweise die Blattstellung auf Seite 97, so muss man genau hinsehen, worin die Unterschiede bestehen. Bei gegenständiger Blattstellung sitzen zwei Blätter immer gegenüber, bei wechselständiger Blattstellung verteilt am Stängel und nie gegenüber. Bei der kreuzweise gegenständigen Blattstellung sitzen die Blätter gegenüber, ein Blattpaar ist aber immer versetzt zum vorherigen angeordnet. Von oben betrachtet bilden sie ein Kreuz.

Ein **Bestimmungsschlüssel** dagegen kann viele Merkmale der erfassten Blütenpflanzen berücksichtigen ▷ Tab. 2. Mit dem folgenden, einfachen Bestimmungsschlüssel kann man die Blütenpflanzen der Abbildungen 1 bis 3 ihren Pflanzenfamilien zuordnen:

Man untersucht Schritt für Schritt das bei der jeweiligen Ziffer aufgeführte Merkmal und entscheidet sich wie an einer Weggabelung für Möglichkeit 1 oder für 1* (sprich: „Eins-Stern"). Dahinter ist entweder angegeben, bei welchem Punkt man weitermachen muss, oder die Bestimmung der Familie ist beendet (bei 3*: Hahnenfußgewächse). So können die im Schlüssel erfassten Pflanzen sicher zugeordnet werden. Die Pflanzenbestimmung wird auf den folgenden Seiten noch weiter geübt. Das Erstellen eines Bestimmungsschlüssels erfordert einen hohen Aufwand, vor allem, wenn man sehr viele Pflanzen berücksichtigen will.

Bestimmungsschlüssel

1 Kronblätter teilweise verwachsen → Lippenblütler ▷ Abb. 2

1* Kronblätter einzeln, nicht verwachsen → gehe zu 2

  2 4 Kronblätter vorhanden → Kreuzblütler

  2* 5 Kronblätter vorhanden → gehe zu 3

    3 Kronblätter rosa oder weiß → Rosengewächse ▷ Abb. 1

    3* Kronblätter gelb → Hahnenfußgewächse ▷ Abb. 3

Tab. 2 Bestimmungsschlüssel

Weitere Merkmale zur Unterscheidung und Bestimmung

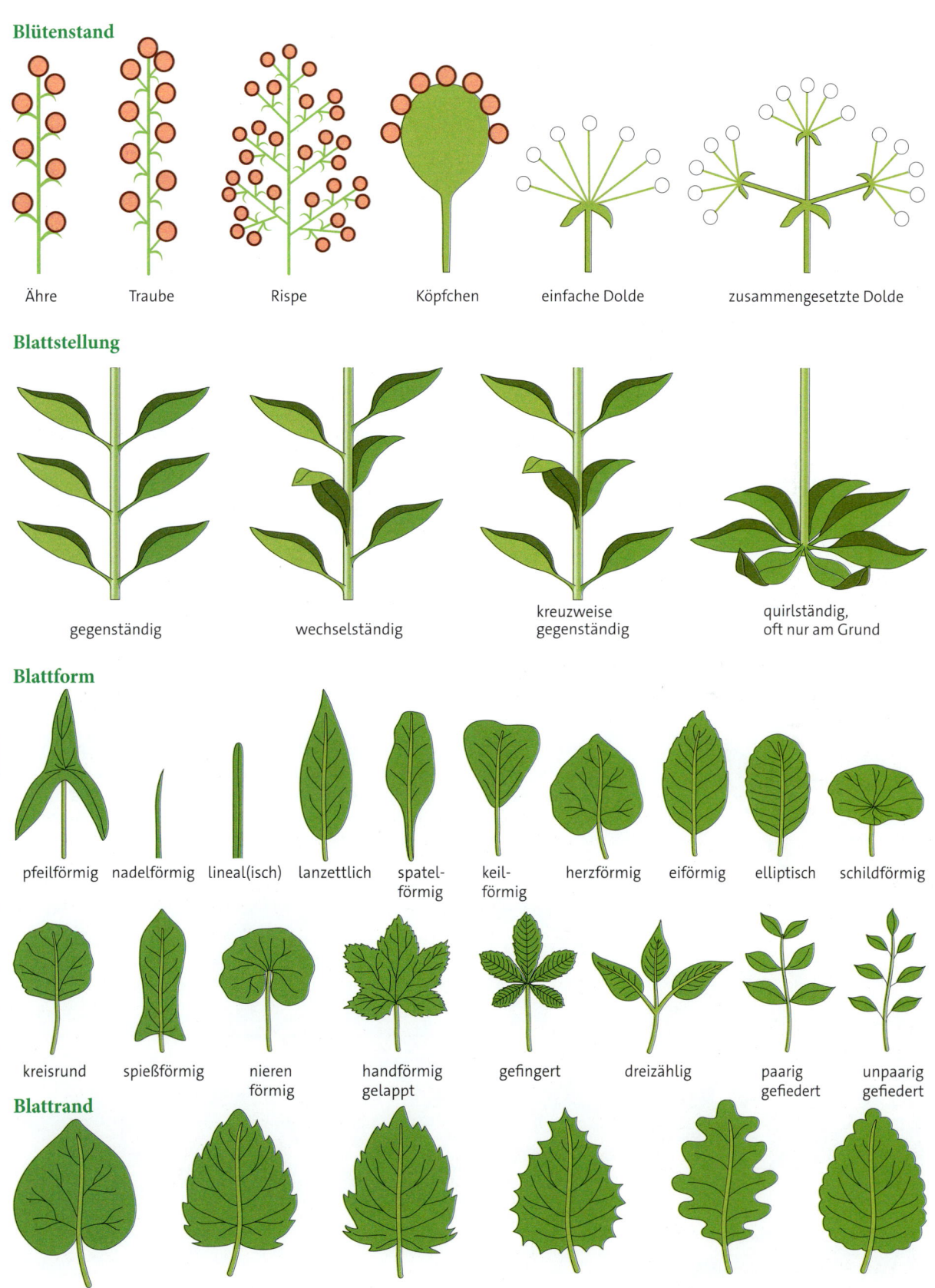

Blütenstand

Ähre · Traube · Rispe · Köpfchen · einfache Dolde · zusammengesetzte Dolde

Blattstellung

gegenständig · wechselständig · kreuzweise gegenständig · quirlständig, oft nur am Grund

Blattform

pfeilförmig · nadelförmig · lineal(isch) · lanzettlich · spatelförmig · keilförmig · herzförmig · eiförmig · elliptisch · schildförmig

kreisrund · spießförmig · nierenförmig · handförmig gelappt · gefingert · dreizählig · paarig gefiedert · unpaarig gefiedert

Blattrand

ganzrandig · gesägt · doppelt gesägt · gezähnt · buchtig · gekerbt

Fortpflanzung

Familie Kreuzblütler

Abb. 1 Wiesenschaumkraut

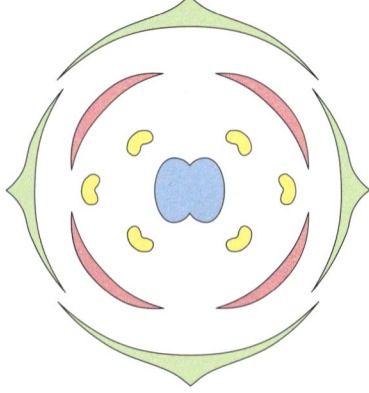

Abb. 2 Kreuzweise Anordnung der Blütenblätter im Blütendiagramm

Abb. 3 Schote

Abb. 4 Raps

Kennzeichen

Das Wiesenschaumkraut ▷ Abb. 1 wird 20 bis 40 Zentimeter hoch und blüht von April bis Mai häufig auf feuchten Wiesen. In seiner Blüte sind außen vier grüne Kelchblätter kreuzweise angeordnet. Nach innen folgen vier weiße, zum Teil schwach violettstichige Kronblätter, die auf Lücke zu den Kelchblättern stehen ▷ Abb. 2. Auch beim Raps sind vier Kelch- und vier Kronblätter kreuzweise angeordnet ▷ Abb. 4. Nach diesen gemeinsamen Blütenmerkmalen gehören beide Pflanzen zur Familie Kreuzblütler, obwohl sie sich in anderen Merkmalen wie der Blütenfarbe deutlich unterscheiden.

Die Kreuzblütler umfassen weltweit etwa 3 000 Arten, davon kommen 180 in Mitteleuropa vor. Weitere Blütenmerkmale dieser Pflanzenfamilie sind zwei äußere kürzere und vier innere längere Staubblätter. Letztere sind ebenfalls kreuzweise angeordnet. Der Fruchtknoten besteht aus zwei verwachsenen Fruchtblättern, die durch eine Scheidewand getrennt sind. Betrachtet man die sich daraus entwickelnde, mehrsamige Frucht, so sieht man immer noch die Scheidewand. An ihr sitzen die einzelnen Samen. Diese Frucht heißt **Schote** ▷ Abb. 3.

Vielfalt

Unter den Kreuzblütlern finden sich viele Nutzpflanzen. So liefern die verschiedenen Zuchtformen des Kohls wertvolles Gemüse ▷ Abb. 5. Alle Zuchtformen des Kohls gehören zu einer einzigen Art. Dazu zählen Grünkohl, Weißkohl, Rotkohl, Spitzkohl, Kohlrabi, Blumenkohl, Rosenkohl, Brokkoli oder Wirsing. Alle stammen vom Wildkohl ab, der in Deutschland nur noch auf der Insel Helgoland zu finden ist und dort Klippenkohl genannt wird. Aus den Schoten des Raps wird Öl gewonnen. Daraus wiederum kann zum Beispiel Margarine, aber auch Kraftstoff wie Biodiesel hergestellt werden.

Meerrettich und Senf waren, ehe Pfeffer in größeren Mengen verfügbar war, die einzigen scharfen Gewürze in Europa. Die Inhaltsstoffe aus den Wurzeln des Meerrettichs beziehungsweise aus den Samen des Senfs sind für die Verdauung hilfreich.

Abb. 5 Verschiedene Kohlsorten

Familie Rosengewächse

Kennzeichen

Im Frühjahr sind in vielen Gärten stark blühende Apfel-, Kirsch- oder Zwetschgenbäume zu sehen. Sie beeindrucken mit weiß oder rosa gefärbten Blüten ▷ Abb. 6, 7. Sie alle gehören zur Familie der Rosengewächse, zu der natürlich auch die Rose selbst zählt. Die Blüten bestehen aus fünf Kelch- und fünf Kronblättern. Die Anzahl der Staubblätter ist sehr groß, jedoch immer ein Vielfaches von fünf. Die Anzahl der Fruchtblätter kann stark variieren.

Am Stiel der Blätter von Rosengewächsen sind häufig sogenannte Nebenblätter zu finden ▷ Abb. 8. Sie sehen wie kleine Flügel aus und sind oft sehr klein.

Vielfalt

Zu den Rosengewächsen gehören beispielsweise Erdbeere, Brombeere oder Himbeere sowie zahlreiche Obstbäume wie Apfel, Birne, Quitte, Aprikose, Süßkirsche, Sauerkirsche, Mirabelle, Pflaume oder Zwetschge. Zusätzlich gibt es viele Varianten und Mischformen, die durch Züchtung entstanden sind. So sind bis heute allein viele tausend Apfelsorten entstanden ▷ Abb. 9. Zu den bei uns in Deutschland häufig im Handel angebotenen Sorten zählen Boskoop, Cox Orange, Golden Delicious, Pink Lady, Elstar, Glostar, Jonagold und Granny Smith. Allein in Deutschland werden jährlich etwa eine Million Tonnen Äpfel geerntet.

Zur Züchtung wird künstlich bestäubt. Man überträgt die Pollen der Blüte einer Sorte auf die Narbe einer Blüte der anderen Sorte. Durch diese Bestäubung mit anschließender Befruchtung werden die Erbanlagen vermischt. Die Kerne der entstehenden Äpfel werden ausgesät. Bei den daraus entstehenden Bäumen handelt es sich dann um die neue Sorte. Diese besitzt neue Eigenschaften oder Kennzeichen.

Auch bei Rosen sind solche Züchtungen üblich. So werden heute vor allem Rosen verkauft, die gefüllte Blüten besitzen. Bei diesen Blüten sind häufig die Staubblätter zu weiteren Kronblättern umgebildet, wodurch sie „gefüllt" aussehen.

Abb. 6 Kirschblüte

Abb. 7 Blühende Kirschbäume

Abb. 8 Nebenblätter (Pfeile)

A1 Erstelle mithilfe von Abbildung 6 sowie aus den Angaben im Text ein Blütendiagramm für eine Blüte der Familie der Rosengewächse.

A2 Gerade im Herbst sieht man in einigen Gärten Äpfel am Boden liegen, die nicht weiter beachtet und weggeworfen werden. Überlege und recherchiere Verwendungsmöglichkeiten für Äpfel.

Abb. 9 Verschiedene Apfelsorten

Abb. 1 Biene auf Lippenblüte

Abb. 2 Blütendiagramm

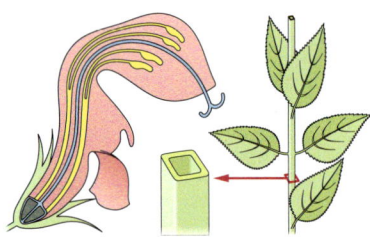

Abb. 3 Kennzeichen der Lippenblütler

Kennzeichen

Zu den Lippenblütlern gehören weltweit über 3 000 Arten, in Mitteleuropa kommen etwa 100 vor. Das namengebende Merkmal formen die Kronblätter. Drei Kronblätter sind zur Unterlippe verwachsen, zwei zur Oberlippe. Die Unterlippe dient Bienen oder Hummeln als Landeplatz ▷ Abb. 1. Sie bestäuben die Blüte, wenn sie den Nektar am Grund der Kronblattröhre suchen.

Bei den meisten Lippenblütlern sind vier Staubblätter an der Kronblattröhre angewachsen. Am Blütenboden sitzt der vierteilige Fruchtknoten ▷ Abb. 2. Um diesen besser erkennen zu können, muss man die Blüte mit einer Lupe genau betrachten. Entfernt man die Kronblätter, so bleibt der Blütenboden meist gut von oben sichtbar zurück. Die reifen Früchte werden von Insekten, zum Beispiel Ameisen, verbreitet. Weitere Kennzeichen der Lippenblütler sind hohle, vierkantige Stängel und kreuzweise gegenständige Blätter ▷ Abb. 3.

Vielfalt

Lippenblütler enthalten duftende Öle und werden häufig als Gewürzpflanzen verwendet. Alle besitzen zwar denselben Blütenbau, ihre Blätter unterscheiden sich jedoch stark voneinander. In Supermärkten werden sie in kleinen Töpfen angeboten. Man kann sofort erkennen, ob es sich um einen Vertreter der Familie der Lippenblütler handelt, indem man den Stängel und die Blattstellung betrachtet ▷ Abb. 3. Die Blüte ist dazu gar nicht nötig und meistens sind diese bei den Pflanzen im Supermarkt auch gar nicht vorhanden.

Die Inhaltsstoffe sind vorwiegend in den Blättern enthalten. Am besten erntet man die ganzen Pflanzen kurz vor der Blütezeit mit einem Messer und trocknet sie. Dazu kann man sie an einen warmen, luftigen und dunklen Ort legen. Lässt sich der Stiel nicht mehr bewegen und rascheln die Blätter, kann man diese vom Stiel abstreifen und in den Händen fein zerreiben. Das Gewürz ist dann fertig und kann bis zum nächsten Gebrauch aufbewahrt werden. Einige Pflanzen kann man allerdings auch frisch verwenden.

Zu den Küchenkräutern aus der Familie der Lippenblütler zählen zum Beispiel Thymian, Salbei, Basilikum, Lavendel, Oregano, Majoran, Rosmarin, Zitronenmelisse, Bohnenkraut, Pfefferminze und andere Minzen.

A 1 Bestimme die Lippenblütler in Abbildung 4 mithilfe des Bestimmungsschlüssels ▷ Tab. 1. Beispiel: Thymian hat eine deutliche Ober- und Unterlippe (1* → gehe zu 2) mit vier Staubblättern (2*→ gehe zu 3), welche die Oberlippe überragen (3 → Thymian). ▷ 📖

A 2 Lippenblütler enthalten häufig stark duftende Öle. Erkläre den Nutzen für die Pflanze.

A 3 Beschreibe die Blätter in Abbildung 4C und 4D mithilfe der Merkmale von Seite 97.

Bestimmungsschlüssel	
1 Blütenkrone ohne deutliche Oberlippe	→ Kriechender Günsel
1* Blütenkrone deutlich in Ober- und Unterlippe gegliedert	→ gehe zu 2
2 2 Staubblätter, Blüte einfarbig blau/lila	→ Wiesensalbei
2* 4 Staubblätter, Blüte anders gefärbt	→ gehe zu 3
3 Staubblätter die Oberlippe überragend	→ Thymian
3* Staubblätter kürzer als Oberlippe	→ gehe zu 4
4 Oberlippe flach	→ Gundermann
4* Oberlippe helmförmig	→ gehe zu 5
5 Blütenfarbe gelb	→ Goldnessel
5* Blütenfarbe weiß	→ Weiße Taubnessel

Tab. 1 Bestimmungsschlüssel

Abb. 4 Verschiedene Lippenblütler, oben jeweils die Blüte, darunter Pflanze als Ganzes

Familie Korbblütler

Abb. 1 Blütenscheibe der Sonnenblume

Abb. 2 Viele kleine Röhrenblüten der Sonnenblume

A1 Vergleiche Abbildung 2 mit 3. Ordne die einzelnen Blüten sowie deren Bestandteile aus Abbildung 3 dem Foto in Abbildung 2 zu.

A2 Erkläre mithilfe von Abbildung 3, wie eine Einzelblüte verhindert, dass sie sich selbst bestäubt.

A3 Recherchiere die Herkunft des Namens „Löwenzahn". Gib dazu vorher eine Vermutung ab.

Kennzeichen

Auf den ersten Blick scheint die Blütenscheibe der Sonnenblume grüne Kelchblätter, große gelbe Kronblätter und viele Staub- und Fruchtblätter zu enthalten ▷ Abb. 1. Aber das stimmt nicht. Genaues Hinsehen zeigt einen Blütenkorb aus vielen Einzelblüten ▷ Abb. 2. Dies ist ein wichtiges Kennzeichen der Familie Korbblütler. Von außen nach innen folgen auf grüne Hochblätter gelbe Zungenblüten, dann Röhrenblüten in verschiedenen Entwicklungsphasen ▷ Abb. 3. Bei den Zungenblüten bilden die Kronblätter ein einziges, „strahlendes" Zungenblatt. Zungenblüten machen den Blütenstand weithin sichtbar und locken Insekten zur Bestäubung an. Die reife Frucht der Sonnenblume ist als Sonnenblumenkern bekannt. Kleine Vögel fressen gerne die fettreichen Samen. Beim Wegtragen fällt mancher Sonnenblumenkern zu Boden. Das trägt zur Verbreitung der Pflanze bei. Nach der Blüte neigt sich der schwere Blütenkorb, die reifen Samen fallen heraus. Sonnenblumen sind Nutzpflanzen. Aus ihren Samen wird Speiseöl gewonnen. Vor der Blüte gemäht dienen sie als Tierfutter. Aber auch als Zierpflanzen sind die ursprünglich aus Nordamerika stammenden Pflanzen sehr beliebt.

Vielfalt

Weitere einheimische Korbblütler zeigen die Abbildungen 4 bis 6. Weltweit umfasst diese Familie über 20000 Arten. Darunter finden sich wichtige Gemüsearten wie Artischocke und Schwarzwurzel sowie Salate wie Kopf- und Endiviensalat, Heil- und Gewürzpflanzen, zum Beispiel Arnika, Beifuß, und Ringelblume, oder Zierpflanzen wie Astern.

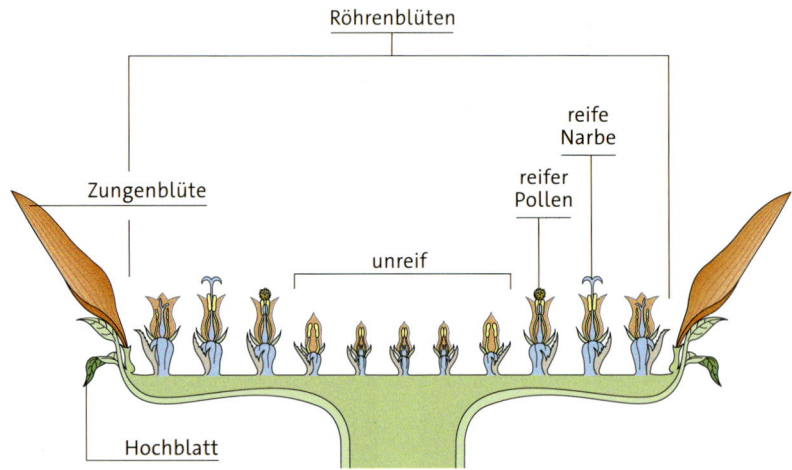

Abb. 3 Blütenkorb der Sonnenblume im Querschnitt

Abb. 4 Löwenzahn

Abb. 5 Gänseblümchen

Abb. 6 Schafgarbe

Familie Doldenblütler

Kennzeichen

Die Wilde Möhre ▷ Abb. 7 ist die in der freien Natur vorkommende Stammform unserer Gartenmöhre oder Gelben Rübe. Ihre Einzelblüten bilden zusammen einen Blütenstand, den man als Dolde bezeichnet. Die gestielten Blüten gehen dabei von einem Punkt aus ▷ S. 97. Fast alle Vertreter der Familie der Doldenblütler besitzen gefiederte Blätter. Die Einzelblüte ist unscheinbar. Nektar lockt viele Insekten als Bestäuber an. Tiere verbreiten auch die Frucht. Die Wilde Möhre ist eine wichtige Futterpflanze, beispielsweise für die Raupe des seltenen Schwalbenschwanz-Schmetterlings.

Abb. 7 Wilde Möhre

Vielfalt

Aufgrund des hohen Ölgehalts sind viele der über 3000 Doldenblütler wichtige Gewürz- und Heilpflanzen, zum Beispiel Petersilie, Dill, Liebstöckel, Sellerie, Fenchel oder Kümmel ▷ Abb 8, 9. Früchte, Blätter oder auch Wurzeln können verwendet werden.

Einen weiteren einheimischen Doldenblütler zeigt Abbildung 10. Der bis zu drei Meter hohe Riesenbärenklau wurde aus dem Kaukasus bei uns eingeschleppt.

Man sollte sich unbedingt von ihm fernhalten. Berührt man diese Pflanze, gelangen verschiedene Stoffe auf die Haut. Kommt anschließend noch Sonnenlicht hinzu, verursacht dies Hautschädigungen, die einer Verbrennung ähneln. Es kann zu Hautrötung, Schwellung, Blasenbildung oder Narbenbildung kommen. Selten treten ähnliche Symptome auch bei Berühren des einheimischen Wiesenbärenklaus auf.

A 4 Bestimme bei den Abbildungen 7 und 8, ob es sich um eine einfache oder zusammengesetzte Dolde handelt ▷ S. 97.

A 5 Recherchiere weitere Gewürzpflanzen, die zur Familie der Doldenblütler zählen.

Abb. 8 Fenchel

Abb. 9 Kümmel

Abb. 10 Riesenbärenklau

Praktikum

Anlegen eines Herbariums

Abb. 1 Pflanzen aus dem Herbarium von Hieronymus Harder

Herbarium – Hintergrund

Als Herbarium bezeichnet man eine Sammlung von gepressten und getrockneten Pflanzen. Dazu muss nicht die ganze Pflanze gepresst und getrocknet werden, es genügen auch Pflanzenteile wie Blüten oder Blätter bei Bäumen.

Für Botaniker, das sind Pflanzenkundler, war früher das Herbarium die beste Möglichkeit, Pflanzen aus unterschiedlichen Gegenden zu vergleichen. In gepresstem und getrocknetem Zustand können sie über einen langen Zeitraum erhalten bleiben. So kann man sogar hunderte Jahre später noch Pflanzen bestimmen, da sich die wichtigen Strukturen nicht verändern. Allein die Farbe kann etwas variieren. Bis heute sind noch viele Pflanzen in getrocknetem Zustand aus der Zeit erhalten, in der sie zum ersten Mal beschrieben wurden.

Dies ermöglicht heute lebende Pflanzen mit den vor mehr als 400 Jahren gesammelten zu vergleichen. So kann man feststellen, ob sich Blattform oder Blüte im Laufe der Jahrhunderte verändert haben. Gut erhalten sind beispielsweise Herbarien von Hieronymus Harder aus dem 16. Jahrhundert ▷ Abb. 1 oder von Jean-Jacques Rousseau aus dem 18. Jahrhundert.

Material (die genannten Materialien werden für alle folgenden Schritte benötigt): Papier, Notizzettel, Stift, Schere, Zeitung, Bestimmungsbuch, Bücher oder Ziegelsteine zum Beschweren, Tüten zum Sammeln, Klebestreifen

Bestimmen und Sammeln

Abb. 2 Pflanzen sammeln

Methode:
1. Suche dir eine bestimmte Pflanze, von der du eine Herbariumseite erstellen willst.
2. Bestimme bei kleinen Pflanzen die Art mit dem Bestimmungsbuch, noch ehe du sie pflückst ▷ Abb. 3. Im Bestimmungsbuch ist auch angegeben, ob die Pflanze giftig oder geschützt ist. Geschützte Pflanzen dürfen nicht gepflückt oder verletzt werden. Solltest du kein Bestimmungsbuch haben, findest du auch im Internet Hilfe.
3. Sammle blühende Pflanzen mit grünen Blättern ▷ Abb. 2.
4. Gib jede Pflanze in eine eigene Tüte. Lege jeweils einen Zettel hinzu, auf dem Fundort, Funddatum und Artname notiert sind.

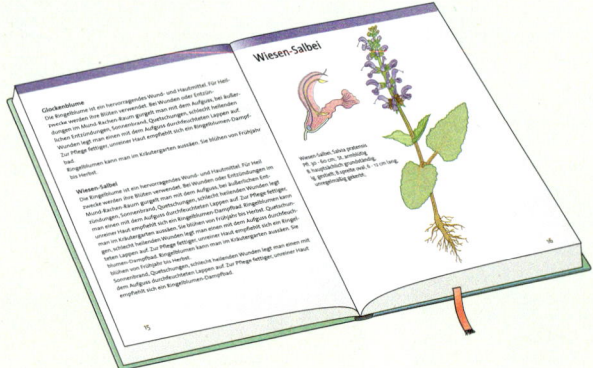

Abb. 3 Bestimmen und Sammeln

Pressen und Trocknen

Methode:
5. Breite deine Pflanzen jeweils auf einem Bogen Zeitungspapier aus ▷ Abb. 4, 6, sodass alle Pflanzenteile gut zu erkennen sind. Diese Position lässt sich nach dem Pressen nicht mehr verändern. Lege auch den Notizzettel dazu, damit du die Pflanzen nach dem Pressen und Trocknen gleich wieder erkennst. Lege mehrere Lagen Zeitungspapier darüber.
6. Die im Zeitungspapier eingeschlagenen Pflanzen werden mindestens 14 Tage beschwert ▷ Abb. 6. Dazu kannst du Bücher, Ziegelsteine oder andere schwere Gegenstände verwenden.
7. Damit die Pflanzen gleichmäßig trocknen und sich kein Schimmel bildet, wechselst du die Zeitungsbögen in den Zwischenlagen gelegentlich aus, bis die Pflanzen ganz getrocknet sind.

Aufkleben und Gestalten

Methode:
8. Klebe die Pflanzen mit Klebestreifen auf Papier. Sei dabei sehr vorsichtig, um die Pflanzen nicht zu zerbrechen.
9. Beschrifte jedes erstellte Blatt mit Pflanzenfamilie, Pflanzenart, Fundort, Datum und Sammler ▷ Abb. 6.
10. Bewahre die Pflanzen geschützt auf. Du kannst sie zum Beispiel in Klarsichtfolien in einem Ordner abheften oder die Seiten laminieren. So kannst du sie jederzeit gut betrachten.

Virtuelles Herbarium

Heutzutage kann man auch ein virtuelles Herbarium anlegen. Viele Herbarien werden digitalisiert und sind sogar online verfügbar. Ein Beispiel sind die von Hieronymus Harder im Jahr 1562 in Deutschland angelegten Herbarien. Sie sind zum Teil in München in der Bayerischen Staatsbibliothek oder im Internet zu finden.

Du kannst dir auch selbst ein ähnliches Herbarium erstellen, indem du mit einem Fotoapparat oder Handy die einzelnen Teile einer Pflanze genau fotografierst ▷ Abb. 5.

Abb. 4 Löwenzahn aufgelegt

Abb. 5 Pflanzen fotografieren

Abb. 6 Pressen, Trocknen, Aufkleben und Gestalten

Abb. 1 Tofu

Abb. 2 Seitan

Stärkeprodukte

Essbare Teller aus Stärke, einem pflanzlichen Kohlenhydrat, sind wohl für jeden Abwaschmuffel ein Traum. Aber auch Partyveranstalter oder Budenbetreiber lieben sie, reduzieren sie doch den zu entsorgenden Abfall ganz erheblich.

Kleister zum Verkleben fester Bauteile war bereits den Ägyptern und Römern bekannt. Auch heute noch wird Stärkekleister beim Basteln oder auf der Rückseite von Briefmarken verwendet. Er setzt keine giftigen Lösemittel frei und muss nur zum Schutz vor Verschimmeln konserviert werden.

Zusätzlich kann Stärke als Polster- und Verpackungsmaterial für Stärkechips, Tortenguss, Sahnesteif, in Tabletten, Pudern oder als biologisch abbaubare Müllbeutel verwendet werden.

Eiweißprodukte

Für Vegetarier gibt es Alternativen zu Fleisch, die ebenso gebraten, gekocht, gedünstet oder gegrillt werden können.

Tofu ▷ Abb. 1 wird aus gekochten Sojabohnen durch Zugabe von Zitronensäure und Auspressen des „Quarks" hergestellt. Tofu ist im ursprünglichen Zustand fast geschmacksneutral und findet schon lange in der asiatischen Küche Verwendung.

Seitan ▷ Abb. 2 wird durch Auswaschen der Stärke aus Weizen gewonnen. Das verbleibende Klebereiweiß Gluten hat eine faserige und schnittfeste Struktur. Manche Menschen haben eine Unverträglichkeit gegen Gluten und müssen es meiden.

Margarine

Zur Verpflegung seiner Truppen beauftragte Napoleon III. den Chemiker Mège-Mouriès mit der Findung eines Ersatzes für Butter. Dieses Produkt sollte billiger und haltbarer sein. Mège-Mouriès war 1869 erfolgreich und nannte sein Ersatzprodukt Margarine, das aus Milch, Wasser, Nierenfett und zerstoßenem Kuheuter bestand.

Heute werden industriell Pflanzenöle und -fette mit Wasser, gesäuerter Milch oder Gelatine vermischt, um dieses Streich- oder Bratfett zu erzeugen. Zusätzlich kann man Farbe wie Carotin aus Karotten und Aromen, zum Beispiel Butter oder Olivenöl, zusetzen.

Das Prinzip der Margarineherstellung ist sehr einfach ▷ Abb. 3. Margarine lässt sich in der eigenen Küche leicht zubereiten.

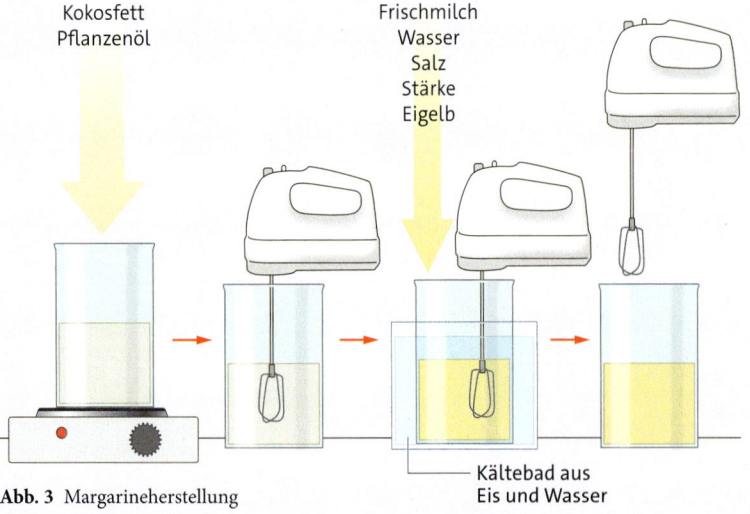

Abb. 3 Margarineherstellung

Blütenbau:

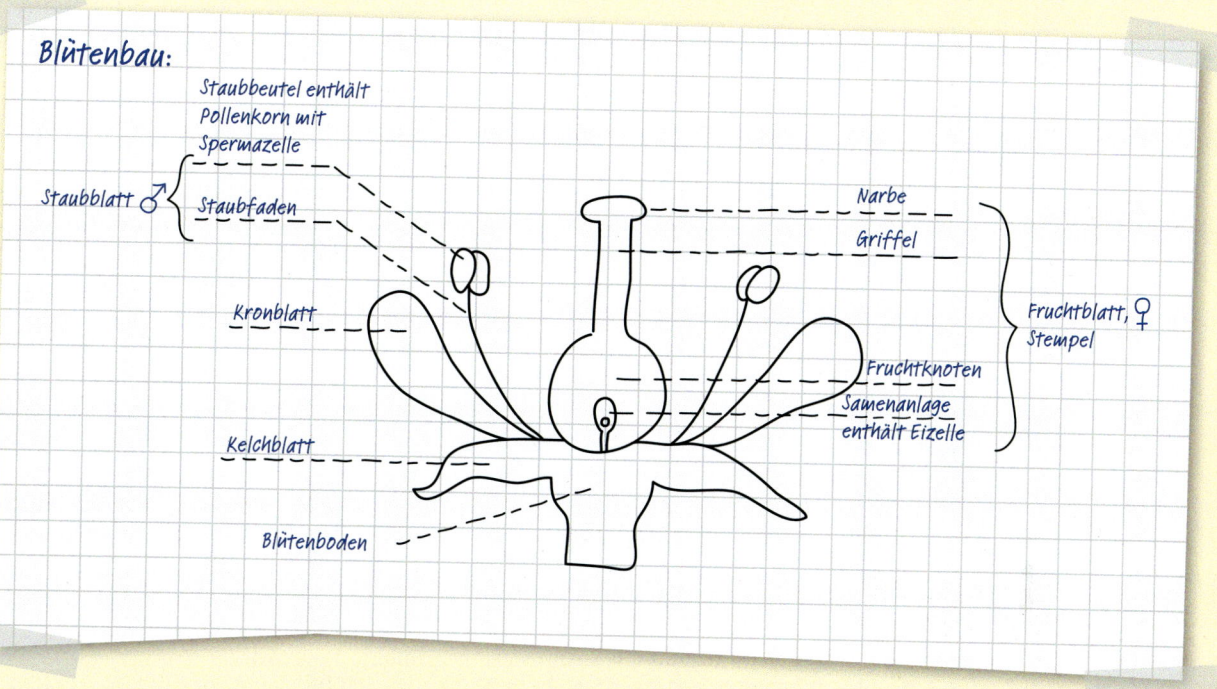

Staubbeutel enthält Pollenkorn mit Spermazelle

Staubblatt ♂ Staubfaden

Kronblatt

Kelchblatt

Blütenboden

Narbe

Griffel

Fruchtblatt, ♀ Stempel

Fruchtknoten

Samenanlage enthält Eizelle

Bestimmungsmerkmale:

Pflanzen der gleichen Familie besitzen die gleichen Merkmale:
- Blütenbau
- Blütenstand
- Blattstellung

Bestäubung:

Übertragung von Pollen einer Blüte auf die Narbe einer anderen Blüte der gleichen Art
- Windbestäubung
- Tierbestäubung, zum Beispiel durch Insekten

Befruchtung:

Verschmelzung des Kerns der Spermazelle (männliche Geschlechtszelle) mit dem Kern der Eizelle (weibliche Geschlechtszelle)

Blütendiagramm:

Modellskizze einer Blüte in Kreisen dargestellt:
- vereinfachte Abbildungen des Blütenbaus
- erfasst nur ausgewählte Anteile

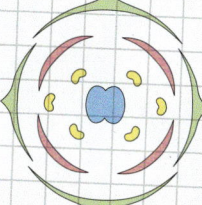

Kosten-Nutzen-Aspekt:

Eine Strategie ist immer dann erfolgreich, wenn der Nutzen größer ist als die Kosten.

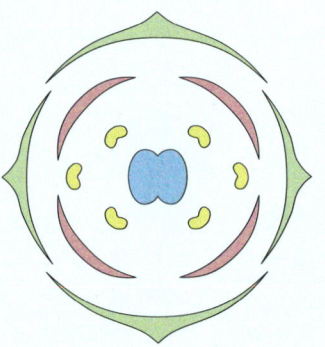

Abb. 1 Blütendiagramm

Abb. 2 Blütendiagramm

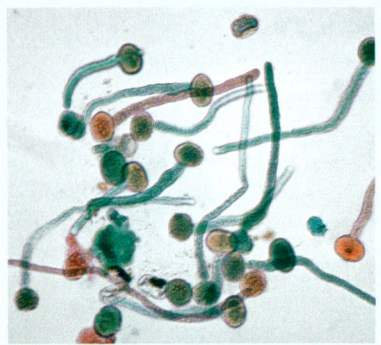

Abb. 3 Angefärbte Pollenkörner in Nährflüssigkeit

Abb. 4 Buschwindröschen

1. Gib an, welche Informationen aus einem Blütendiagramm entnommen werden können. Verwende dazu Abbildung 1.

2. Ordne die Blütendiagramme in Abbildung 1 und 2 Pflanzenfamilien zu. Hilfe findest du auf den vorherigen Seiten.

3. Hier sind einige Buchstaben durcheinandergeraten. Ordne, sodass sich sinnvolle Sätze ergeben.

Pflanzen lassen sich anhand ihrer typischen KARMELEM einer bestimmten FACHSGERVWANDTSTRUPPE zuordnen. Charakteristisch für Pflanzen einer ALFIMEI ist vor allem der Aufbau der LEBTÜ.

Mitglieder einer Art können sich gegenseitig TUBENSÄBE. Dazu wird der LENLOP der einen Pflanze auf die REIBKLEG RABEN der anderen Pflanze übertragen. Dies kann zum Beispiel durch den NWDI oder durch TKINESEN geschehen. Letztere werden durch NÜSSES TANKER angelockt.

Anschließend wächst von der Narbe aus der POLUCHSCHALLEN durch den FREIFGL zum CHEFTRUNKNOT. Der KNER der Spermazelle eines Pollenkorns verschmilzt dort mit dem Kern der ZELELEI. Dieser Vorgang wird BUCHENGRUFT genannt. ▷ 📖

4. In Abbildung 3 sind stark vergrößerte Pollenkörner abgebildet, die sich schon länger in einer Nährflüssigkeit befinden. Nenne den Vorgang, der hier dargestellt ist. Gib auch den Ort der Spermazelle in dem einzelnen Pollenkorn an. ▷ 📖

5. Geschlechtliche Fortpflanzung sichert die Variabilität von Merkmalen. Stelle Hypothesen auf, welche Merkmalsausbildungen vorteilhaft sein können. Gehe dabei auf Blütenfarbe, Nektar oder ähnliche Blütenmerkmale ein.

6. Erstelle zu den Blüten in Abbildung 4 und 5 das entsprechende Blütendiagramm!

Gehe bei Abbildung 4 davon aus, dass Kelch- und Kronblätter gleich gestaltet sind.

Abb. 5 Wiesenglockenblume

7. Der Wiesensalbei hat einen besonderen Trick, um für eine gesicherte Bestäubung zu sorgen. Betrachte Abbildung 6 und erkläre den Ablauf der Bestäubung. Achte dabei genau auf die Staubblätter.
Man kann diesen Trick an einer Salbeiblüte auch simulieren, indem man einen spitzen Gegenstand, zum Beispiel einen Zahnstocher, langsam in die Blüte steckt.

8. Die meiste Zeit des Jahres besitzen Pflanzen keine Blüte. Dann ist eine Bestimmung beziehungsweise eine Einordnung in Familien anhand der Blätter aber trotzdem möglich. Beschreibe Blattform, Blattrand und Blattstellung von einheimischen Pflanzen wie Gänseblümchen, Löwenzahn, Klee und Brennnessel. Beschreibe ebenso die Blätter der Pflanzen in den Abbildungen 7 bis 9. ▷ 📖

9. Recherchiere in einem Fachbuch oder im Internet die Begriffe „fiedernervig" und „parallelnervig".

10. In jeder Pflanzenblüte ist immer nur eine kleine Menge Nektar vorhanden. Erkläre diesen Befund.

11. Eine sehr starke Kurzschreibweise des Blütenbaus ist die Blütenformel. Sie gibt die Anzahl der einzelnen Blätter der Blüte und deren Anordnung an. Folgende Abkürzungen werden verwendet:

K = Kelchblätter (Kalyx/Calyx – Kelch) ⎫
C = Kronblätter (Corolla – Blütenkrone) ⎬ P = Perigon
A = Staubblätter (Andrözeum – „Männerwohnung") ⎭
G = Fruchtblätter (Gynözeum – „Frauenwohnung")
( ) = Verwachsungen
∞ = viele Blütenteile (mehr als 10)

Die Blütenformel für die Tulpe: **P 3 + 3   A 3 + 3   G (3)**
Die Blütenformel für den Hahnenfuß: **K 5 C 5   A ∞   G ∞**

Stelle die Blütenformeln für die Pflanzen in den Abbildungen 1 und 4 auf. ▷ 📖

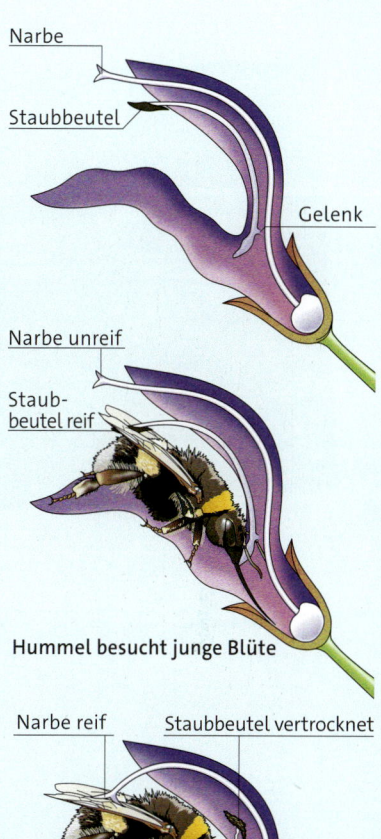

Narbe
Staubbeutel
Gelenk

Narbe unreif
Staubbeutel reif

Hummel besucht junge Blüte

Narbe reif   Staubbeutel vertrocknet

Hummel besucht alte Blüte

Abb. 6 Bestäubung der Wiesensalbeiblüte

Abb. 7 Waldmeister

Abb. 8 Schöllkraut

Abb. 9 Knoblauchsrauke

Ökosystem Grünland

1

2

3

4

5

6

Aufbau eines Ökosystems
Wiesen und Weiden

Abb. 1 Wisente

Abb. 2 Kühe auf der Weide

Abb. 3 Weißstörche auf einer Wiese

A 1 Eine Wiese soll in ein Neubaugebiet umgewandelt werden. Stelle Pro- und Kontraargumente zusammen. Versetze dich dabei in verschiedene Rollen: Familie mit Kindern, Landwirt, dem die Wiese gehört, Mitglied einer Naturschutzvereinigung.

A 2 Informiere dich über die Lebensweise des Weißstorchs ▷ Abb. 3. Erkläre den Zusammenhang zwischen dem Vorhandensein von Wiesen und der Anzahl von Weißstörchen, die in einem Gebiet vorkommen.

Entstehung des Grünlands in Europa

Grünland ist ein Überbegriff für **Wiesen** und **Weiden**.

10 000 Jahre vor unserer Zeit, als die letzte Eiszeit vorbei war, gab es bei uns fast kein natürliches Grünland. Mitteleuropa war ein reines Waldland. Die Ursache dafür ist das jetzt herrschende Klima der gemäßigten Breiten. Die Niederschläge betragen mehr als 400 Millimeter pro Jahr. Die Jahreszeiten sind stark ausgeprägt und die Frostperiode ist kurz. Bei solchen Bedingungen findet man Wälder, in denen Laubbäume vorherrschen, die im Herbst ihre Blätter abwerfen.

Nur an sehr wenigen Stellen ist kein Waldwuchs möglich. Auf salzigen Böden an der Meeresküste, in Mooren mit nassen und mineralstoffarmen Böden, in Felsgebieten und oberhalb der Baumgrenze können keine Bäume wachsen.

Nur hier entwickelte sich ein wiesen- oder rasenähnlicher Pflanzenbewuchs, in dem Bäume und Sträucher fehlen.

Auch in den natürlichen Urwäldern gab es vermutlich damals schon Lichtungen, die durch umstürzende alte Bäume, Sturm oder Waldbrand entstanden sind. Große Pflanzenfresser wie Auerochsen, Wisente, Elche, Rothirsche oder Rehe nutzten diese mit Gräsern und anderen niedrigen Pflanzen bewachsenen baumfreien Stellen dann wohl als Weiden ▷ Abb. 1.

Großflächige, fast geschlossene Waldgebiete gibt es heute in Deutschland nur noch in wenigen Gegenden, in Bayern zum Beispiel im Fichtelgebirge, im Bayerischen Wald oder in den Waldgürteln der Alpen.

In Europa wurden Menschen ungefähr 4 500 vor Christus sesshaft. Unter ihrem Einfluss wurden die Urwälder verwandelt und reduziert. Für den Ackerbau wurden Wälder gerodet. Holz wurde als Baumaterial und als Brennholz verwendet. Wildtiere wurden gezähmt und gezüchtet, für die Ernährung des Viehs waren Weiden nötig ▷ Abb. 2. Außerdem brauchte man Wiesen, die gemäht werden konnten, um Frischfutter, Winterfutter und Einstreu für den Stall zu liefern.

Der größte Teil des heutigen Grünlands ist also vom Menschen gemacht. Heute gibt es so gut wie keine unveränderten Landschaften mehr.

Grünland braucht menschliche Pflege

Wenn Menschen die Nutzung der Wiesen und Weiden aufgeben und sie nicht mehr pflegen, siedeln sich nach und nach wieder Büsche und Bäume an. Das ist ziemlich gut bei früheren Bergwiesen und Bergweiden zu beobachten.

Außerdem geht viel Grünland durch Bautätigkeiten in neuen Wohn- und Gewerbegebieten und beim Straßenbau verloren. In den Jahren 2001 bis 2013 wurden in Bayern täglich 15 bis 20 Hektar Freifläche dadurch verbraucht. Ein Hektar entspricht einer Fläche von 10 000 Quadratmetern. Dauergrünlandflächen, also Grünlandflächen, die mindestens fünf Jahre lang als Wiesen oder Weiden genutzt werden, haben seit 2005 um ungefähr 890 Quadratkilometer abgenommen, das entspricht in etwa der dreifachen Fläche der Stadt München.

Eine große Anzahl von Tier- und Pflanzenarten, die an die Lebensbedingungen auf einer Wiese oder Weide angepasst sind und ohne diese besonderen Lebensbedingungen nicht so gut existieren können, sind wegen der Verminderung der Grünflächen im Rückgang begriffen oder sogar vom Aussterben bedroht.

Lebewesen und ihre Umwelt

Wechselbeziehungen im Grünland

Erdhügel in der Grünfläche verraten, dass dort ein Maulwurf lebt. Selten bekommt man ihn selber zu sehen ▷ Abb. 4, 5. Täglich benötigt er bis zu 120 Gramm Nahrung. Er frisst Kleintiere, zum Beispiel Regenwürmer, Spinnen oder Schnecken. Der Maulwurf dient aber auch selber als Nahrung für Fleischfresser ▷ Abb. 6.

Andere Tiere ernähren sich von Pflanzenteilen oder Pflanzenprodukten. Regenwürmer fressen Blätter, Schmetterlinge saugen Nektar ▷ Abb. 7. Pflanzen wiederum benötigen Wasser, Kohlenstoffdioxid und Licht zur Ernährung durch Fotosynthese.

Jedes Lebewesen steht in vielfältigen Wechselbeziehungen mit seiner Umwelt. Eine ganze Reihe an unbelebten Umweltfaktoren wie Licht, Temperatur, Wasser, Bodenbeschaffenheit und Luftzusammensetzung wirken dabei auf es ein. Aber auch andere Lebewesen haben einen Einfluss. Als Nahrungspflanzen, Beutetiere, Fressfeinde, Krankheitserreger oder Nahrungskonkurrenten stellen sie belebte Umweltfaktoren dar.

Abb. 4 Maulwurf im Maulwurfshügel

Ökosystem = Lebensraum + Lebensgemeinschaft

Wald, Wiese oder Weide sind unterschiedliche **Ökosysteme**. In der Biologie ist jeder **Lebensraum** durch ein Zusammenspiel aus verschiedenen unbelebten Umweltfaktoren gekennzeichnet.

Alle in einem Lebensraum gemeinsam vorkommenden Lebewesen bilden eine **Lebensgemeinschaft**.

Lebensraum und Lebensgemeinschaft ergeben miteinander eine Einheit, das Ökosystem. In ihm wirken alle belebten und unbelebten Umweltfaktoren zusammen und beeinflussen sich gegenseitig ▷ Abb. 8.

Abb. 5 Fressender Maulwurf

Abb. 6 Bussard mit erlegtem Maulwurf

Lebensraum

Lebensgemeinschaft

Licht, Temperatur

Niederschlag

Sauerstoff

Kohlenstoffdioxid

Bodeneigenschaften

Abb. 8 Ökosystem Wiese

Abb. 7 Schwalbenschwanz

Bewirtschaftung von Grünland

Intensive Bewirtschaftung

Abb. 1 Vielschnittwiese

Abb. 2 Siloballen

Abb. 3 Löwenzahnwiese

Abb. 4 Intensiv genutzte Viehweide

Regionale Grünlandtypen

Welcher Grünlandtyp entsteht, hängt neben der Nutzungsintensität von verschiedenen Einflussfaktoren ab. Besonders wichtig hierbei sind Temperatur, Wasserangebot, Mineralstoffgehalt des Bodens, ob der Boden kalkhaltig oder sauer ist.

In Bayern existieren unterschiedlichste Standorte hinsichtlich Geländeform, Höhenlage, Hangneigung, Niederschlagsmengen, Lufttemperaturen, Luftfeuchtigkeit, Schneedecke, Wind oder Bodeneigenschaften. Deshalb kann das Grünland auf Almen, im Alpenvorland, in den Mittelgebirgen, im Hügel- und Flachland sowie in Trockengebieten sehr unterschiedlich ausgeprägt sein.

Nutzungsintensität

Häufig werden die verschiedenen Grünlandtypen danach eingeteilt, in welchem Ausmaß die Fläche von Menschen genutzt wird.
Art und Häufigkeit der Bewirtschaftungsmethoden können sich stark unterscheiden und haben eine große Auswirkung auf die Zusammensetzung des Ökosystems.

Womit wird gedüngt? Wie oft wird gedüngt und gemäht? Wann wird gemäht? Wie viele Tiere stehen auf einer Weide? Wie lange bleiben sie auf der gleichen Weide? Zwischen **extensiver** und sehr **intensiver Bewirtschaftung** gibt es viele Abstufungen.

Intensiv bewirtschaftetes Grünland

Bei sehr intensiv bewirtschafteten Vielschnittwiesen erfolgt die Nutzung mit großem Aufwand, um möglichst hohe Erträge zu erzielen. Gemäht wird fünf- bis sechsmal pro Jahr, das erste Mal bereits Ende April ▷ Abb. 1. Der Pflanzenschnitt wird oft als Silage verwendet. Das Gras wird dazu luftdicht abgeschlossen und durch Milchsäurebakterien haltbar gemacht ▷ Abb. 2. Weil so eine große Menge Gras entnommen wird, muss die Wiese mit Mineraldünger oder mit Gülle stark gedüngt werden. Häufig führt dies zu Überdüngung.

Vielschnittwiesen sind artenarm. Weil nur wenige Pflanzenarten gut wachsen und sich fortpflanzen können, wenn sie so oft abgeschnitten werden, findet man unter 20 Arten pro 25 Quadratmeter. Den Hauptbestand bilden verschiedene Süßgräser, die nur unauffällige Blüten besitzen, zum Beispiel das Deutsche Weidelgras. Farbig blühende Pflanzenarten gibt es kaum. Wegen der Überdüngung kann man Löwenzahn ▷ Abb. 3 oder Wiesen-Bärenklau in großen Mengen finden.

Sehr intensiv genutzte Weiden werden in kleine Teilstücke unterteilt. In hoher Zahl pro Fläche frisst das Vieh in einem Tag alles Futter weg und wird dann auf eine andere Koppel gebracht. Die abgefressene Fläche wird stark gedüngt, die Gräser wachsen schnell nach. Nach wenigen Wochen kann die gleiche Koppel wieder als Weide genutzt werden. Diesen Weidentyp nennt man Portionsweide ▷ Abb. 4.

Auf intensiv genutzten Grünflächen ist die Vielfalt des Lebens, die **Biodiversität**, stark verringert. Auf extensiv genutzten Flächen ist die Artenvielfalt und damit auch die Biodiversität im Allgemeinen höher. Ein Maximum von 89 Pflanzenarten pro Quadratmeter konnte in Einzelfällen gefunden werden.

Extensive Bewirtschaftung

Extensiv bewirtschaftetes Grünland

Ein früher sehr häufiger Wiesentyp mit eher geringerer Nutzungsintensität ist die Glatthaferwiese, eine blumenreiche Mähwiese ▷ Abb. 5. Die Mahd erfolgt lediglich ein- bis zweimal pro Jahr. Der Pflanzenschnitt wird getrocknet als Heu verwendet. Als Ausgleich für die entnommenen Stoffe wird mäßig gedüngt. Verwendet wird dabei vorwiegend Hofdünger, also Festmist und Jauche. Nutzung und Düngung halten sich möglichst die Waage, die Bewirtschaftung erfolgt nachhaltig.

Heute gibt es Glatthaferwiesen meistens dort, wo sich der Boden nur schwierig intensiv bewirtschaften lässt und deshalb nicht für Ackerbau verwendet wird, zum Beispiel in Hanglagen oder an Straßenböschungen.

Der namensgebende Glatthafer ist, wie auch andere vorkommende Süßgräser, eher unscheinbar. Trotz seiner Maximalhöhe von bis zu 150 Zentimeter nimmt man auf diesen Wiesen zunächst eher die große Fülle verschiedenfarbiger Blüten wahr. Auffällig blühende Pflanzenarten sind zum Beispiel Wiesen-Pippau, Wiesen-Storchschnabel, Margerite, Wiesen-Flockenblume und viele mehr. Bis zu 50 Pflanzenarten können auf 25 Quadratmeter vorkommen. Je nach Feuchtigkeit des Bodens ist auch die Pflanzenzusammensetzung unterschiedlich. Die Pflanzen blühen nicht alle gleichzeitig, das Aussehen der Wiese verändert sich im Jahresverlauf ▷ Abb. 7. Da die erste Mahd erst Mitte Juni oder noch später stattfindet, haben die verschiedensten Pflanzenarten ausreichend Zeit zu blühen, bestäubt zu werden und Samen zu bilden, sodass ihr Fortbestand auf dieser Wiese gesichert ist.

Extensiv genutztes Weideland wird von Vieh relativ ungeregelt über weite Landstriche hinweg beweidet ▷ Abb. 6. Die Zahl der Tiere pro Fläche ist eher gering. Düngung erfolgt nur durch die Exkremente. Dieser Weidentyp heißt Hute- oder Triftweide.

Abb. 5 Blumenreiche Wiese im Sommer

Abb. 6 Schafweide

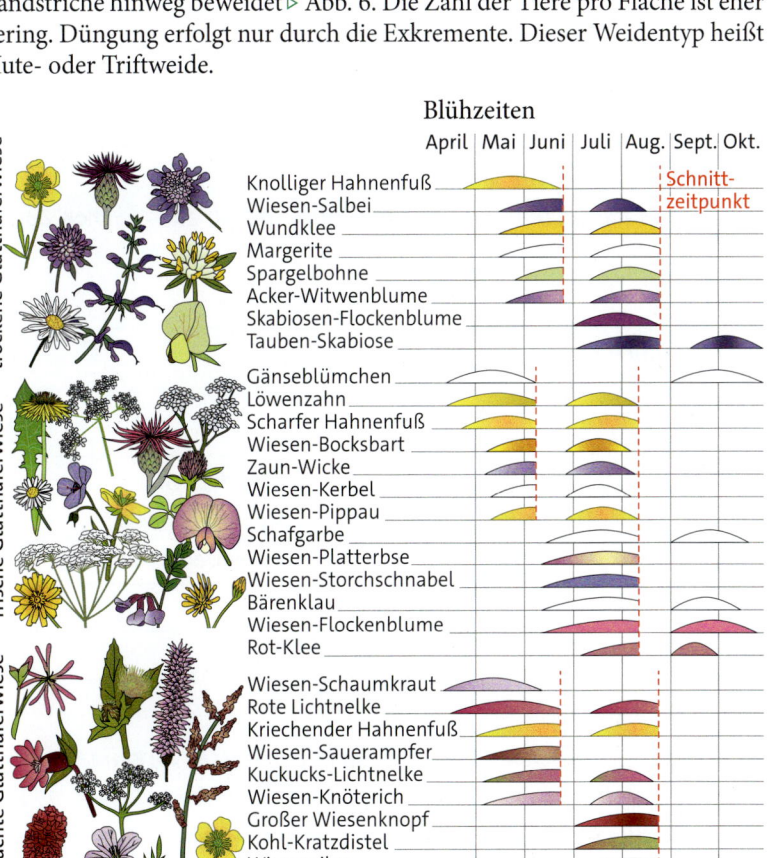

Abb. 7 Blühzeiten im Jahresverlauf

A1 Recherchiere, zum Beispiel bei einem örtlichen Umweltschutzverein, welche Grünlandtypen in deiner Region vorhanden sind.

A2 Fasse die Unterschiede zwischen extensiver und intensiver Grünlandbewirtschaftung in einer Tabelle zusammen. Ordne Grünflächen in deiner Umgebung zu.

A3 Um eine Pflanzenart eindeutig zu identifizieren, verwendet man die wissenschaftlichen Namen. Ordne den im Text genannten deutschen Pflanzennamen mithilfe eines Bestimmungsbuchs die folgenden wissenschaftlichen Namen zu und gib jeweils die Blütenfarbe an:
Arrhenatherum elatius, Centaurea jacea, Chrysanthemum leucanthemum, Crepis biennis, Geranium pratense, Lolium perenne.

Praktikum
Untersuchung von Umweltfaktoren

Abb. 1 Regenmesser

Abb. 2 Protokollieren

Regenmenge messen

Material: einige einfache Regenmesser ▷ Abb. 1

Methode:
1. Stelle die Regenmesser an verschiedenen Standorten auf und kontrolliere die Regenmenge täglich immer zur gleichen Zeit.
2. Fertige ein Protokoll der Untersuchung an ▷ Abb. 3. Halte die Messwerte in einer Tabelle fest.
3. Stelle die Messwerte in einem geeigneten Diagramm dar.
4. Vergleiche die verschiedenen Standorte hinsichtlich der Regenmengen. Falls Unterschiede vorhanden sind, stelle Vermutungen über mögliche Ursachen an.

Protokoll erstellen

Naturwissenschaftliche Untersuchungen werden in einem **Protokoll** festgehalten ▷ Abb. 2. Dadurch können die Untersuchungen auch zu einem späteren Zeitpunkt genau nachvollzogen werden. Außerdem kann man die Untersuchungen dann auf die gleiche Weise noch einmal durchführen. Damit eine Untersuchung als wissenschaftlich gelten kann, muss sie nämlich bei Wiederholungen die gleichen Ergebnisse liefern, auch wenn sie von anderen Personen durchgeführt wird.

Die Bestandteile eines naturwissenschaftlichen Protokolls sind Titel der Untersuchung, Aufbau und Durchführung, Beobachtung, Auswertung und Interpretation ▷ Abb. 3.

Thema der Untersuchung: Regenmenge messen

Aufbau und Durchführung der Untersuchung:

Regenmesser werden an verschiedenen Stellen aufgestellt, die Regenmengen täglich zur gleichen Zeit kontrolliert.

Beobachtung:

Zeitpunkt der Messung: Datum, Uhrzeit	Regenmenge in mm pro Tag		
	Standort 1: Pausenhof, direkt am Stamm der Kastanie	Standort 2: Park neben der Schule, Grünfläche	Standort 3: Garten von Max, Bärenweg 5, im Rasen
15. April 2016, 15 Uhr	0	3,7	2,3
16. April 2016, 15 Uhr	0	5,4	0,5

Auswertung und Interpretation:

Das Blätterdach der Kastanie hält den Regen ab. Im Regenmesser ist deshalb kein Wasser vorhanden auch wenn es regnet. Die Regenmengen im Park und in Max' Garten sind verschieden. Die Gebiete liegen 10 km voneinander entfernt. Das Gelände ist unterschiedlich. Max' Garten liegt auf einem Hügel.

Abb. 3 Vorlage für den Aufbau eines Protokolls

Feuchtigkeit in unterschiedlichen Höhen

Methode:
1. Berühre mit deinen Händen den Pflanzenbewuchs in unterschiedlicher Höhe und beschreibe jeweils die Feuchtigkeit. Erkunde auf die gleiche Weise die Bodenoberfläche.
2. Grabe auch einige Zentimeter tief in den Boden und berühre die tiefer gelegene Erde. Fühle auch hier die Feuchtigkeit.
3. Vergleiche die Feuchtigkeit verschiedener Stellen.
4. Führe die Untersuchung zu verschiedenen Tageszeiten durch.
5. Protokolliere die Untersuchung in geeigneter Form.

Temperatur messen

Material: Thermometer oder Smartphone mit Thermometer-App

Methode:
1. Miss die Temperaturen direkt am Boden, in der Pflanzenschicht und in der Luft ▷ Abb. 4. Miss immer in der gleichen Höhe bei 0, 5, 10, 20, 50 und 100 Zentimeter. Miss an verschiedenen Tagen, zu verschiedenen Tageszeiten und bei unterschiedlichen Grünflächen.
2. Fertige ein Protokoll der Untersuchung an. Notiere dabei die Messwerte in einer Tabelle. Halte zusätzlich jeweils die Wetterbedingungen fest.
3. Werte die Daten hinsichtlich möglicher Zusammenhänge aus.

Abb. 4 Temperatur messen

Fehlervermeidung

In Abbildung 5 ist eine typische **Fehlerquelle** bei der Temperaturmessung dargestellt. Auch durch Ungenauigkeit beim Messen oder Ablesen ergeben sich falsche Messewerte. Solche Fehler fallen auf, wenn eine Messung nicht nur einmal durchgeführt wird. Erhält man bei fünf Messungen viermal eine Temperatur von 20 °C und einmal eine Temperatur von 35 °C, ist das ein Hinweis darauf, dass bei einer Messung ein Fehler aufgetreten ist. Ein Wissenschaftler führt eine Messung deshalb immer mehrmals durch. Eine weitere Fehlerquelle könnte sein, wenn Messinstrumente mit nicht ausreichender Genauigkeit verwendet werden ▷ Abb. 6. Eine Temperatur von 20 °C wird mit dem einen Thermometer als 19,9 °C, 20,0 °C oder 20,1 °C gemessen. Das andere Thermometer gibt Temperaturen zwischen 18 °C und 22 °C an. Weitere Fehlerquellen sind in den Abbildungen 7 und 8 dargestellt. Beschreibe sie. Bei naturwissenschaftlichen Untersuchungen muss gewissenhaft geplant und sorgfältig gearbeitet werden, um Fehler zu vermeiden. Die Auswertung fehlerhafter Daten kann nämlich zu falschen Interpretationen führen.

Abb. 5 Fehler, vom Menschen verursacht

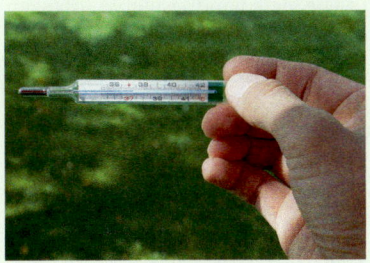

Abb. 7 Weitere Fehlerquelle

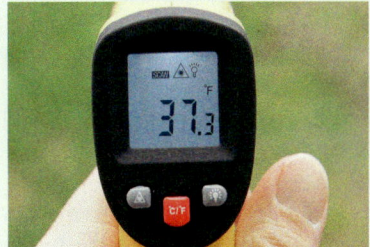

Abb. 8 Weitere Fehlerquelle

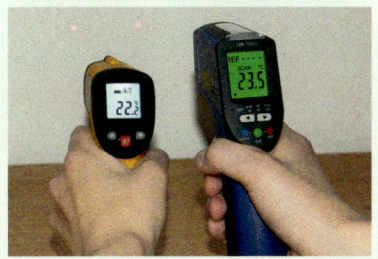

Abb. 6 Unterschiedliche Messgenauigkeit

Praktikum

Untersuchungen mit Pflanzen und Tieren

Abb. 1 Hörprobe

Hörprobe

Material: Gerät zur Tonaufnahme, zum Beispiel Smartphone

Methode:
1. Schließe deine Augen, konzentriere dich auf das Hören ▷ Abb. 1.
2. Zähle, wie viele unterschiedliche Geräusche und Laute du hören kannst.
3. Versuche die Geräusche und Laute zu identifizieren.
4. Erstelle eine Tonaufnahme.
5. Vergleiche die „Geräuschbilder" verschiedener Standorte.

Durch Tasten Pflanzen identifizieren

Material: verschiedene Pflanzen, Pflanzenteile mit unterschiedlichen Oberflächen (zum Beispiel glatt, rau, haarig, klebrig …), Bestimmungsbuch

Methode:
1. Sammle jeweils zwei möglichst ähnliche Pflanzen der gleichen Art. Achte darauf, dass du keine geschützten Pflanzen sammelst (Bestimmungsbuch).
2. Lege von jedem Paar eine der beiden Pflanzen für die Testperson gut sichtbar hin.
3. Gib der Testperson eine der doppelten Pflanzen in die Hand, ohne dass sie die Pflanze sehen kann. Die Pflanze kann sich dazu zum Beispiel unter einer Tischfläche ▷ Abb. 2 oder einem Tuch befinden.
4. Die Testperson betastet die Pflanze. Sie identifiziert bei den ausgelegten Pflanzen die gleiche, die sie in der Hand hält.
5. In der zweiten Runde muss die Testperson die Augen geschlossen halten. Gib ihr Pflanzenteile einer Pflanze zum Betasten.
6. Die Testperson betastet auch die ausgelegten Pflanzen. Sie versucht, mithilfe der wahrgenommen Eigenschaften die Pflanze zu identifizieren, von der die Teile stammen.

Abb. 2 Tasträtsel

Pflanzen zählen im Hula-Hoop-Reifen

Material: Hula-Hoop-Reifen (alternativ Schnur), Bestimmungsbuch

Methode:
1. Wirf den Hula-Hoop-Reifen beliebig ins Gelände ▷ Abb. 3. (Alternativ kannst du eine Fläche mit einer Schnur abgrenzen.)
2. Zähle alle blühenden Pflanzen innerhalb des Reifens.
3. Zähle die Pflanzen nach Blütenfarben getrennt.
4. Zähle, wie viele insektenbestäubte und wie viele windbestäubte Pflanzen sich innerhalb des Reifens befinden.
5. Bestimme von den blühenden Pflanzenarten fünf häufige mithilfe eines Bestimmungsbuchs.
6. Wiederhole das Werfen und Zählen mehrfach.
7. Fertige ein Protokoll der Untersuchung an.
8. Führe das Verfahren auf Flächen mit unterschiedlichen Bedingungen (schattig, sonnig, feucht, trocken …) und auf verschiedenen Grünlandtypen (intensiv oder extensiv bewirtschaftet) durch.
9. Vergleiche die Ergebnisse verschiedener Flächen und interpretiere sie.

Abb. 3 Pflanzenzählung

Lieblingsfarben tierischer Blütenbesucher

Material: Uhr

Methode:

1. Wähle eine Beobachtungsfläche, auf der Pflanzen in verschiedenen Farben blühen.
2. Bereite ein Protokollblatt vor ▷ Abb. 4, damit du deine Beobachtungen als Strichliste in einer Tabelle festhalten kannst. Verwende die Blütenfarben und Tiergruppen oder Tierarten, die es auf der Fläche gibt.
3. Beobachte eine halbe Stunde lang, welche Tiere die Blüten aufsuchen. Mache für jedes Tier einen Strich bei der besuchten Blütenfarbe. Gib am Ende der Untersuchung die Anzahl der Striche in jedem Kästchen als Zahl an.
4. Führe die Untersuchung zu verschiedenen Tageszeiten durch.
5. Nimm eine Auswertung und eine Interpretation der Ergebnisse vor.

Blüten-farben / Tier-gruppe	blau	violett	gelb
Bienen			
Hummeln			
Schmetterlinge			
Käfer			
Fliegen			

Abb. 4 Vorlage Protokollblatt

Tiere zählen

Material: Uhr, Schnur als Flächengrenze, Bestimmungsbücher

Methode:

1. Lege Tierarten oder Tiergruppen, zum Beispiel Vögel, Schmetterlinge, Heuschrecken, Käfer, Bienen, Spinnen, Schnecken sowie Fläche und Zeitdauer für deine Tierzählung fest.
2. Bestimme einige vorkommende Tierarten mithilfe von Bestimmungsbüchern.
3. Zähle die Tiere mithilfe einer Strichliste.
4. Fertige ein Protokoll der Untersuchung an.
5. Vergleiche die Ergebnisse der Tierzählungen verschiedener Grünflächen und interpretiere sie.

Verborgene kleine Tiere finden

Material: Plastikflaschen, Schere, Küchenrolle, Wellpappe, Frischhaltefolie, Schaschlikspieße, Kieselsteine, Handschaufel, Becherlupe, Binokular, Bestimmungshilfen

Methode:

1. Baue eine Reusenfalle ▷ Abb. 5. In den unteren Teil der Flasche kommt ein zerknülltes, angefeuchtetes Küchenrollenpapier als Versteck für die gefangenen Tiere. Soll die Falle in Erde vergraben werden, verwende eine runde Plastikflasche und baue ein Regenschutzdach ▷ Abb. 6. Wird die Falle etwa in Lichtschächten oder auf Kellertreppen auf den Boden gelegt, verwende eine eckige Plastikflasche und lege zur Beschwerung Kieselsteine mit hinein.
2. Stelle die Reusenfalle auf. Weil die Öffnung außen weit und innen schmal ist, kommen die Tiere einfach in die Falle hinein, aber nicht mehr heraus.
3. Überprüfe die Falle täglich. Entleere sie spätestens nach zwei bis drei Tagen. Gib die Tiere vorsichtig in einen verschließbaren Behälter.
4. Betrachte die Tiere in der Becherlupe oder unter dem Binokular.
5. Bestimme die Tiergruppen oder die Tierarten mit Bestimmungshilfen.
6. Lasse die Tiere nach der Untersuchung an ihrem Fundort wieder frei.

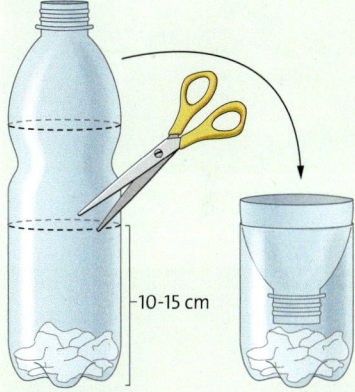

10-15 cm

Abb. 5 Reusenfalle

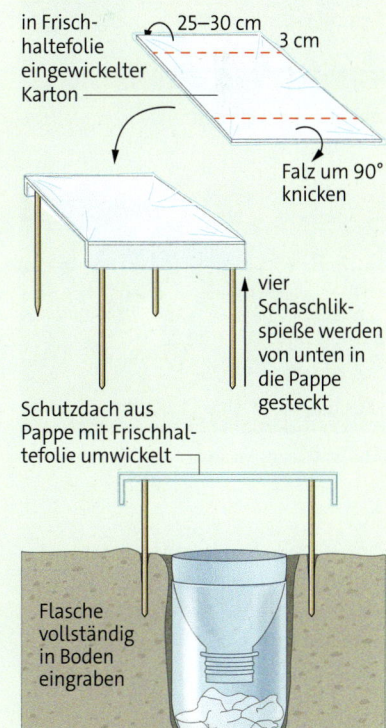

in Frisch-haltefolie eingewickelter Karton

25–30 cm   3 cm

Falz um 90° knicken

vier Schaschlik-spieße werden von unten in die Pappe gesteckt

Schutzdach aus Pappe mit Frischhaltefolie umwickelt

Flasche vollständig in Boden eingraben

Abb. 6 Reusenfalle mit Schutzdach

Abb. 1 Apollofalter

Abb. 2 Weißer Mauerpfeffer

Abb. 3 Großes Mausohr

Abb. 4 Großes Mausohr

A 1 Stelle Maßnahmen zusammen, um wieder mehr Lebensräume für den Apollofalter zu schaffen.

A 2 Recherchiere, welche Arten oder Lebensräume in der Region, in der du lebst, auf einer Roten Liste stehen.

Der Apollofalter

In Bayern gehört der Apollofalter zu den stark gefährdeten Schmetterlingsarten ▷ Abb. 1. Sein Lebensraum in den Bayerischen Alpen sind waldfreie, sonnige Felswände und felsdurchsetzte magere Almweiden. Außerhalb der Alpen gibt es nur noch wenige, kleine Vorkommen auf blumenreichen Magerrasen auf dem Kalkgestein der Fränkischen Alb.

Die Falter saugen bevorzugt an blauen Blüten Nektar. Vor allem muss im Lebensraum aber der weiße Mauerpfeffer wachsen ▷ Abb. 2, da die Raupen des Apollofalters nichts anderes fressen. Sie schlüpfen im März aus dem Ei, in dem sie überwintert haben und brauchen für eine erfolgreiche Entwicklung Trockenheit und viel Wärme. Dafür ist eine sonnenbestrahlte, wenig bewachsenen Felsoberfläche besonders gut geeignet. Ende Mai verpuppt sich die Raupe unter der Erde, der erwachsene Schmetterling schlüpft dann ab Juli.

Durch den Rückgang der Schafbeweidung gingen immer mehr Lebensräume der Larven verloren. Wenig bewachsenes felsiges Gelände ist in vielen Landstrichen mit Büschen und Bäumen zugewachsen. Der Weiße Mauerpfeffer kann nicht mehr an vielen Stellen wachsen.

Rote Listen

Gefährdete Arten wie der Apollofalter stehen auf einer Roten Liste. Rote Listen gibt es unter anderem für Tierarten, Pflanzenarten und Lebensräume. In ihnen ist zusammengestellt, welche Arten vom Aussterben oder welche Lebensräume vom Verschwinden bedroht sind.

Sie werden von Wissenschaftlern erstellt, die die Gefährdung auf der Grundlage von Zählungen und anderen Daten beurteilen.

Die Roten Listen sind eine wichtige Informationsquelle bei der Planung von Naturschutzmaßnahmen. Man findet sie auch im Internet.

Biodiversität schützen

Durch Hilfsmaßnahmen des Artenschutzprogramms konnte das Aussterben des Apollofalters bisher verhindert werden. Er ist aber weiterhin stark gefährdet.

Das Große Mausohr dagegen ▷ Abb. 3, 4, eine von 24 bayerischen Fledermausarten, konnte aufgrund erfolgreicher Maßnahmen mittlerweile wieder von der Roten Liste gestrichen werden. 14 der in Bayern lebenden Fledermausarten stehen aber nach wie vor darauf.

Die Biodiversität zu erhalten ist ein wichtiges weltweites Ziel. Ausreichend Nahrung, Trinkwasser und Rohstoffe für die Industrie werden durch sie sichergestellt. Viele Ökosysteme bieten den Menschen Erholung oder Schutz vor Umweltkatastrophen wie Überflutungen oder Lawinen.

Die größten Gefahren für die Biodiversität sind dabei vom Menschen verursacht: Die Zerstörung von Lebensräumen durch Bau von Straßen und Gebäuden gefährden die Biodiversität ebenso wie die Umwandlung von vielfältigen Lebensräumen in einheitliche große Landwirtschaftsflächen oder Forste, steigende Schadstoffbelastung und der Klimawandel.

Durch den Verlust von Biodiversität verschlechtern sich unsere Lebensbedingungen zunächst schleichend. Doch die Auswirkungen werden weltweit immer stärker spürbar. Die Vielfalt des Lebens zu schützen ist für uns alle überlebenswichtig.

Grünland:

– Wiesen und Weiden
– von Menschen gemacht
– muss zur Erhaltung gepflegt werden.

Bewirtschaftung von Grünland:

intensiv	extensiv
häufige Mahd	seltene Mahd
erste Mahd früh im Jahr	erste Mahd spät im Jahr
starke Düngung	geringe Düngung
hoher Ertrag	niedriger Ertrag
viele Weidetiere	wenig Weidetiere
häufige Beweidung	seltene Beweidung
artenarm	artenreich

Ökosystem:

Lebensraum + Lebensgemeinschaft

Lebensraum:

unbelebte Umweltfaktoren
– Licht
– Temperatur
– Niederschläge
– Luftzusammensetzung
– Bodeneigenschaften

Lebensgemeinschaft:

in einem Lebensraum vorkommende Lebewesen

Biodiversität:

Vielfalt des Lebens

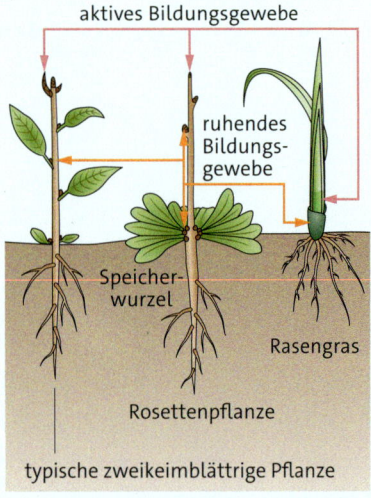

Abb. 1 Bildungsgewebe verschiedener Grünlandpflanzen

Abb. 2 Grünland Fußballplatz

Abb. 3 Bastard-Weidelgras *Lolium hybridum* links und Rotschwingel *Festuca rubra* rechts

1. Wächst das Gras schneller, wenn man den Rasen häufiger mäht? Diese Frage führt immer wieder zu Diskussionen. Entwirf eine geeignete Untersuchung, um diese Frage zu beantworten. Folge dabei dem naturwissenschaftlichen Erkenntnisweg.

2. Erkläre unter Verwendung der Informationen in Abbildung 1, warum Gräser regelmäßigen Schnitt besser vertragen als andere Pflanzenarten.

3. Hier sind einige Buchstaben durcheinandergeraten. Ordne, sodass sich sinnvolle Sätze ergeben.
   NESWEI und WEENDI sind von Menschen geschaffenes DÜNNGRAL. Den Hauptbestandteil der Pflanzen bilden die RÜSSEGRÄSS. Unbelebte Umweltfaktoren wie Luft, Licht, TRAMPEREUT und DRESCHLEINÄGE kennzeichnen jeden MAUERBENSL. Zu einem STÖYMOSKE gehört außerdem noch die FENCHELBIEMSSTANGE. STENNIVI bewirtschaftetes Grünland ist ertragreich, artenarm und oft überdüngt. Bei STEINVEREX Bewirtschaftung ist die RÄSTIVEIBOIDT höher. ▷ 📖

4. Begründe, ob ein Fußballplatz ▷ Abb. 2 bei den extensiv oder bei den intensiv bewirtschafteten Grünländern einzuordnen ist.

5. Der Hektar (ha) ist eine Einheit zur Angabe von Flächen und wird hauptsächlich in der Landwirtschaft verwendet. Ein Hektar entspricht 100 Ar, ein Ar ist eine Fläche von 100 Quadratmetern.
   5.1 Rechne die Fläche eines Hektars in Quadratmeter um.
   5.2 In Bayern gehen täglich mindestens 15 Hektar Freifläche durch Baumaßnahmen verloren. Gib diese Fläche in Quadratmetern an.
   5.3 Fußballfelder können unterschiedlich groß sein. Viele sind 68 Meter breit und 105 Meter lang. Berechne die Anzahl der Fußballfelder, die dem täglichen Freiflächenverlust von 15 Hektar entsprechen.
   5.4 Seit 2005 haben landwirtschaftliche Grünlandflächen um ungefähr 890 Quadratkilometer abgenommen. Berechne, wie vielen Fußballfeldern dies entspricht. ▷ 📖

6. Begründe mithilfe der Informationen in Abbildung 4, ob das Bastard-Weidelgras und der Rotschwingel ▷ Abb. 3 auf extensiv oder intensiv bewirtschaftetem Grünland häufiger vorkommen.

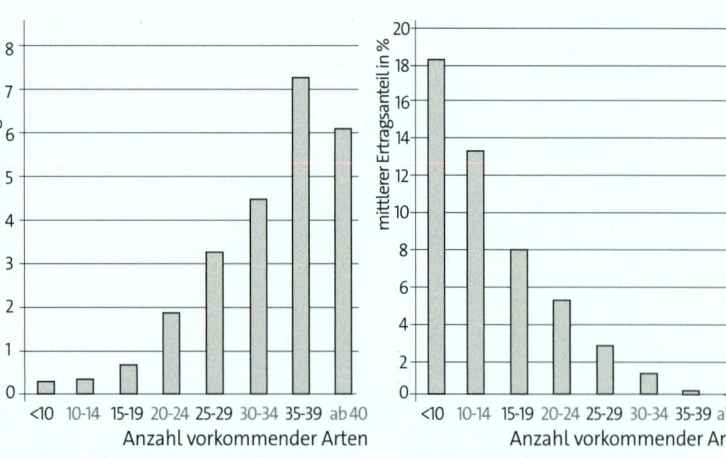

a Bastard-Weidelglas   b Rotschwingel

Abb. 4 Grasertrag in Abhängigkeit von der Artenzahl des Grünlands

7. Stelle die in der Tabelle 1 gezeigte Veränderung der Ackerfläche und der Grünlandfläche in einem geeigneten Diagramm dar.
Fasse die Veränderung jeweils in einem Satz zusammen.

8. Stelle die Anteile der Nutzungsarten der landwirtschaftlich genutzten Flächen (LF) ▷ Abb. 6 statt in einem Kreisdiagramm in einem Säulendiagramm dar.

9. Bei einer Kartierung wird auf einer festgelegten Fläche gezählt, wie häufig die Vertreter bestimmter Arten vorkommen. Wenn die Kartierungsfläche sehr groß ist, kartiert man nur einen Teil der Fläche und rechnet die Zahlen auf die ganze Fläche um.
Um die Kartierungsfläche zu untersuchen, gibt es verschiedene Methoden: die Zufall-Strecken-Methode ▷ Abb. 7a, die Raster-Methode ▷ Abb. 7b oder die Transsekt-Methode ▷ Abb. 7c.

9.1 Beschreibe die Vorgehensweise bei den drei Methoden.
9.2 Vergleiche die drei Methoden in Hinsicht auf die Genauigkeit und den Zeitaufwand.
9.3 Eine Schule möchte Schulkaninchen anschaffen. Um Kosten zu sparen, sollen sie nach Möglichkeit mit Löwenzahn gefüttert werden, der auf dem Schulgelände wächst ▷ Abb. 5. Mithilfe einer Kartierung wollen die Schüler herausfinden, wie viele Löwenzahnpflanzen es auf dem Schulgelände gibt. Beurteile, welche der drei Kartierungsmethoden dazu am besten geeignet ist.

Jahr	Ackerfläche	Grünland-fläche
1979	2 010	1 409
1987	2 091	1 327
1995	2 148	1 226
2003	2 105	1 147
2005	2 087	1 146
2007	2 079	1 128
2011	2 065	1 066
2013	2 066	1 057

Tab. 1 Veränderung von landwirtschaftlich genutzten Flächen in 1 000 Hektar

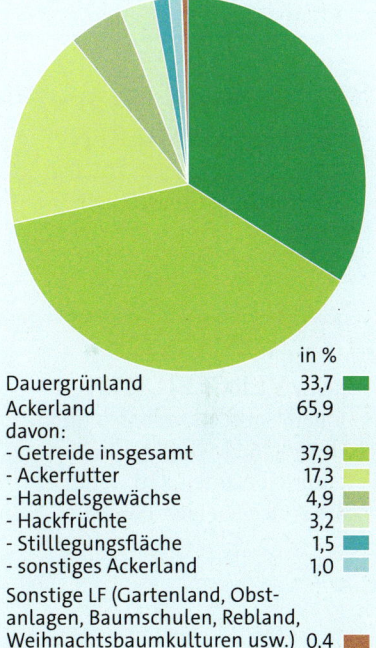

	in %
Dauergrünland	33,7
Ackerland	65,9
davon:	
- Getreide insgesamt	37,9
- Ackerfutter	17,3
- Handelsgewächse	4,9
- Hackfrüchte	3,2
- Stilllegungsfläche	1,5
- sonstiges Ackerland	1,0

Sonstige LF (Gartenland, Obstanlagen, Baumschulen, Rebland, Weihnachtsbaumkulturen usw.) 0,4

Abb. 6 Hauptnutzungsarten der landwirtschaftlich genutzten Fläche (LF) 2013

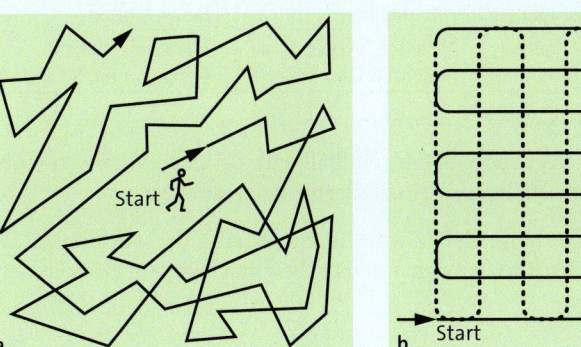

Abb. 5 Schulgelände

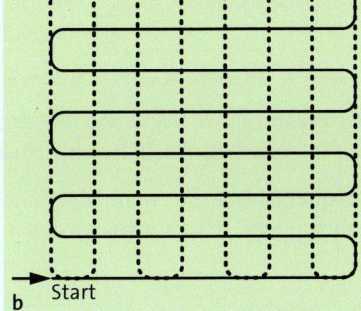

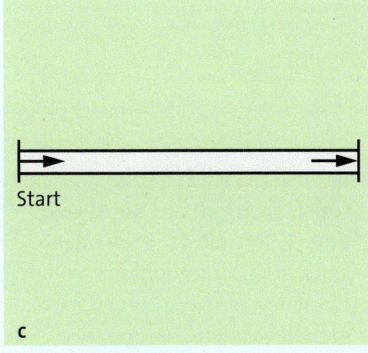

Abb. 7 Kartierungsmethoden

Aufgaben richtig verstehen und lösen

Beim BESCHREIBEN sollen Strukturen, Sachverhalte oder Zusammenhänge strukturiert und fachlich richtig in eigenen Worten wiedergegeben werden.

Beispielaufgabe: Beschreibe die Pupillenreaktion eines Mitschülers, wenn er zehn Sekunden lang seine Augen schließt und dann ins helle Licht blickt.

Beilspiellösung: Im Dunkeln ist die Pupille weit geöffnet. Beim Blick ins helle Licht ist die Pupille verengt und besitzt nur eine kleine Öffnung.

Beim ERKLÄREN soll ein Sachverhalt auf Regeln und Gesetzmäßigkeiten zurückgeführt werden und dieser nachvollziehbar und verständlich gemacht werden.

Beilspielaufgabe: Erkläre, warum Pflanzen ihren Nektar tief in der Blüte verbergen.

Beispiellösung: Tiere müssen tief in die Blüte hinein, um an den Nektar zu kommen. Dabei streifen sie die Staubbeutel und Pollen haftet sich an den Körper. Dieser kann an einer anderen Blüte auf der Narbe abgestreift werden. Somit ist das Ziel der Pflanze, für eine gesicherte Bestäubung zu sorgen.

Beim RECHERCHIEREN/ SICH INFORMIEREN sollen aus geeigneten Quellen Informationen ausgewählt werden.

Beispielaufgabe: Recherchiere, was man unter der Bluterkrankheit versteht.

Beispiellösung: Die Bluterkrankheit ist eine Erbkrankheit, bei der die Blutgerinnung gestört ist. Bei den Betroffenen gerinnt das Blut nicht oder nur sehr langsam. Das kann zu großen Blutverlusten nach Verletzungen oder bei Operationen führen. Heute ist es möglich, die Blutgerinnung durch die Gabe von Medikamenten auch bei Blutern zu beschleunigen.

Beim VERGLEICHEN sollen Gemeinsamkeiten und Unterschiede von Merkmalen ermittelt werden. Oft hilft hier das Anlegen einer Tabelle.

Beispielaufgabe:
Vergleiche die Fortpflanzungssysteme von Pflanzen und Menschen miteinander. Verwende dazu die nebenstehende Tabelle:

	Pflanze	Mensch
männliche Keimzelle		
weibliche Keimzelle		
männl. Geschlechtsorgan(e)		
weibl. Geschlechtsorgan(e)		

Beispiellösung:

	Pflanze	Mensch
männliche Keimzelle	Spermazelle	Spermium
weibliche Keimzelle	Eizelle	Eizelle
männl. Geschlechtsorgan(e)	Staubblätter	Penis, Hoden
weibl. Geschlechtsorgan(e)	Fruchtblätter (evtl. verwachsen zum Stempel)	Eierstöcke, Eileiter, Gebärmutter, Scheide

Beim BEGRÜNDEN sollen Sachverhalte auf Regeln und Gesetzmäßigkeiten oder kausale Zusammenhänge von Ursachen und Wirkung dargestellt werden.

Beispielaufgabe: Begründe, ob ein Fußballplatz bei den extensiv oder bei den intensiv bewirtschafteten Grünländern einzuordnen ist.

Beispiellösung: Ein Fußballplatz wird häufig gemäht. Er ist artenarm. Der Fußballplatz gehört also zu den intensiv bewirtschafteten Grünländern.

Beipielaufgabe: Erläutere, warum die einzelnen Gesundheitstipps von Florian und Marie sinnvoll sind.

Beispiellösung: Einige Tipps drehen sich um eine ausgewogene Ernährung (1, 2, 3, 4, 5). Man muss zum einen genügend und das Richtige essen, damit man ausreichend Nährstoffe für die Zellatmung zur Energiegewinnung und als Baustoffe bekommt. Calcium wird für den Knochenbau gebraucht, Proteine für den Muskelaufbau. Zum anderen soll man nicht zu viel essen, damit man kein Übergewicht bekommt.

> Beim **ERLÄUTERN** soll ein Sachverhalt anschaulich dargestellt werden und durch zusätzliche Informationen verständlich gemacht werden.

Beipielaufgabe: Nenne Möglichkeiten, um deine Haut vor den gefährlichen Sonnenstrahlen zu schützen.

Beispiellösung: Sonnenhut, Sonnenbrille, lange Kleidung, Sonnencreme, in den Schatten gehen

> Beim **NENNEN** sollen Elemente, Sachverhalte; Begriffe oder Daten ohne weitere Erläuterungen aufgezählt werden.

Beipielaufgabe: Fasse die wesentliche Aussage des in Abbildung 3 dargestellten Diagramms zusammen.

Beispiellösung: Bei gleicher körperlicher Anstrengung (= gemessene Leistung in W) schlägt das Herz eines untrainierten Menschen immer deutlich schneller als das eines trainierten. Mit zunehmender Leistung steigt die Herzschlagfrequenz eines Sportlers nicht so schnell an wie die eines untrainierten Menschen. Auch im Ruhezustand ist die Herzschlagfrequenz eines Sportlers mit ca. 50 Schlägen pro Minute wesentlich niedriger als die eines untrainierten Menschen mit ca. 80 Schlägen pro Minute.

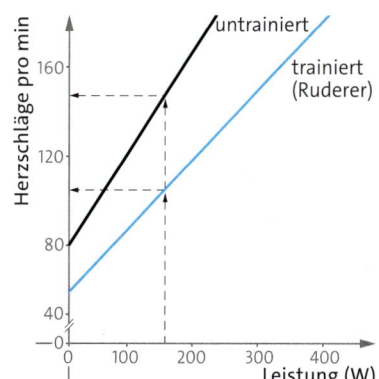

Abb. 3 Vergleich der Herzfrequenz zwischen einem trainierten und untrainierten Menschen

> Beim **ZUSAMMENFASSEN** soll das Wesentliche in konzentrierter Form wiedergegeben werden.

Beipielaufgabe: Stelle Hypothesen auf, warum es zu Unterschieden in der Herzfrequenz zwischen einem trainierten und einem untrainiertem Erwachsenen kommt.

Beispielantwort: Hypothesen: 1. Das Herz eines Sportlers ist größer/hat mehr Volumen als das eines untrainierten Menschen → pro Herzschlag (= Kontraktion des Herzmuskels) wird eine größere Blutmenge in die Körperarterie gepresst als bei einem untrainierten Menschen. Wenn man davon ausgeht, dass beide Menschen in Ruhe die gleiche Blutmenge zur Versorgung der Körperzellen benötigen, ist es logisch, dass das Herz des Sportlers weniger oft schlagen muss, um dieselbe Blutmenge zu befördern wie ein kleineres Herz, das öfter schlägt.
2. Das Blut eines trainierten Sportlers enthält mehr rote Blutkörperchen als das eines untrainierten. Mit derselben Menge Blut wird bei einem Sportler also mehr Sauerstoff transportiert als bei einem untrainierten. Um dieselbe Menge Sauerstoff zu den Körperzellen zu bringen, muss bei einem Sportler also weniger Blut/Zeit vorbeifließen (→ geringere Herzschlagfrequenz nötig) als bei einem untrainierten Menschen.

> Beim **ENTWICKELN / AUFSTELLEN EINER HYPOTHESE** soll auf der Grundlage von Beobachtungen, Untersuchungen, Experimenten oder Aussagen eine Vermutung formuliert werden.

Lösungen und Lösungshilfen 📖

Biologie – die Wissenschaft von den Lebewesen ▷ Seite 6–21

■ Lebewesen – Forschungsgegenstand der Biologie ▷ Seite 8–21

Seite 8 ▷ A 1 Aktive Bewegung: Eine Flamme flackert. Wachstum: Direkt beim Anzünden ist die Flamme klein, dann wird sie mit längerer Brenndauer größer. (ungeschlechtliche) Fortpflanzung: Wenn man den Docht einer weiteren Kerze in die Flamme hält, entzündet sich eine zweite Flamme.
Stoffwechsel: In der Kerzenflamme läuft eine chemische Reaktion ähnliche der Zellatmung ab: Wachs + Sauerstoff $\longrightarrow$ Kohlenstoffdioxid + Wasser(dampf). Dabei wird Energie (Wärme, Licht) freigesetzt. Informationsaufnahme-, -verarbeitung und Reaktion: Kommt ein Windhauch, bewegt sich die Kerzenflamme als Reaktion darauf. Eine Kerzenflamme ist kein Lebewesen. Sie ist nicht aus Zellen aufgebaut. Beispielsweise ist die Bewegung „flackert" ist nicht als aktive Bewegung mithilfe eigener Energie zu sehen.

Seite 9 ▷ A 5 Neues Leben geht nur aus zumindest lebenden Zellen hervor. Aus unbelebter Materie beziehungsweise toten Zellen oder Lebewesen kann kein neues Lebewesen entstehen.

Seite 13 ▷ A 4 Vergleich Modell – Original: Gemeinsamkeiten: Farbe von Zwiebel, Blättern und Blüte, Größe und Größenverhältnisse der Bauteile; Unterschiede: Material: Modell ist aus Plastik, Original aus Zellen.
Anforderungen an die Umwelt: Modell hat keine weiteren Anforderungen. Original braucht Wasser, Nährstoffe, Licht, ausreichend hohe Temperatur.
Verbesserungen des Strukturmodells: Gestaltung der Wurzeln, Stängelfärbung am unteren Ende, Blattform.

Überprüfe deine Fähigkeiten ▷ Seite 20–21

Seite 20 ▷ 1 Menschen bestehen aus Zellen, die genauso wie tierische Zellen aufgebaut sind. Menschen erfüllen die grundlegenden Anforderungen, die die Natur an die Lebewesen stellt, in sehr ähnlicher Weise wie andere Säugetiere.

Seite 20 ▷ 3 Mögliche Gesamtvergrößerungen:
10-fach × 4-fach = 40-fach; 10-fach × 10-fach = 100-fach; 10-fach × 40-fach = 400-fach
Ein 4-fach Revolver hat vier Stellen zum Einschrauben eines Objektivs. Ein schneller Wechsel zwischen vier verschiedenen Objektiven ist daher beim Mikroskopieren möglich.

Seite 20 ▷ 5 LEBEWESEN ZELLEN ZELLE VIELZELLER ZELLMEMBRAN SAUERSTOFFAUSTAUSCH ZELLPLASMA ZELLKERN STOFFWECHSEL PFLANZEN MIKROSKOP CHLOROPLASTEN VAKUOLE ZELLWAND CHLOROPLASTEN ENERGIE STOFFAUFBAU

Der Mensch als Lebewesen

▷ Seite 22–85

■ Informationsaufnahme, -verarbeitung und Reaktion ▷ Seite 34–39

Seite 24 ▷ A1

Reiz	Sinn	Sinnesorgan
Licht	Sehsinn	Auge
Schall	Gehörsinn	Ohr
Duftstoffe (Gase)	Geruchssinn	Nase
Schmeckstoffe (löslich)	Geschmackssinn	Zunge
Druck	Tastsinn	Haut
Temperatur	Wärmesinn, Kältesinn	Haut
Schwerkraft	Gleichgewichtssinn	Ohr

Seite 24 ▷ A2 Es lassen sich zwei Wege unterscheiden: Weg 1: Die Aromen gelangen durch die Nase direkt zur Nasenschleimhaut. Weg 2: Die Aromen gelangen durch den Mund über den Rachen in den Nasenraum und dort zur Nasenschleimhaut.

Seite 25 ▷ A4 In einem Jahr: 10 Gramm pro Tag; In 365 Tagen: 10 Gramm × 365 = 3 650 Gramm = 3,65 Kilogramm; in 70 Jahren: 3 650 Gramm pro Jahr; 3 650 Gramm × 70 Jahre = 255 500 Gramm = 255,5 Kilogramm; nicht eingerechnet sind die 175 Gramm, die er zusätzlich in den Schaltjahren verliert.

Seite 27 ▷ A4 Schall benötigt zur Ausbreitung ein Medium (Wasser, Luft). Im Weltraum sind aber weder Luft noch Wasser vorhanden. Somit ist es hier ganz still. Schreie, Explosionen oder andere laute Geräusche könnte man somit nicht hören.

Seite 29 ▷ A3 A Reiz: Kuchen 7 (wird von den Augen aufgenommen, hier aber nicht weiter dargestellt) A Reiz: Duftstoff 5 B Sinneszelle: Riechsinneszelle 6 C Nervenzelle: Riechnerv 1 D Zentralnervensystem: Gehirn 2 E Nervenzelle: Nervenzelle, die zu den Speicheldrüsen führt 4 F Muskel/Drüse: Speicheldrüse 3

Überprüfe deine Fähigkeiten ▷ Seite 38–39

Seite 38 ▷ 5 REIZE UMWELT SINNESZELLEN ELEKTRISCHE SIGNALE NERVEN GEHIRN SIGNALE SIGNALE NERVEN MUSKELN REAKTION

Seite 39 ▷ 12 SINNESORGANE HAUT NASE OHR AUGE ZUNGE GESCHÜTZT UV-STRAHLUNG KRACH SINNESZELLEN ZERSTÖRT

■ Aktive Bewegung ▷ Seite 40–51

Seite 44 ▷ A1 Zu sehen sind die Knochen Schienbein und Wadenbein. Das Schienbein ist dabei gebrochen. Zu erkennen ist dies an der Bruchstelle, die etwas verschoben ist.
Beim Fußball kann es dazu kommen, wenn durch ein hartes Foul ein starker Schlag auf das Schienbein ausgeübt wird. Deshalb sind im Fußball Schienbeinschoner vorgeschrieben

Seite 45 ▷ A4 Beim Trainieren, vor allem aber vor einem Wettkampf, sollte man sich langsam aufwärmen, um größere und dann sehr schmerzhafte Muskelfaserrisse zu vermeiden. Denn warme Muskeln sind leistungsfähiger und weniger verletzungsgefährdet. Deshalb legen Sportler ihren Trainingsanzug erst unmittelbar vor dem Wettkampf ab, um möglichst warme Muskeln zu haben.

Überprüfe deine Fähigkeiten ▷ Seite 50–51

Seite 50 ▷ 2 KNOCHEN MUSKELN GELENKE NERVEN GEHIRNS MUSKELN. SKELETT WIRBELSÄULE BRUSTKORB KNOCHENKALK KNORPEL GELENKKAPSEL BÄNDER GELENKSPALT GELENKSCHMIERE GLEITMITTEL

Seite 51 ▷ 9

Oberarmknochen	Oberschenkelknochen
Speiche	Schienbein
Elle	Wadenbein
Handwurzelknochen	Fußwurzelknochen
Mittelhandknochen	Mittelfußknochen
Fingerknochen	Zehenknochen

Teste dich selbst

Lösungen und Lösungshilfen 📖

Stoffwechsel: Stoff- und Energieumwandlung ▷ Seite 52–73

Seite 53 ▷ A 1 Steckdose – Ventilator: elektrische Energie wird in Bewegungsenergie umgewandelt. Steckdose – Leuchtmittel: elektrische Energie wird in Lichtenergie umgewandelt. Heizöl wird verbrannt: chemische Energie wird in Wärmeenergie umgewandelt.

Seite 54 ▷ A 2 11 g + 55 g + 8 g + 8 g = 82 g. Es sind nur die Makronährstoffe angegeben. Also ist der Rest hauptsächlich enthaltenes Wasser. Auch Vitamine und Mineralsalze sind nicht angegeben, sie sind wahrscheinlich nur in sehr kleinen Mengen enthalten.

Seite 56 ▷ A 1 Kette aus Rauten: großes Nahrungsteilchen, das nicht durch die Darmwand gelangen kann; rotes Dreieck: Verdauungsenzym Pfeil: Verdauungsvorgang, Zerlegung der großen Teilchen; einzelne Raute: kleines Nahrungsteilchen, das durch die Darmwand gelangen kann

Seite 62 ▷ A 1 Die Begriffe sind eigentlich nicht ganz korrekt. Weder im Körper- noch der Lungenkreislauf fließt das Blut in einem eigenständigen „Kreislauf". Stattdessen hängen Körper- und Lungenkreislauf funktionell zusammen. Das Blut muss nämlich sowohl den Lungen- als auch den Körperkreislauf einmal durchlaufen, bevor es wieder am „Ausgangspunkt" angelangt.

Seite 63 ▷ A 6 Die linke Herzhälfte pumpt das Blut in den Körperkreislauf. Darin muss das Blut viel größere Strecken zurücklegen als im Lungenkreislauf. Um den stetigen Blutfluss im Körperkreislauf zu gewähren, muss das Blut deshalb schon mit einem höheren Druck aus dem Herz in die Körperarterie gepumpt werden. Das kann nur ein dicker und damit leistungsfähigerer Muskel schaffen. Die rechte Herzhälfte pumpt das Blut dagegen nur über eine kurze Strecke in die nah benachbarte Lunge. Dazu reicht auch ein dünnerer, schwächerer Muskel aus.

Seite 63 ▷ A 7 70 Schläge pro Minute × 60 Minuten = 4 200 Schläge pro Stunde; 4 200 Schläge pro Stunde × 24 Stunden = 100 800 Schläge pro 24 Stunden

Seite 66 ▷ A 1 Kopf, Beine, Gehirn, Nervensystem, Augen, Ohren, Skelett, Muskeln, Lunge

Überprüfe deine Fähigkeiten ▷ Seite 72–73

Seite 72 ▷ 1 10 000 Liter : 5 = 2 000 Liter Sauerstoff sind enthalten
2 000 Liter – 500 Liter = 1 500 Liter Sauerstoff werden ungenutzt wieder ausgeatmet

Seite 72 ▷ 2 Mund- oder Nasenhöhle – Luftröhre – Bronchie – Lungenbläschen – Lungenkapillaren – Blutgefäße – Gewebekapillaren – Zelle

Seite 72 ▷ 5 LUNGENBLÄSCHEN ZELLEN ZELLATMUNG KOHLENSTOFFDIOXID LUNGE AUSTAUSCHFLÄCHE OBERFLÄCHEN-VERGRÖSSERUNG

Seite 73 ▷ 11 B D A E C

Fortpflanzung, Wachstum und Individualentwicklung ▷ Seite 74–85

Seite 75 ▷ A 1 200 × 8,5 Sekunden = 1 700 Sekunden, das sind ca. 28 Minuten

Seite 76 ▷ A 2 Geht man von der ersten Menstruation und damit dem ersten Eisprung im Alter von 12 Jahren aus dann bildet eine Frau bis zu ihrem 50ten Lebensjahr ca. 450 Eizellen.

Überprüfe deine Fähigkeiten ▷ Seite 84–85

Seite 84 ▷ 2 VERSCHMELZUNG KEIMZELLEN KEIMZELLEN GESCHLECHTSORGANEN HODEN SPERMIEN GESCHLECHTSVERKEHR PENIS SCHEIDE EILEITER EIERSTÖCKE EIZELLE EISPRUNG EILEITER GEBÄRMUTTER EFRUCHTET MENSTRUATION

Samenpflanzen als Lebewesen
▷ Seite 86 – 109

■ Fortpflanzung
▷ Seite 86 – 109

Seite 88 ▷ A 1

	Pflanze	Mensch
männliche Keimzelle	Spermazelle	Spermium
weibliche Keimzelle	Eizelle	Eizelle
männl. Geschlechtsorgan	Staubblätter	Penis, Hoden
weibl. Geschlechtsorgan	Fruchtblätter (evtl. verwachsen zum Stempel)	Eierstöcke, Eileiter, Gebärmutter, Scheide

Seite 89 ▷ A 3 Zwittrige Blüten besitzen männliche und weibliche Bestandteile (Staubblatt und Fruchtblatt) in einer Blüte. Bei zweihäusigen Blüten müssen die Staubblätter und Fruchtblätter auf verschiedenen Pflanzen sein. Somit kann es keine Pflanzen mit zwittrigen Blüten geben, die zweihäusig sind.

Seite 93 ▷ A 1 Abb. 3: Kelchblatt, Kronblatt, Staubblatt, Fruchtblatt mit Fruchtknoten, Griffel und Narbe; Abb. 6: Kelchblatt (in den ersten beiden Abbildungen noch vorhanden), Kronblatt (in den ersten beiden Abbildungen noch vorhanden), vertrocknete Staubblätter (in den ersten beiden Abbildungen noch vorhanden), Fruchtblatt mit Fruchtknoten, Griffel und Narbe (mit Fruchtknoten, Griffel und Narbe (in den ersten Abbildungen noch vorhanden).

Seite 94 ▷ A 3 Abb. 2, 4, 6: Windbestäubung, da unauffällige Blüten, klein und ohne Farbe, kein Platz zum Landen von Insekten; Abb. 1, 3, 5: Insektenbestäubung: auffällige Farben und Formen, große Blüte, viel Platz zum Landen von Insekten.

Seite 100 ▷ A 1 A: Weiße Taubnessel B: Wiesensalbei C: Gundermann D: Goldnessel E: Kriechender Günsel F: Thymian

Überprüfe deine Fähigkeiten
▷ Seite 108 – 109

Seite 108 ▷ 3 MERKMALE VERWANDTSCHAFTS-GRUPPE FAMILIE BLÜTE BESTÄUBEN POLLEN KLEBRIGE NARBE WIND INSEKTEN SÜSSEN NEKTAR POLLENSCHLAUCH GRIFFEL FRUCHTKNOTEN KERN EIZELLE BEFRUCHTUNG

Seite 108 ▷ 4 Vorgang: Auswachsen des Pollenschlauchs.
Ort der Spermazelle: An der Spitze des Pollenschlauches (dünnes Ende), da diese ja vom Pollenkorn zur Samenanlage/Eizelle wandert.

Seite 109 ▷ 8 Auf Seite 97 im Schulbuch findest du Hilfe.

Seite 109 ▷ 11 Abb. 1: K 4 C 4 A 2 + 4 G(2)
Abb. 4: P 3 + 3 A ∞ G ∞

Ökosystem Grünland
▷ Seite 110 – 123

Überprüfe deine Fähigkeiten
▷ Seite 122

Seite 122 ▷ 3 WIESEN WEIDEN GRÜNLAND SÜSSGRÄSER TEMPERATUR NIEDERSCHLÄGE LEBENSRAUM ÖKOSYSTEM LEBENSGEMEINSCHAFT INTENSIV EXTENSIVER BIODIVERSITÄT

Seite 122 ▷ 5 1 ha = 100×100 m^2 = 10 000 m^2; 15 ha = $15 \times 10\,000$ m^2 = 150 000 m^2; Fläche eines Fußballfeldes: 68 m $\times$ 105 m = 7 140 m^2; 150 000 m^2: 7 140 m^2 = 21 Fußballfelder; 890 000 000 m^2: 7 140 m^2 = 124 650 Fußballfelder

On

Sicherheitsrichtlinien und Gefahrenhinweise

Kennzeichnungen der Gefahrstoffe

Piktogramme

| Explosiv | Leicht entzündbar | Oxidationsmittel | Ätzend | Lebensgefahr, giftig |

| Gesundheits-schädlich | Schädigt die Organe | Umwelt-gefährdend | Gase unter Druck |

Signalwörter

GEFAHR   für schwerwiegende Gefahren
ACHTUNG   für weniger schwerwiegende Gefahren

Gefahrenhinweise (H-Sätze)

H270   kann Brand verursachen oder verstärken; Oxidationsmittel

H280   enthält Gas unter Druck; kann bei Erwärmung explodieren

H290   kann gegenüber Metallen korrosiv sein

H315   verursacht Hautreizungen

H318   verursacht schwere Augenschäden

H335   kann die Atemwege reizen

H302   gesundheitsschädlich bei Verschlucken

H373   kann die Organe schädigen bei längerer oder wiederholter Exposition

Sicherheitshinweise (P-Sätze)

P220	von Kleidung/brennbaren Materialien fernhalten; entfernt aufbewahren
P244	Druckminderer frei von Fett und Öl halten
P280	Schutzhandschuhe/Schutzkleidung/Augenschutz/Gesichtsschutz tragen
P301 + P312	bei Verschlucken; bei Unwohlsein Giftinformationszentrum oder Arzt anrufen
P370 + P376	bei Brand: Undichtigkeit beseitigen, wenn gefahrlos möglich
P403	an einem gut belüfteten Ort aufbewahren
P301 + P310	bei Verschlucken: Sofort Giftinformationszentrum oder Arzt anrufen
P302 + P352	bei Berührung mit der Haut: mit viel Wasser waschen
P305	bei Kontakt mit den Augen:
P351	einige Minuten lang behutsam mit Wasser ausspülen
P310	sofort Giftinformationszentrum oder Arzt oder anrufen
P260	Staub/Rauch/Gas/Nebel/Dampf/Aerosol nicht einatmen
P261	Einatmen von Staub/Rauch/Gas/Nebel/Dampf/Aerosol vermeiden
P314	bei Unwohlsein ärztlichen Rat einholen/ärztliche Hilfe hinzuziehen
P304 + P340	Einatmen von Staub/Rauch/Gas/Nebel/Dampf/Aerosol vermeiden

Entsorgungshinweise

 anorganische Abfälle (sauer und alkalisch) mit Schwermetallen
auf alkalischen pH-Wert achten

 flüssige organische Abfälle – halogenhaltig

 feste Stoffe können zum Restmüll,
in Wasser gelöste Stoffe können mit viel Wasser in den Abfluss gegeben werden

nach GESTIS-Stoffdatenbank, Institut für Arbeitsschutz der Deutschen Gesetzlichen Unfallversicherung (IFA) sowie D-GISS, Deutsches Gefahrstoff-Informations-System Schule

Bildquellenverzeichnis

action press/PMD: 68/4; Braille, Louis: 35/5; Colourbox: 69/6, lev dolgachov: 69/5; Corbis/Visuals Unlimited/Dr. Peter Siver: 10/2; doc-stock: 26/3, Visuals Unlimited/Carolina Biological: 10/4 l., 17/6, 19/4 r.; Fabian, Michael J., Hannover: 12/(2), 13/(4), 15/3, 15/4, 60/(3), 66/(2), 67/(4), 68/1 (2); Focus/SPL/Edelmann: 77/3, SPL/Neil Bromhall: 77/4; Interfoto/Sammlung Rauch: 20/3; mauritius images/Alamy: 8/2 u., 68/2, 89/8, 92/1, 94/3, 94/4, 94/5, 94/6, 94/7, 95/8, 103/10, 103/9, 107/7, Alamy/Arterra Picture Library: 101/4 F o., Alamy/BSIP: 74/2, Alamy/gardeningpix: 101/4 E u., Alamy/numb: 30/2, Alamy/Premium Stock Photography GmbH: 101/4 F u., Alamy/Premium Stock Photography GmbH: 122/2, Alamy/Zoonar GmbH: 96/2, Brigitte Protzel: 101/4 B u., Buiten-Beeld: 101/4 A u., imagebroker.com: 95/9, imagebroker/Alfred Schauhuber: 101/4 D u., imagebroker/Bob Gibbons/FLPA: 107/8, imageBROKER/Christian Hütter: 101/4 E o. , imageBROKER/Hans Lang: 101/4 C u., imageBROKER/Horst Mahr: 106/4, imageBROKER/Justus de Cuveland: 107/9, imageBROKER/Reinhard Hölzl: 101/4 D o., Minden Pictures: 94/1, 101/4 B o., Phototake/Carolina Biological Supply Co.: 19/3 M., Pixtal: 108/2, Science Picture Co.: 75/4, Science Source: 7/5, 17/8, Science Source/Ray Ellis: 31/6, Spirit: 49/6, Steffen Beuthan: 116/1; Meisert, A., Hannover: 19/4 l.; Mikroskope Beyersdörfer: 14/1; Minkus, Volker, Isernhagen: 90/2; Okapia/Cogis/Lanceau: 9/6, Dr.Frieder Sauer: 106/3, Hans Lutz: 87/5, ISM/Herve Conge: 19/3 o., 19/3 u., ISM/J.C. Révy: 11/7, 61/7, NAS/David M. Phillips: 82/1, Nigel Cattlin/Holt Studios: 98/4, OSF/J.A.L. Cooke: 9/7; picture-alliance/CPA Media Co.: 20/2, ZB: 47/7; Reinold, Ulrike, Vaterstetten: 17/5, 33/5, 34/1, 34/3, 65/7, 104/2; Rue des Archives/CCI: 84/3; Schneider, Fritz: 33/4, 46/3, 47/5, 111/6, 117/4, 117/5, 117/6, 117/7, 117/8, 118/2, 118/3; Shutterstock/1000 Words: 99/7, AAraujo: 56/1, AkeSak: 44/2, Alena Ozerova: 64/1, Alex Cofaru: 111/4, 115/5, All-stock-photos: 122/4, Amihays: 84/2, Andrii Siryi: 105/5, Anna Tkach: 118/1, Arina P Habich: 78/2, auremar: 31/5, Australis Photography: 31/7, aycatcher: 87/4, BeppeNob: 88/2, biletskiy: 40/1, Brent Hofacker: 108/1, Budimir Jevtic: 8/1, CO Leong: 49/7, Cornfield: 5/u., 110/3, 114/1, CroMary: 27/5, crystalfoto: 99/6, Csehak Szabolcs: 88/3, cycreation: 25/2, D. Kucharski K. Kucharska: 16/3, dabjola: 101/4 C o., Dancestrokes: 86/3, David Acosta Allely: 40/2, Dragon Images: 86/1, dvoevnore: 4/u., 86/2, 88/1, Elena Schweitzer: 54/1, elina: 93/4, Elsa Hoffmann: 38/2, Elvan: 113/7, Evgeny Eremeev: 112/1, Family Business: 50/2, Filip Fuxa: 5/o., 110/1, 114/3, Flashon Studio: 120/2, Fulop Zsolt: 53/3 r., Galushko Sergey: 59/6, Glam: 96/3, gorillaimages: 50/1, 79/5, holbox: 6/2, hxdbzxy: 65/4, Ijansempoi: 30/3, Ilya Andriyanov: 65/5, Image Point Fr: 81/5, Irina Solatges: 102/2, Iulian Valentin: 3/u., 23/4, Ivan Kireiev: 10/1, Ivan Kuzmin: 122/3, J2R: 8/3, Janis Smits: 114/2, Jenny Sturm: 45/4, Jiri Vaclavek: 25/3, jps: 122/1, Judith Lienert: 96/1, Kamira: 30/1, karelnoppe: 23/5, Kaspri: 80/2, KOO: 113/5, Kostsov: 53/3 M., koya979: 4/M., 74/3, KPG_Payless: 9/8, Kzenon: 38/4, kzww: 102/6, Left-Handed Photography: 33/6, Lithiumphoto: 50/4, Lukas Majercik: 79/4, lzf: 64/2, manfredxy: 6/3, Mark Bridger: 36/3, Martin Fowler: 98/1, Martin Podzorny: 84/1, Matthijs Wetterauw: 100/1, Mauro Rodrigues: 103/7, Menno Schaefer: 113/6, Michal Mrozek: 112/3, Monkey Business Images: 52/1, 80/1, Morten Normann Almeland: 106/5, mypokcik: 80/3 l., Nadezhda Kulikova: 87/6, 105/4, Nerthuz: 22/3, Nomad_Soul: 53/3 o. (3), oksana2010: 18/1, Ollyy: 74/1, oorka: 81/4, Orientaly: 115/6, Panos Karas: 20/1, Peter Gudella: 99/8, Pingpao: 53/3 l., Piotr Krzeslak: 3/M., 22/1, Piotr Marcinski: 38/1, pryzmat: 113/4, Puwadol Jaturawutthichai: 41/5, Rido: 65/6, Roman Sigaev: 32/1, Samuel Micut: 22/2, sawate watcharakate: 110/2, 114/4, schankz: 93/5, sciencepics: 23/6, Sebastian Kaulitzki: 76/1, 92/2, Seqoya: 102/4, Shulevskyy Volodymyr: 98/5, smereka: 112/2, SpeedKingz: 7/4, Spotmatik Ltd.: 4/o., 55/2, Stanislav Duben: 102/5, Steve McWilliam: 101/4 A o., Stuart G Porter: 6/1, Syaheir Azizan: 80/3 r., Terrance Emerson: 99/9, Tinydevil: 63/5, toeytoey: 72/1, Tony Campbell: 3/o., 7/6, Tukaram Karve: 103/8, Tushchakorn: 44/1, Umpaporn: 111/5, 116/2, v.gi: 68/3, Volt Collection: 39, Wasu Watcharadachaphong: 50/3, wavebreakmedia: 72/2, yoeml: 37/7; TopicMedia: 8/2 o., pix: 102/1, Ruckszio: 94/2; Wikimedia Commons/Hieronymus Harder: 104/1; Your Photo Today/BSIP: 63/4.